библиотека
молодого
рабочего

Л.П. Тихонов

Музеи Ленинграда

ЛЕНИЗДАТ • 1989

92лб
Т46

Рецензенты:
К. И. Качина, доктор исторических наук В. М. Ковальчук

Редактор В. А. Лазарева

Автор выражает глубокую благодарность всем сотрудникам музеев, оказавшим большую помощь в работе над этой книгой.

Т $\frac{1805080000—155}{М171(03)—89}$ 98—89

© Лениздат, 1989

ISBN 5-289-00343-6

Весной, едва только солнце начнет прокладывать в снегу дорожки ручьям, в городе становится заметно многолюднее. Конечно, и зимою в Ленинград едут туристы, но с приходом весны их становится больше, больше!.. Разумеется, ленинградцы тоже любят путешествовать. Люди они любознательные, потому и спешат увидеть мечети древней Бухары и Самарканда, усадьбу Льва Толстого в Ясной Поляне, легендарный Мамаев курган над Волгой, посетить картинные галереи Москвы, Киева, Горького, Перми...

Дальние расстояния их не смущают.

А ближние?..

С ближними сложнее. О ближних обычно думаешь: «Ну, это же дома, под боком, всегда успею сходить!» И... год проходит, два пролетает — все не выбраться, все «на потом» откладывается. Есть у меня знакомые земляки-ленинградцы, что десятки лет в городе прожили, а в Русский музей или в Кунсткамеру так ни разу и не сходили.

Ленинград часто называют музеем под открытым небом. Справедливо называют. Сотни зданий, набережных, мостов в нем — великие творения зодчих. Десятки памятников на его площадях и в скверах — выдающиеся достижения скульптуры. По улицам города и впрямь можно ходить, как по музею.

Но и просто музеев в Ленинграде предостаточно. Больших и маленьких, старинных и новых. Если добавить к ним постоянно действующие выставки — количество ленинградских музеев немного до сотни не дотянет. В них хранится более 14 миллионов ценнейших памятников материальной культуры.

По музеям можно ходить, как по эпохам. Загляните — они покажут вам, как жили фараоны Древнего Египта, какие изумительные картины и скульптуры оставила потомкам эпоха Возрождения. В музейных экспозициях можно увидеть далеких предков наших сегодняшних умнейших станков и приборов, встретиться с папуасом из Полинезии, полюбоваться рукотворными чудесами народных умельцев, каких больше нигде и не увидишь.

Нет, совсем не случайно едут и едут сюда люди со всего света. Ежегодно по залам ленинградских музеев проходят более 20 миллионов человек.

Каждое посещение музея — это маленькое путешествие. Чаще всего маршрут его ведет из дня сегодняшнего в дни былые. В историю других народов и, конечно же, в историю нашей страны. Знать ее надо непременно. Ведь мы не Иваны, родства не помнящие. Это для нас ведь, своих потомков, люди жили, трудились, сражались, строили, создавали. Нам ли от славных дедов-прадедов отворачиваться?!

Стоят над Невой друг против друга Зимний дворец и Петропавловская крепость. На левом берегу — роскошь бывшей монархии, на правом — цепи и казематы революционеров, борцов за свободу народа. Зайдите во дворец, посетите крепость — собственными глазами увидите, почувствуете былое своей страны.

О городе над Невой говорят, что «здесь каждый камень Ленина помнит». Так оно и есть. В Ленинграде начиналась биография Страны Советов, и город бережно хранит подпольные квартиры Ильича, здания, где проходили съезды и совещания партии большевиков, издавалась газета «Правда»... Все они стали музеями. И в то же время остались свидетелями истории нашего государства, дней Великой Октябрьской революции. Почти «живыми» свидетелями.

Удивительные есть в Ленинграде музеи! Взять, к примеру, «Аврору»: она сразу и памятник революции, и экспонат Центрального военно-морского музея, и сама — музей!.. А Эрмитаж?! Ведь только для того, чтобы обойти все его залы, потребуется проделать путь в 22 километра! И если вы ежедневно будете проводить в Эрмитаже по восемь часов и возле каждого экспоната останавливаться всего лишь на одну минуту, то на осмотр всех собраний музея вам понадобится одиннадцать лет.

Да и первый музей России тоже здесь, над Невою, стоит — Кунсткамера. В 1719 году повелел Петр I открыть ее, и с тех пор нескончаем поток посетителей к дверям Кунсткамеры. А Летний сад?! Это ведь не только сад, но и музей скульптуры. И действительно — под открытым небом.

Одни музеи хранят экспонаты: шедевры живописи, графики, скульптуры, декоративно-прикладного искусства, в других «живут» свидетели истории: документы, вещи, фотографии, рукописи. Сколько они могут рассказать и сколько еще таят в себе нераспознанного, неоткрытого! Музеи — это ведь еще и научные институты, научные лаборатории. Сотни и сотни людей трудятся над собраниями музеев, пополняют их неустанно, изучают.

В зарубежных странах существуют частные музеи: хочу — покажу, не хочу — на замок запру. Было так и в царской России. Императрица Екатерина II, развесившая по залам Зимнего дворца первые коллекции будущего Эрмитажа, писала в Париж: «Всем этим любуются мыши и я...» Сегодня все наши музеи, каждый их экспонат — это народное достояние. Наше с вами достояние.

Кто мы такие в музеях? Называют нас там скромно: посетители. Но частенько, отправляясь на Мойку, 12, ленинградец говорит: «Иду в гости к Пушкину». Гость, наверное, для музея приятнее, чем посетитель. Он и принимает нас как гостей: все свои богатства выставляет, показывает. Музей — это собеседник, с которым всегда интересно поговорить. Музей — это еще и книга, на каждой странице которой можно открыть для себя что-то новое. Музей — кладовая сокровищ и огромная страна, которую населяют ушедшие века, отгремевшие войны, хранятся истоки научных открытий.

И если уж каждое посещение музея — это маленькое путешествие, то нельзя же отправляться в путь, не имея ни малейшего представления о том, что же это за страна, куда хочешь идти! Надо же знать хоть что-то, хоть самую малость. Книга, которую вы держите в руках, и хочет помочь вам в этом. Позвать в путь. Выбрать маршрут. А когда вы его пройдете — предложить второй, третий... Книга эта отнюдь не путеводитель. Скорее — дорожный указатель. А путь вы должны пройти сами. Всё собственными глазами увидеть.

В музеях живет красота и щедрость. И есть у них один секрет: покидая музей, вы выходите из него богаче, чем были, когда входили в его двери.

Ну, так что же? Пошли? Сначала по этим страницам, а затем — по музеям Ленинграда.

Доброго пути вам!

Вольт Суслов

В настоящей книге не ставится задача дать сведения обо всех музеях Ленинграда. В ней рассказывается только о двадцати четырех самых крупных государственных, историко-революционных, исторических, искусствоведческих и литературных музеях города.

Наряду с государственными музеями в Ленинграде свыше 80 музеев создано на крупных промышленных предприятиях и в учреждениях, вузах и Домах культуры. В них представлены интересные материалы по истории фабрик и заводов, учебных заведений и воинских частей, истории науки и техники. Лучшим из них, обладающим наиболее ценными коллекциями, присваивается звание народного. Особой известностью пользуются музей объединения «Кировский завод», музей революционной истории Невской заставы и другие.

Музейная работа — дело живое. Постоянно обновляются экспозиции, создаются новые музеи. Гласность и демократия, внесенные в нашу жизнь перестройкой, по-новому осветили многие страницы истории партии и нашего государства. В связи с этим особенно серьезному переосмыслению подвергается содержание историко-революционных музеев. Многочисленные документы, фотографии, другие реликвии, которые долгие годы находились в спецхранах и запасниках музеев, занимают свои места в экспозициях. «Белые пятна» истории ликвидируются, имена репрессированных и незаслуженно забытых выдающихся деятелей партии и государства возвращаются из небытия.

В настоящее время разработан длительный перспективный план по развитию музеев в городе. Принято решение о создании музеев А. Ахматовой, М. Зощенко, декабристов. В течение 15—20 лет в Ленинграде предполагается создать более 20 новых музеев. Их экспозиции станут значительным вкладом в культурную жизнь города и всей страны.

ИСТОРИКО-РЕВОЛЮЦИОННЫЕ МУЗЕИ

ЛЕНИНГРАДСКИЙ ОРДЕНА ОКТЯБРЬСКОЙ РЕВОЛЮЦИИ ФИЛИАЛ ЦЕНТРАЛЬНОГО ОРДЕНА ЛЕНИНА МУЗЕЯ В. И. ЛЕНИНА

Рядом с Марсовым полем в великолепном Мраморном дворце находится музей В. И. Ленина, открытый в 1937 году как народный памятник любимому вождю.

Мраморный дворец был построен в 1768—1785 годах по проекту известного архитектора Антонио Ринальди и является одним из выдающихся памятников архитектуры раннего русского классицизма. Его стены не только внутри, но и снаружи облицованы естественным камнем — гранитом и мрамором, отсюда и название дворца. Декоративно-скульптурное убранство здания создано лучшими русскими ваятелями того времени М. И. Козловским и Ф. И. Шубиным.

Фасады дворца сохранили до наших дней свой первоначальный вид. От внутреннего оформления после перестроек середины прошлого века остались лишь фрагменты. В прежнем виде сохранены Парадная лестница, Конференц-зал и редкой красоты Мраморный зал, в отделке которого использовано двенадцать оттенков мрамора.

Перед зданием музея на гранитном постаменте возвышается редкая ленинская реликвия — исторический броневик с надписью на борту: «Враг капитала». Этот броневик послужил трибуной, с которой

Владимир Ильич провозгласил курс на победу социалистической революции в России. А предшествовали этому следующие события: о том, что в революционный Петроград из эмиграции возвращается В. И. Ленин, стало известно лишь накануне его приезда. И все же буквально в считанные часы была организована встреча. К Финляндскому вокзалу были направлены два броневика: один, недавно отремонтированный, без вооружения, другой — с пулеметом, дежуривший у особняка Кшесинской, где располагались ЦК и ПК РСДРП(б).

Вечером 3 (16) апреля 1917 г. Ленин приехал в Петроград. Выйдя на привокзальную площадь, он увидел море народа. Поднявшись с помощью рабочих и солдат на крышу броневика, как на трибуну, В. И. Ленин произнес перед встречавшими речь. Затем сел в кабину рядом с водителем. Машина шла медленно в окружении тысяч людей. На путь до особняка Кшесинской ушло около двух часов. Броневик, на котором прибыл Ленин, всю ночь охранял здание штаба большевиков.

В октябрьские дни исторический броневик участвовал в штурме Зимнего дворца, а в конце 1917 г. получил боевое название «Враг капитала». С октября 1917 г. броневик находился в отряде охраны Смольного, затем был переведен в Петропавловскую крепость, а оттуда передан Высшей автоброневой школе на Выборгской стороне. И след его затерялся.

Разыскивать броневик начали в 20-е годы, когда создавался памятник у Финляндского вокзала. О броневике, с которого выступал Ленин, постоянно писали, говорили, но упорные поиски дали свой результат значительно позже. Только в 1939 г. он был найден в окрестностях Ленинграда и опознан людьми, участвовавшими во встрече В. И. Ленина.

Броневик доставили в музей на хранение. Началась большая работа по его ремонту и реставрации. Во время очистки краски с брони проявилась надпись «Враг капитала». Ее восстановили по правому борту машины. 20 января 1940 г. возрожденный броневик доставили к Мраморному дворцу и установили перед входом в музей.

В годы Великой Отечественной войны исторический броневик был надежно замурован в музейном гараже. В победном мае 1945 г. его извлекли из убежища, и к 28-й годовщине Великой Октябрьской революции он вновь занял свое место на постаменте.

В Ленинградском филиале Центрального музея В. И. Ленина 557 ленинских реликвий. Среди них подлинные вещи: газеты, журналы, первые издания книг и брошюр В. И. Ленина, а также фотокопии, ксерокопии, литокопии ленинских рукописей, титульных листов, отдельных страниц, произведения живописи, графики и скульптуры, редкие фотографии. Всего же экспонатов Ленинградским филиалом собрано более 100 тысяч. Из них выставлено на обозрение в Мраморном дворце около 7 тысяч.

В настоящее время в музее ведется научная работа по углубленному раскрытию ленинского наследия, его актуального значения для происходящей перестройки советского общества. Много сделано по ликвидации так называемых «белых пятен»— экспонируются документы, которые ранее совсем не выставлялись или были представлены частично. В ближайшие годы планируется радикальное изменение всей музейной экспозиции.

Осмотр музея начинается с рассказа о детских и юношеских годах Владимира Ильича. Обращают на себя внимание аттестат зрелости, похвальный лист, диплом первой степени (в экспозиции представлены фотокопии). Аттестат был выдан Ленину по окончании Симбирской гимназии (ныне г. Ульяновск). Диплом — после сдачи экстерном государственных экзаменов за полный курс юридического факультета Петербургского университета 14 января 1892 г. И в гимназии, и в университете у В. И. Ленина были самые высокие оценки по всем предметам. Об этом свидетельствует гимназическая характеристика, в которой отмечается: «Ульянов во всех классах был первым учеником и при окончании курса награжден золотой медалью, как самый достойнейший по успехам, развитию и поведению». Здесь же в зале часть интерьера комнат дома семьи Ульяновых на Московской улице в Симбирске, макет комнаты Володи; на стенах семейные фотографии. Чуть поодаль шахматы, которыми играл молодой Ленин.

Большое влияние на Владимира Ильича оказал его старший брат Александр. Он познакомил его с марксистской литературой, с «Капиталом» К. Маркса. Когда в 1887 г. в Симбирск из Петербурга пришло сообщение о казни Александра Ульянова (студента Петербургского университета) за подготовку покушения на царя, семнадцатилетний Володя Ульянов, несмотря на преклонение перед светлой памятью брата, отверг избранный им и его друзьями-народниками путь террористической борьбы. «Нет, мы пойдем не таким путем,— твердо произнес он.— Не таким путем надо идти». Этими словами, содержавшими глубокий смысл, В. И. Ленин и определил свое жизненное кредо: служение делу рабочего класса, делу пролетарской революции.

О петербургском периоде жизни и деятельности В. И. Ленина рассказывают документы и материалы, относящиеся к 1893—1897 гг. Они воссоздают яркую картину неутомимой деятельности В. И. Ленина среди петербургских марксистов и передовых рабочих столицы по созданию «Союза борьбы за освобождение рабочего класса»— подлинно революционной марксистской организации, «зачатка нашей большевистской партии», как определял В. И. Ленин. Пребывание Владимира Ильича в Петербурге совпало с началом подъема массового рабочего движения. В одном из залов музея экспонируется электрифицированная карта, изготовленная из хрустального стекла. Она показывает масштабы деятельности «Союза борьбы» и его строение, связи с социал-демократическими организациями России.

В экспозиции представлены скульптурные портреты В. И. Ленина и замечательных рабочих-революционеров И. В. Бабушкина, Б. И. Зиновьева, В. А. Князева, В. А. Шелгунова, И. И. Яковлева — рабочего ядра ленинского «Союза борьбы». Перед нами — фотография дома 7/36 в Гродненском переулке (здесь жила Н. К. Крупская), где 8 декабря 1895 г. состоялось последнее совещание руководителей Союза. На следующий день В. И. Ленина и группу его товарищей по Союзу арестовали. В экспозиции представлены фотография Владимира Ильича, сделанная в охранном отделении, фотография камеры в доме предварительного заключения на Шпалерной ул. (ныне ул. Воинова), где В. И. Ленин находился 14 месяцев. И в тюрьме его не покидала бодрость духа, он придерживался определенного режима. Так, в письме к матери (копия дана в экспозиции) он описывает, как занимается гимнастикой. Зарядка заключенным была запрещена, поэтому пришлось перехитрить тюремщиков — отбивать по 50 земных поклонов.

В. И. Ленину была определена ссылка в Сибирь, где он не прекращал напряженной теоретической работы, не оставался в стороне от политической борьбы, поддерживая связь с соратниками по «Союзу борьбы». Здесь им был тщательно обдуман план создания марксистской партии рабочего класса. Главным звеном в этом плане была мысль о необходимости организации общерусской политической газеты в качестве важнейшего средства для создания партии.

О скромной домашней обстановке жизни Владимира Ильича, Надежды Константиновны* и ее матери Елизаветы Васильевны в сибирском селе Шушенском дают представление фотографии внутреннего вида дома, а также керосиновая лампа и конторка, за которой работал В. И. Ленин (представлены дубликаты). Здесь он закончил свой классический труд «Развитие капитализма в России», которым завершил идейный разгром не только народничества, но и «легального марксизма». Подлинный экземпляр книги 1899 г. вызывает повышенный интерес у посетителей музея.

Здесь же можно ознакомиться с книгами, которые В. И. Ленин изучил и проштудировал в ссылке. Если учесть, что в книжном шкафу выставлена лишь часть той литературы, которой пользовался Владимир Ильич, то становится ясно, как напряженно он работал.

Материалы экспозиции показывают, как В. И. Ленин шаг за шагом приближал день создания партии, связывая воедино все марксистские кружки и организации, рассеянные до этого по всей стране. В этом деле главную роль сыграла созданная им газета «Искра». Владимир Ильич подчеркивал, что только общий политический нелегальный печатный орган партии, последовательно проводящий принципы политической борьбы и высоко держащий знамя демократизма, привлечет на свою сторону все демократические элементы и использует все прогрессивные силы России в борьбе за политическую свободу. Газета «Искра», эпиграфом для которой Ленин взял слова из ответа декабристов Пушкину: «Из искры возгорится пламя!», явилась в тех условиях важнейшим средством идейного и организационного сплочения социал-демократов.

В экспозиции — фотографии членов редакции газеты «Искра»: В. И. Ленина, Г. В. Плеханова, Ю. О. Мартова, В. И. Засулич, П. Б. Аксельрода, А. Н. Потресова, ксерокопии «Искры». Здесь же фотографии агентов — распространителей «Искры» в России: Л. Б. Красина, Н. Э. Баумана, И. В. Бабушкина, Я. М. Свердлова, М. И. Калинина, Е. Д. Стасовой, И. В. Сталина, О. А. Пятницкого,

---

* По делу «Союза борьбы» Н. К. Крупскую приговорили к трем годам высылки в Уфимскую губернию, но как жениху и невесте Ленину и Крупской разрешили отбывать ссылку вместе. В июле 1898 г. состоялась их свадьба.

М. И. Ульяновой и др. Бесстрашно и стойко работали агенты «Искры». Их не могли сломить ни постоянные полицейские преследования, ни тюрьмы, ни ссылки. «Искра» стала не только коллективным пропагандистом и коллективным агитатором, но также и коллективным организатором.

С местами пребывания редакции газеты, с искровскими группами в России, с городами, где печаталась и распространялась «Искра», наглядно знакомит электрифицированная карта-схема. Здесь же представлены предметы из типографии в Лейпциге, где был напечатан первый номер «Искры»; копия шахматного столика Ульяновых, в потайном ящике которого хранились номера «Искры», а позднее архив II съезда РСДРП и другие документы.

Материалы и документы этого раздела знакомят с огромной работой В. И. Ленина по подготовке II съезда партии, по разработке ее программы, идеологических и организационных основ. Среди документов — номера «Искры» (ксерокопии) со статьями В. И. Ленина и подлинник гениального труда В. И. Ленина «Что делать?», изданного в Штутгарте в 1902 г. Здесь же экземпляр этой книги, напечатанной на разных языках мира. «Что делать?» явилась подлинным манифестом партии нового типа, сыграв неоценимую роль в сплочении социал-демократических комитетов в России вокруг «Искры».

Важное место в экспозиции занимают материалы II съезда РСДРП — фотографии ближайших соратников В. И. Ленина по созыву съезда партии и делегатов съезда, фотокопии рукописей и текстов многочисленных выступлений В. И. Ленина. Все эти материалы ярко воспроизводят крайне острую борьбу между революционной и оппортунистической сторонами по вопросу о том, какой должна быть партия, ее программа и устав.

Благодаря идейной принципиальности и исключительной последовательности В. И. Ленина предложения оппортунистов были отвергнуты как по программным, так и по организационным вопросам. Лишь по первому параграфу Устава партии прошла незначительным большинством формулировка Мартова, которая не только допускала организационную расплывчатость партии, но и широко открывала дорогу для проникновения в нее всякого рода оппортунистических элементов. Эту ошибку II съезда исправил III съезд партии, приняв ленинскую формулировку, которая гарантировала крепкую сознательную партийную дисциплину, преграждала дорогу в партию случайным людям, предполагала в работе партийных организаций активное участие всех членов партии, коллективную работу и ответственность за судьбу партии и каждого ее члена. Документы убеждают, какое исключительное значение В. И. Ленин придавал II съезду партии как съезду рождения подлинно марксистской партии рабочего класса. Последовательных революционеров во главе с Лениным, получивших большинство голосов при выборах центральных органов партии, стали называть большевиками, а оппортунистов, оставшихся в меньшинстве,— меньшевиками.

«Большевизм существует, как течение политической мысли и как политическая партия, с 1903 года». Это замечательное ленинское положение начертано в экспозиции.

II съезд РСДРП явился поворотным пунктом в мировом рабочем движении.

О революционной деятельности В. И. Ленина в годы первой буржуазно-демократической революции в России (1905—1907) повествует специальный раздел экспозиции. Его материалы рассказывают о кровавых преступлениях, совершенных царским самодержавием против своего народа. 9 января 1905 г. в Петербурге была расстреляна мирная демонстрация. Этот день, прозванный в народе Кровавым воскресеньем, и явился началом первой русской революции, поставившей перед партией целый ряд вопросов тактики борьбы рабочих и крестьян. Ответить на эти вопросы был призван III партийный съезд. В музее имеются материалы, рассказывающие о подготовке В. И. Лениным III съезда партии, о принятых на нем решениях. В центре — картина художника А. М. Любимова, на которой изображено выступление В. И. Ленина на III съезде. Тут же полный текст съездовских протоколов, изданных в 1905 г. в Женеве, ксерокопия ленинских рукописей, фотографии делегатов, первый номер газеты «Пролетарий», которая начала издаваться по решению III съезда и стала центральным органом партии (ответственным редактором ЦК РСДРП был назначен В. И. Ленин). Съезд определил одну из главных задач партии — организацию пролетариата для непосредственной борьбы с самодержавием путем вооруженного восстания.

В ноябре 1905 г. В. И. Ленин вернулся из эмиграции в Петербург. Он руководил работой ЦК и ПК РСДРП, выступал на собраниях, конференциях, встречался с партийными работниками, писал статьи. В экспозиции представлены фотографии дома № 1/41 на 10-й Рождественской улице (ныне 10-я Советская), где жил в это время Ильич, несколько номеров большевистской газеты «Новая жизнь» с ленинскими статьями. В сложных условиях вел В. И. Ленин работу по руководству партией, революционной борьбой пролетариата. Он сменил 21 нелегальную квартиру. Департамент полиции возбудил дело о его аресте. В конце лета 1906 г. В. И. Ленин уехал на дачу «Ваза» в Куоккале (ныне Репино). В экспозиции представлены подлинные предметы обстановки этой дачи, ее фотография. Отсюда Ленин руководил работой партии, здесь проходили его встречи с партийными работниками.

Первая русская революция потерпела поражение. Оценку исторического значения революции В. И. Ленин дал в целом ряде работ. В экспозиции представлен номер «Рабочей газеты» с ленинской статьей «Уроки революции».

Летом 1907 г. В. И. Ленин перебирается в глубь Финляндии. На фотографии представлен дом в поселке Сейвисто, где в июне — июле 1907 г. он жил. В декабре того же года В. И. Ленин был вынужден уехать за границу.

В годы эмиграции В. И. Ленин много внимания уделял сохранению и укреплению партии рабочего класса. В экспозиции представлены документы V Общероссийской конференции РСДРП, состоявшейся в декабре 1908 г. в Париже, под непосредственным руководством В. И. Ленина. Здесь же отражена и его работа по налаживанию партийной печати.

Огромное значение для возрождения и организационного укрепления партии имела VI Всероссийская (Пражская) конференция РСДРП, проходившая под председательством Ленина. Она подвела итог борьбы против враждебных течений в рабочем движении, восстановила разрушенный ликвидаторами Центральный Комитет. На стенде — фотопортреты избранных членов ЦК партии: В. И. Ленина, Ф. И. Голощекина, Г. Е. Зиновьева, Г. К. Орджоникидзе, С. С. Спандаряна, В. М. Шварцмана, И. С. Белостоцкого, И. В. Сталина, Г. И. Петровского, Я. М. Свердлова. В витрине — резолюция Пражской конференции (январь 1912 г.), выработавшей курс на свержение царизма, на демократический переворот.

Особое внимание привлекают экспонаты, рассказывающие о последней встрече Владимира Ильича с матерью, состоявшейся в Стокгольме, куда Мария Александровна приехала по его просьбе.

Материалы экспозиции рассказывают и о напряженной борьбе В. И. Ленина против международного оппортунизма на конгрессах II Интернационала.

Ряд экспонатов повествует о начале нового революционного подъема, развитие которого не могла приостановить начавшаяся в 1914 г. первая мировая война. Напротив, она ускорила исторические события, обострив до крайности классовые противоречия.

Это время жизни и деятельности В. И. Ленина характеризуется большим количеством документов и материалов, представленных в музее. И среди них ленинский труд «Империализм, как высшая стадия капитализма». Он представляет собой ценнейший вклад в теоретическую сокровищницу марксизма, являясь дальнейшим его творческим развитием. В. И. Ленин сделал важный вывод о возможности победы социализма первоначально в немногих или даже в одной, отдельно взятой стране, сформулировав его в работах «О лозунге Соединенных Штатов Европы» и «Военная программа пролетарской революции». Посетители музея знакомятся с этими статьями в изданиях того времени.

Об огромной работе, проделанной В. И. Лениным при анализе монополистической стадии капитализма (империализма), свидетельствует выставленная для обозрения лишь часть использованной им литературы, составляющей в Полном собрании сочинений В. И. Ленина целый том.

В музее на большом фактическом материале показана борьба большевиков за победу Февральской буржуазно-демократической революции в России, а также представлены экспонаты, рассказывающие о новом курсе партии на перерастание буржуазно-демократической революции в социалистическую, который определил В. И. Ленин. Представлены в экспозиции ленинские «Письма из далека», отдельные странички рукописи В. И. Ленина, номера газеты «Правда» с текстом первого письма. Здесь же находятся ленинские письма, в которых ясно намечена перспектива дальнейшего развития революции, выдвинута историческая задача перерастания революции буржуазно-демократической в социалистическую. Для успешного развития революции В. И. Ленин предполагал немедленно повсеместно организовать Советы рабочих, крестьянских и солдатских депутатов, вооружать рабочих.

В. И. Ленин стремился скорее вернуться в Россию. Наконец, после долгих усилий, благодаря помощи социалистов-интернационалистов ряда европейских стран, русские эмигранты получили разрешение от немецкого правительства проехать на Родину через территорию Германии. Путь возвращения В. И. Ленина в Россию из эмиграции (в марте — апреле 1917 г.) наглядно показан на специальной карте-схеме.

Многие экспонаты музея рассказывают о встрече В. И. Ленина в Петрограде 3 апреля 1917 г.

Тысячи рабочих, солдат и матросов пришли к Финляндскому вокзалу. Во главе колонны были большевики... В 23 часа 10 минут вечера под звуки «Марсельезы» подошел поезд № 12. Выйдя на перрон, Владимир Ильич приветствовал встречавших его партийных товарищей, представителей рабочих, солдат и матросов. Командир почетного караула отдал рапорт. От имени большевиков Выборгской стороны член районного комитета РСДРП(б) И. Д. Чугурин вручил В. И. Ленину партийный билет. Затем В. И. Ленин вместе с рабочими вышел на привокзальную площадь. В воздух летели шапки, фуражки, тишину апрельского вечера прорезало громовое «ура!». Над головами колыхалось море красных знамен и кумачовых лозунгов: «Да здравствует Ленин!», «Да здравствует революция!», «Долой войну!» и др.

Ленин поднялся на башню броневика. Свою историческую речь он закончил пламенным призывом: «Да здравствует социалистическая революция!»

Ленин на броневике, с энергично выброшенной вперед рукой, указывающий путь к революции, запечатлен в бронзовом монументе, который стал одним из символов Ленинграда. Монумент высится ныне на реконструированной площади перед Финляндским вокзалом, называемой площадью Ленина.

Ночь с 3 на 4 апреля Владимир Ильич провел в помещении ЦК и ПК РСДРП, где прошли совещания с партийными работниками и где он изложил свои взгляды на текущий момент. Лишь утром 4 апреля В. И. Ленин вместе с Н. К. Крупской направился на квартиру сестры Анны Ильиничны и ее мужа Марка Тимофеевича Елизарова, на Широкую ул. (ныне ул. Ленина). Здесь он жил до 5 июля 1917 г.

Это было время напряженной работы В. И. Ленина по руководству партией, разъяснению задач революции, цели борьбы масс. Каждое выступление вождя оставляло неизгладимый след в сознании его слушателей. Своим умением убеждать, завоевывать доверие масс В. И. Ленин показывал пример всей партии. На сторону революции переходило все больше трудящихся — неудержимо росла политическая армия социалистической революции. Ее создание и обеспечило победу Великого Октября.

Экспонируемая здесь же газета «Правда» знакомит с знаменитыми Апрельскими тезисами. Тезисы — выдающийся документ творческого марксизма, имеющий программное значение. Они вооружили партию научно обоснованным конкретным планом перехода от буржуазно-демократической революции к революции социалистической, к установлению диктатуры пролетариата в форме республики Советов. В сложившейся своеобразной исторической обстановке в России, после Февральской революции, ленинские тезисы ориентировали трудящихся на переход от революции буржуазно-демократической к революции социалистической мирным путем.

Апрельские тезисы отвечали на вопрос о том, в какой форме должна быть установлена революционная власть рабочего класса. Свержение власти буржуазии и установление диктатуры пролетариата в форме республики Советов — вот главная цель стратегического плана, разработанного В. И. Лениным.

VII Всероссийская (Апрельская) партийная конференция (документы которой расположены в этом же разделе), проходившая под руководством В. И. Ленина, утвердила ленинские Апрельские тезисы в качестве стратегического плана партии, рассчитанного на сплочение народных масс под знаменем большевизма, на завоевание политической власти рабочим классом и трудовым крестьянством мирным путем.

Здесь же находится полотно художника И. Бродского «Выступление В. И. Ленина на митинге рабочих Путиловского завода в мае 1917 года».

Далее в экспозиции освещаются июльские события 1917 г., когда Временное правительство, опираясь на поддержку эсеро-меньшевистских Советов, предавших революцию, захватило всю власть в свои руки. Документы и фотоснимки рассказывают о кровавом злодеянии буржуазии — расстреле 4 июля в Петрограде мирной демонстрации рабочих, солдат и матросов. Кончился мирный период развития революции. Контрреволюция готовила физическую расправу над вождем пролетариата. В. И. Ленин был вынужден уйти в подполье.

После смены нескольких нелегальных квартир в Петрограде 10 июля 1917 г. Ленин был укрыт в поселке Разлив, в семье рабочего Сестрорецкого оружейного завода

Н. А. Емельянова. Через несколько дней его переправили за озеро, где под видом финна-косца он жил до начала августа. В экспозиции — подлинные вещи из Разлива.

О пути следования В. И. Ленина из Петрограда в Разлив дает представление карта-схема. Здесь же фотографии соратников Ильича, навещавших его по поручению ЦК партии в Разливе, а также фотография Г. Е. Зиновьева, скрывавшегося вместе с ним.

Находясь в подполье, В. И. Ленин продолжал напряженно трудиться. В экспозиции представлены произведения, написанные им в этот период: «Политическое положение», «К лозунгам», «Уроки революции». Они легли в основу решений VI съезда партии, проходившего в Петрограде в конце июля — начале августа 1917 г. Владимир Ильич не присутствовал на съезде, но руководил его работой. VI съезд избрал В. И. Ленина своим почетным председателем, настояв на неявке вождя партии на суд Временного правительства, готовившего расправу над ним. Положив в основу своих решений ленинские положения и выводы, съезд взял курс на вооруженное восстание.

В экспозиции представлены фотоснимки зданий, где работал съезд, первое издание его протоколов, таблицы численности партии на тот период, фотопортреты всех членов Центрального Комитета, избранных на съезде.

Большой интерес вызывают подлинные предметы, которыми В. И. Ленин пользовался в Разливе,— стол, чернильница, венские стулья из дома Емельяновых и рабочая одежда.

Оставаться дальше на сенокосном участке становилось небезопасным, и Центральный Комитет решил переправить В. И. Ленина в Финляндию. Карта-схема показывает путь Владимира Ильича из Разлива в Петроград, затем в деревню Ялкала, а оттуда в Гельсингфорс. В экспозиции представлен макет паровоза № 293, на котором В. И. Ленин переезжал финляндскую границу. Подлинный паровоз находится на платформе Финляндского вокзала, в стеклянном футляре.

В Гельсингфорсе В. И. Ленин поселился в квартире финского социал-демократа Г. Ровио, исполнявшего тогда обязанности начальника гельсингфорсской полиции. В экспозиции воссоздан интерьер комнаты, в которой жил В. И. Ленин. В 1976 г. в Хельсинки, в бывшей квартире Ровио, был открыт музей В. И. Ленина.

В начале октября 1917 г. В. И. Ленин вернулся в Петроград, чтобы руководить подготовкой вооруженного восстания. 10 и 16 октября состоялись заседания ЦК партии. В экспозиции представлены резолюции, принятые на этих заседаниях. Дана протокольная запись доклада Ленина на заседании 10 октября. В резолюции этого заседания отмечалось, что восстание неизбежно и вполне назрело. Для политического руководства восстанием было создано Политбюро ЦК в составе В. И. Ленина, Г. Е. Зиновьева, Л. Б. Каменева, Л. Д. Троцкого, И. В. Сталина, Г. Я. Сокольникова, А. С. Бубнова.

Временное правительство пыталось предпринять ряд мер, чтобы предупредить восстание. Но по распоряжению Военно-революционного центра (созданного на заседании ЦК 16 октября) были взяты под охрану типография центрального органа партии — газеты «Рабочий путь», мосты и штаб восстания — Смольный. Здесь же экспонируется машинописная копия Письма членам ЦК, написанного Лениным вечером 24 октября, в котором говорится о недопустимости промедления в восстании. Вечером же 24 октября В. И. Ленин направился в Смольный и встал во главе руководства восстанием.

К утру 25 октября важнейшие учреждения столицы оказались в руках восставших, было опубликовано написанное В. И. Лениным обращение «К гражданам России». В экспозиции представлены фотокопия рукописи и подлинная листовка с этим документом.

Вечером 25 октября начался штурм последнего оплота Временного правительства — Зимнего дворца. Сигналом к штурму послужил выстрел крейсера «Аврора», модель которого находится в экспозиции. На картине художника И. Серебряного посетители видят выступление В. И. Ленина на II Всероссийском съезде Советов. Здесь же экспонируются исторические документы, написанные В. И. Лениным: воззвание «Рабочим, солдатам и крестьянам» — о переходе всей власти в центре и на местах к Советам, Декрет о мире, Декрет о земле. Съезд образовал первое Советское правительство — Совет Народных Комиссаров во главе с В. И. Лениным.

В экспозиции — листовка, в которой перечислен полный состав первого Советского правительства и фотографии всех его членов.

124 дня Советское правительство располагалось в Смольном, 124 дня здесь жил Ленин — выдающийся госу-

дарственный деятель нового, пролетарского, социалистического типа.

Документы, фотографии, картины рассказывают о глубокой, неразрывной связи В. И. Ленина с народом. В своих выступлениях руководитель молодого государства призывал трудящихся взять управление в свои руки, сплотиться вокруг Советов, укреплять их, проявлять инициативу и самодеятельность.

Ленин руководил всеми сторонами жизни Советской республики, ничего не упуская из поля зрения. Он занимался самыми разнообразными вопросами — политическими и хозяйственными, военными и культурными.

Карта, на которой отображено триумфальное шествие Советской власти, наглядно показывает, что в большинстве городов и населенных пунктов России Советская власть победила и установилась тогда без вооруженной борьбы.

Макет небольшой комнаты в Смольном передает исключительно простую и скромную обстановку, в которой жил и работал Владимир Ильич вскоре после победы Октябрьской революции, до переезда Советского правительства в Москву.

Важное место в экспозиции отведено документам, рассказывающим о ленинском плане перехода к социалистическому строительству. В статье «Главная задача наших дней» В. И. Ленин обратился с пламенным призывом к народу превратить Советскую страну из разоренной и отсталой в богатую и мощную социалистическую державу, а в работе «Очередные задачи Советской власти» он уже конкретно намечает основные вопросы социалистического преобразования России, создания фундамента социалистической экономики. Эти и другие работы помогают понять ленинские идеи, которые легли в основу начала строительства социализма, что имеет большое значение для осмысления теории и практики революционной перестройки, происходящей сейчас в нашей стране.

Здесь же размещены важнейшие декреты Советской власти, написанные и подготовленные В. И. Лениным, заложившие основы управления пролетарским государством и не потерявшие своей актуальности сегодня.

Внимание посетителей привлекают карты, фотографии, художественные плакаты, листовки, ленинские работы в ксерокопиях, литографиях, картина художника И. Бродского «Ленин в Москве на фоне Кремля». Эти экспонаты создают яркое представление о многообразной работе

В. И. Ленина по проведению социалистических преобразований в области экономики и культуры страны. Среди них — «План речи на 1-м Всероссийском съезде по просвещению», составленный Лениным в конце августа 1918 г., декреты о национализации крупнейших предприятий горной, металлургической и металлообрабатывающей, нефтяной и других отраслей промышленности и транспорта, материалы V Всероссийского съезда Советов, принявшего в июле 1918 г. первую Советскую конституцию.

30 августа 1918 г. Владимир Ильич выступал на митинге рабочих завода Михельсона. Меньшевики и эсеры попытались нанести предательский удар в самое сердце революции и рабочего класса — они решили убить В. И. Ленина, надеясь таким образом посеять панику в рядах Коммунистической партии и народа, внести дезорганизацию, ослабить Советскую республику и помочь международной контрреволюции ликвидировать Советскую власть. Когда Владимир Ильич после митинга выходил с завода, они совершили злодейское покушение на вождя революции. Это трагическое событие отображено на картине П. Белоусова. Покушение на В. И. Ленина вызвало всенародный гнев и возмущение.

В стеклянном шкафу помещена копия ленинского пальто, с отметками, куда вошли и где вышли отравленные пули. Телеграммы и письма трудящихся (представленные здесь же), которые нескончаемым потоком шли в Москву, красноречиво говорят о горячей любви народа к своему вождю.

Среди материалов — книга В. И. Ленина «Пролетарская революция и ренегат Каутский», в которой он подвергает уничтожающей критике лидера II Интернационала К. Каутского за его отход от марксизма и революционной борьбы пролетариата и вступление на путь реформизма и оппортунизма, за его фальсификацию истории Октябрьской революции.

Экспозиция этого раздела позволяет судить о кипучей деятельности В. И. Ленина в период гражданской войны и иностранной военной интервенции, когда были отражены следовавшие один за другим походы Антанты на Советскую Россию и в то же время не прекращалось строительство социалистического государства. Здесь экспонируется искусно выполненный макет бронепоезда № 6 имени В. И. Ленина, который был построен в Петрограде, на заводе «Красный путиловец», в 1918 г. Команда его состояла из путиловских рабочих, комиссаром был назначен рабочий-революционер Иван Иванович Газа. На картине Ю. Белова изображен В. И. Ленин, слушающий доклад главкома вооруженных сил республики С. С. Каменева, здесь же — фотографии героев гражданской войны, фотографии В. И. Ленина среди рабочих, крестьян, делегатов, на субботнике 1 Мая 1920 г., листовка с Декретом о ликвидации безграмотности среди населения РСФСР.

В. И. Ленин, ведя огромную работу по организации обороны страны, по мобилизации народнохозяйственных ресурсов, в то же время отдавал много сил установлению и укреплению интернациональных связей с рабочими Америки, Англии, Франции, Германии и других стран. Ленинское «Письмо к американским рабочим» — образец того, как нужно бороться за сплочение сил международного пролетариата, крепить братскую интернациональную солидарность рабочих всего мира.

В музее представлены материалы о создании В. И. Лениным III (Коммунистического) Интернационала и работе VIII съезда Коммунистической партии. I конгресс Коминтерна проходил в Москве. В основу его программы были взяты ленинские положения о том, что диктатура пролетариата необходима всей массе трудящихся, что через диктатуру пролетариата человечество придет к коммунизму. Ход работы конгресса широко освещался в «Правде». Создание Коминтерна являлось итогом борьбы В. И. Ленина за собирание и сплочение передовых, верных делу рабочего класса международных сил.

В июле 1920 г. состоялся II конгресс Коминтерна. Документы рассказывают о той большой работе, которую В. И. Ленин провел по подготовке II конгресса. В частности, об этом свидетельствует его книга «Детская болезнь «левизны» в коммунизме». В музее экспонируется подлинник первого издания книги, в которой раскрыто международное значение Великой Октябрьской социалистической революции, обрисованы главные этапы истории Коммунистической партии, подвергнуты критике ошибки молодых коммунистических партий. Передав братским коммунистическим партиям опыт большевиков, В. И. Ленин вооружил их победоносной стратегией и тактикой большевизма.

В экспозиции представлены личные вещи В. И. Ленина (пиджак, кепка). В них он приезжал в Петроград на открытие II конгресса Коминтерна 19 июля 1920 г. Здесь же портфель, врученный Владимиру Ильичу в Таврическом дворце как делегату II конгресса Коминтерна, фотографии, подлинные плакаты того времени, объектив от фотоаппарата, которым фотограф П. С. Жуков снимал Ленина на Марсовом поле.

На картине П. Белоусова В. И. Ленин изображен во время его выступления на III съезде комсомола. В своих воспоминаниях бывшие комсомольцы — участники III съезда комсомола рассказывают, что с первых же слов речи В. И. Ленина слушатели буквально были потрясены новизной поставленных им задач. Они готовились услышать слова призыва громить буржуазию, так понятные им, а В. И. Ленин поставил перед всей советской молодежью задачу учиться, учиться и учиться, чтобы овладеть всей суммой знаний, выработанных человечеством, учиться упорно и настойчиво строительству коммунизма.

В экспозиции освещается победоносное окончание гражданской войны и начало мирного социалистического строительства. Внимание посетителей привлекает большая скульптура В. И. Ленина. Автор ее С. Меркуров изобразил Владимира Ильича в момент беседы. В руках у него объемистая тетрадь и карандаш, а сам он весь полон внимания. И в позе, и в выражении лица скульптор хорошо передал то особое, характерное ленинское умение слушать, которое всегда так располагало к нему собеседников.

Центральное место в этом разделе занимает ленинский план ГОЭЛРО, план преобразования России на базе электрификации. О содержании плана рассказывают документы, редкие фотографии и выразительная электрифицированная карта. По-особому воспринимаются знаменитые ленинские слова: «Коммунизм — это есть Советская власть плюс электрификация всей страны». Здесь же в витрине «Схематическая карта электрификации России», изданная в 1920 г., план электрификации РСФСР, доклад VIII съезду Советов, памятные медали, посвященные плану ГОЭЛРО.

В музее широко представлены материалы X съезда РКП(б), доклад В. И. Ленина на нем о замене разверстки натуральным налогом. В своих выступлениях В. И. Ленин обосновал необходимость перехода к новой экономической политике, рассчитанной на построение социализма своими силами. К этим работам мы обращаемся сегодня, чтобы восстановить ленинское понимание нэпа, основанного на развитии инициативы и предприимчивости трудящихся.

Материалы экспозиции рассказывают о последних годах жизни В. И. Ленина, о создании под его руководством великого содружества советских республик — Союза ССР, о ленинском плане построения социализма в СССР.

Тяжелые годы тюрьмы и ссылки, пулевые ранения, гигантская напряженная работа — все это подорвало здоровье Владимира Ильича. 20 мая 1922 г. он по настоянию врачей переехал для отдыха и лечения в Горки. В середине июня в состоянии здоровья Ленина наступило улучшение. Ему разрешено было принимать соратников, читать книги, газеты. Владимир Ильич возобновляет переписку, все глубже входит в текущие дела, рвется в Москву. В этом разделе наряду с фотографиями посетители с большим интересом рассматривают плед и охотничьи сапоги — подарки В. И. Ленину от петроградских рабочих.

К осени здоровье В. И. Ленина несколько улучшилось, и 2 октября 1922 г. он переехал в Москву, где сразу же погрузился в работу, без которой не мыслил себе жизни. Партия и народ встретили его с огромной радостью. 20 ноября 1922 г. Владимир Ильич произнес речь на пленуме Московского Совета — это было последнее его публичное выступление. Дав глубокий анализ обстановке в стране после разгрома иностранной военной интервенции, В. И. Ленин выразил твердую уверенность, что «из России нэповской будет Россия социалистическая».

Большой раздел составляют последние статьи и речи В. И. Ленина, в которых дан научно обоснованный план построения социализма в СССР. Здесь же материалы о последнем периоде жизни и деятельности В. И. Ленина в Горках.

21 января 1924 г. в 18 часов 50 минут советский народ и все трудящееся человечество потеряли своего вождя.

На фотографиях, экспонируемых в траурном зале музея, запечатлено последнее скорбное прощание партии и народа с В. И. Лениным. В центре зала — посмертная маска Ленина, макет комнаты в Горках, где Владимир Ильич провел свои последние дни, макет Мавзолея В. И. Ленина.

Трудовой путь советского народа после смерти Ленина иллюстрируют фотографии Магнитки и Кузнецкстроя, макеты Днепрогэса и трактора «Фордзон-путиловец». Экспонируется газета «Правда» от 5 марта 1929 г., в которой сообщается о том, что «Красный выборжец» обратился ко всем заводам и фабрикам страны с призывом включиться в социалистическое соревнование, рапорт президиума общезаводской конференции Ижорского завода о постройке в 1931 г. первого советского блюминга, орден Ленина, учрежденный в 1930 г., Конституция СССР, принятая в 1936 г. VIII Чрезвычайным Всесоюзным съездом Советов.

В экспозиции, посвященной Великой Отечественной войне, представлены сборник произведений В. И. Ленина «В защиту социалистического Отечества», изданный в 1941 г., плакат «Социалистическое Отечество в опасности», текст речи В. И. Ленина на заседании ВЦИК 5 мая 1920 г., в которой он подчеркнул: «...раз дело дошло до войны, то все должно быть подчинено интересам войны». На стендах и в витринах можно видеть документы, ордена, медали, знамена, фотодокументы, свидетельствующие о массовом героизме советских людей, проявленном на фронтах и в тылу.

В залах, посвященных современности, показано, как советский народ проводит в жизнь решения XXVII съезда КПСС и XIX партийной конференции. Экспонаты дают возможность увидеть вклад ленинградцев в осуществление перестройки и обновления всех сторон жизни советского общества.

В последнем зале музея собраны произведения В. И. Ленина, выпущенные в разное время на русском языке, на языках народов СССР и народов мира. По данным ЮНЕСКО, труды В. И. Ленина по количеству переводов стоят на первом месте в мире.

Привлекает внимание красочная карта «Места жизни и деятельности В. И. Ленина в СССР и за рубежом (1870—1924 гг.)». На ней обозначены ленинские места в Советском Союзе и 12 европейских странах. На территории СССР Ленин жил и работал в 54 городах, поселках и селах. Только в Ленинграде и Ленинградской области имеется более 270 ленинских мест.

МЕМОРИАЛЬНЫЕ МУЗЕИ В. И. ЛЕНИНА

Мемориальные музеи В. И. Ленина занимают особое место среди достопримечательностей Ленинграда и области. Их обстановка восстановлена такой, какой она была при жизни В. И. Ленина. Все здесь говорит об исключительной скромности и простоте великого человека, его огромной напряженной работе. Экспозиция ленинских мемориальных музеев построена так, чтобы исключить повторы и в то же время воссоздать по возможности полно картину, рассказывающую о жизни и деятельности В. И. Ленина в городе, который носит его имя. Таких музеев в Ленинграде девять. Все они, за исключением музея в переулке Ильича, связаны с периодом 1917—1918 гг. Кроме того, два мемориальных музея имеются в Ленинградской области — в поселке Ильичево и в Выборге.

Переулок Ильича, д. 7, кв. 13

О самом раннем периоде деятельности Ленина в Петербурге рассказывает музей-квартира В. И. Ленина в переулке Ильича (бывший Большой Казачий).

Здесь Владимир Ильич жил и работал с 12 февраля 1894 г. до 25 апреля 1895 г.

В. И. Ленин приехал в Петербург в конце августа 1893 г. из Самары, чтобы здесь, в крупнейшем политическом и промышленном центре страны, в гуще рабочего класса, создавать боевую организацию революционеров-марксистов.

Владимир Ильич тщательно изучал жизнь рабочих, обстановку на заводах и фабриках, систему заработной платы, технику расценок. Много сил отдавал Ленин политическому просвещению рабочих, вел занятия и беседы во многих рабочих кружках.

Непоколебимая вера в победу рабочего класса, обширные знания, глубокое понимание марксизма и умение применять его при решении жизненных вопросов, волновавших народные массы, снискали Ленину искреннее уважение петербургских марксистов и сделали его признанным их руководителем.

Квартира в б. Большом Казачьем переулке расположена на третьем этаже старого дома. Она состоит из трех небольших комнат, две из них в те годы занимала семья хозяев, а комната в конце коридора обычно сдавалась жильцам. В этой комнате и прожил В. И. Ленин почти четырнадцать с половиной месяцев. Ныне в одной из комнат размещена экспозиция, рассказывающая о жизни В. И. Ленина в столице России в 1893—1897 гг., в другой, в которой жил Владимир Ильич, воссоздана мемориально-бытовая обстановка того времени.

В экспозиционной комнате — фотография Николаевского (ныне Московский) вокзала. Сюда впервые В. И. Ленин прибыл в 1890 г., затем приезжал весной и осенью 1891 г., когда сдавал экстерном за полный курс юридического факультета Петербургского университета. До того как Владимир Ильич поселился в Большом Казачьем переулке, он сменил четыре квартиры. На карте-схеме, размещенной в экспозиции, их адреса отмечены вместе с другими ленинскими местами того времени. Выбор этой квартиры был не случаен — поблизости жили многие товарищи по марксистскому кружку, достаточно удобным было сообщение с рабочими окраинами, где В. И. Ленин проводил занятия в кружках. Вскоре после приезда В. И. Ленин поступил на работу помощником присяжного поверенного. Этому были две причины: первая диктовалась необходимостью конспирировать свою революционную деятельность, вторая вызывалась ограниченностью средств.

Комната в Большом Казачьем переулке была небольшая, угловая. Петербургский марксист М. А. Сильвин, часто бывавший тогда у Владимира Ильича, вспоминал, что ход в комнату из подворотни напоминал ему «угрюмые переходы в Трубецком бастионе Петропавловской крепости». Скромная обстановка: в левом углу у окна стоял стол, за которым Владимир Ильич занимался, справа от стола — этажерка с книгами. На столе были книги и бумаги. Возле стола находился диван. У противоположной стены — простая железная кровать. Рядом с кроватью комод. Кроме того, в комнате стояли таз и кувшин для умывания.

Все здесь подчинено было творческому труду. Владимир Ильич строго выполнял распорядок дня. Вставал он обычно в 7—8 часов утра и работал дома до одиннадцати, затем шел в читальню при книжном магазине газеты «Новости» на Большой Морской улице (ныне улица Герцена, дом № 33). При входе полагалось купить свежий номер «Новостей» за пять копеек, и тогда можно было пользоваться бесплатно всеми газетами. Владимир Ильич так и делал. Прочитав газеты, он шел обычно в Публичную библиотеку (Александринская площадь, ныне площадь Островского, дом № 1) либо в библиотеку Вольного экономического общества (4-я Рота, ныне 4-я Красноармейская, дом № 1/33, угол Забалканского, ныне Московского, проспекта).

Вечерами, если не была назначена какая-либо встреча или собрание, он при свете небольшой керосиновой лампы работал до позднего часа.

Нередко сюда приходили рабочие, с которыми В. И. Ленин занимался, изучал с ними «Капитал» Маркса. Бывали на квартире и товарищи по социал-демократической организации. В экспозиции представлены фотографии воспитанных В. И. Лениным мужественных революционеров-рабочих.

Материалы музейной экспозиции, раскрывающие содержание трудов Ленина, созданных в этой квартире, фотопортреты его соратников по «Союзу борьбы за освобождение рабочего класса», родных и близких восполняют картину творческой, полной глубокого революционного содержания жизни Владимира Ильича. В Большом Казачьем переулке он завершил труд «Что такое „друзья народа“ и как они воюют против социал-демократов?». В экспозиции значительное место отведено этой ленинской работе. Здесь представлены фотокопии страниц первого и третьего выпусков работы, ленинская рукопись книги не сохранилась. В 1923 г. в одном из архивов Берлина и почти одновременно в Публичной библиотеке в Ленинграде было найдено гектографированное издание первого и третьего выпусков книги. Это гениальное ленинское произведение сыграло заметную роль в идейной борьбе с народничеством. Молодой Ленин выступил как выдающийся теоретик марксизма, пламенный революционер и страстный борец за дело рабочего класса.

В квартире-музее можно ознакомиться с подлинным экземпляром сборника «Материалы к характеристике нашего хозяйственного развития», где находится статья В. И. Ленина «Экономическое содержание народничества и критика его в книге г. Струве», в которой дана развернутая критика народничества и «легального марксизма», которым противопоставлена революционная позиция марксизма.

В экспозиции квартиры представлена фотография дома на Ново-Александровской улице (д. 23). Дом сохранен как реликвия, связанная с деятельностью В. И. Ленина. Сейчас здесь Музей революционной истории Невской заставы. В этом доме в 1894 и 1895 гг. не раз бывал В. И. Ленин. К этому времени относится знакомство его с Н. К. Крупской, преподававшей в Смоленской вечерне-воскресной школе, находившейся за Невской заставой. Зимой 1894/95 года они часто встречались, и вскоре Надежда Константиновна стала его другом, помощницей в партийной работе, а позже стала его женой.

Весной 1895 г. Владимир Ильич заболел воспалением легких, а в конце апреля того же года выехал за границу. Официальной целью поездки были отдых и лечение после перенесенной болезни, а фактически он уезжал для установления связи и переговоров с группой «Освобождение труда».

После возвращения из-за границы в сентябре 1895 г. В. И. Ленин сменил три квартиры и на последней: Гороховая (ныне ул. Дзержинского), д. 61/1,— в ночь с 8 на 9 декабря 1895 г. был арестован по делу о «Союзе борьбы за освобождение рабочего класса».

Квартира по Большому Казачьему переулку превращена в мемориальный музей в 1938 г. Обстановка комнаты восстановлена по воспоминаниям товарищей, которые здесь бывали у Ленина.

Улица Ленина, д. 52, кв. 24

Музей находится в квартире старшей сестры Владимира Ильича Анны Ильиничны и ее мужа Марка Тимофеевича Елизарова, в доме по б. Широкой улице (ныне улица Ленина). В. И. Ленин и Н. К. Крупская, вернувшись из эмиграции, поселились здесь легально и прожили с 4 апреля по 5 июля 1917 г.

В память о днях жизни В. И. Ленина на Широкой ул. 7 ноября 1923 г. улице было присвоено имя Ленина. К 10-й годовщине Великого Октября — 6 ноября 1927 г.— здесь по просьбе трудящихся была открыта квартира-музей В. И. Ленина.

В музее экспонируется фотокопия записи, сделанной в домовой книге после прибытия В. И. Ленина и Н. К. Крупской. В графе «Откуда прибыли» записано: «Из Москвы». Эта запись была сделана со слов Анны Ильиничны. А в графе «На какие средства живете» указано: «Живет капиталом, а его жена — при муже». Эта запись появилась при следующих обстоятельствах. Старший дворник обратился к В. И. Ленину с вопросом: «Если не служите, то как записать в домовой книге, на что живете?» — «А как у вас пишутся другие господа, которые нигде не служат?» — спросил Владимир Ильич. «Таких много,— ответил дворник,— почтенные господа живут на капитал».— «Вот так и запишите,—

сказал Ленин,— живет на капитал, я за это отвечаю».

Владимир Ильич и Надежда Константиновна поселились в небольшой комнате, которая служила и рабочим кабинетом, и спальней.

Обстановка тех дней воссоздана в комнате, в которой жили В. И. Ленин и Н. К. Крупская, в столовой, где проходили совещания членов ЦК, беседы В. И. Ленина с рабочими, в комнате М. Т. Елизарова и в комнате, которая принадлежала Марии Ильиничне и Анне Ильиничне — сестрам В. И. Ленина. В музее собраны также многие предметы обстановки и личные вещи, которыми пользовались родные Владимира Ильича.

В комнате, где поселились В. И. Ленин и Н. К. Крупская, раньше жила мать Владимира Ильича Мария Александровна Ульянова. Она умерла 12 июля 1916 г., когда В. И. Ленин находился в далекой эмиграции, и была похоронена на Волковском кладбище в Петрограде.

Меблировка в комнате скромная: две железные кровати, у окна небольшой письменный стол, на нем книги К. Маркса и Ф. Энгельса, газеты тех дней. Тут же простой чернильный прибор, настольная лампа с зеленым абажуром. У стола — два венских стула. Слева — шкаф, в нем находятся некоторые книги и газеты, с которыми работал В. И. Ленин. В этой комнате осталось кресло Марии Александровны, которым он очень дорожил.

Но даже и этим скромным уютом Владимиру Ильичу почти не приходилось пользоваться. Чаще всего он возвращался домой далеко за полночь. Работа в ЦК, в «Правде», руководство партийными конференциями, выступления на съездах, собраниях, митингах рабочих, солдат и матросов — все это составляло главное содержание жизни Ленина.

В одной из комнат мемориального музея развернута экспозиция документов и материалов, рассказывающих о кипучей работе В. И. Ленина по руководству мирным переходом от буржуазно-демократической революции к социалистической, об открытии им новой формы государственной власти — республики Советов, как высшей политической формы диктатуры пролетариата.

О масштабах напряженной работы В. И. Ленина свидетельствуют его произведения, написанные с апреля по 4 июля 1917 г. Только в 69 номерах газеты «Правда» за это время было опубликовано 175 статей и заметок В. И. Ленина. И среди них знаменитые ленинские Апрельские тезисы. В музее экспонируется фотокопия рукописи первоначального наброска Апрельских тезисов и номер газеты «Правда» за 7 апреля 1917 г. с тезисами доклада В. И. Ленина под названием «О задачах пролетариата в данной революции». Этим важнейшим историческим документом партия руководствовалась на протяжении борьбы за победу социалистической революции.

На этой квартире В. И. Ленин продумал и обосновал программу борьбы партии за перерастание буржуазно-демократической революции в социалистическую, положив в ее основу вывод, к которому он пришел в период первой мировой войны,— о возможности победы социализма первоначально в немногих или даже в одной, отдельно взятой стране.

Многие из документов, брошюр, проектов резолюций, в частности экземпляр изданной в 1917 г. брошюры В. И. Ленина «Письма о тактике», фотографии апреля — июня 1917 г., дают возможность убедиться, как большевики во главе с В. И. Лениным боролись за массы, принявшие лозунги революции как свои кровные, отвечающие их жизненным интересам.

Буквально на следующий день после приезда в Петроград В. И. Ленин посетил на Волковском кладбище могилы матери Марии Александровны и младшей сестры Ольги Ильиничны. Ныне здесь некрополь семьи Ульяновых. Рядом с сестрой и матерью В. И. Ленина похоронены М. Т. Елизаров и А. И. Ульянова-Елизарова.

Угрозы физической расправы со стороны контрреволюционеров не могли сломить энергии и стойкости В. И. Ленина. Изо дня в день он доказывал и убеждал в необходимости перехода всей власти к Советам. Но лидеры мелкобуржуазных партий меньшевиков и эсеров от политики соглашательства с буржуазией перешли к прямому предательству дела революции.

4 июля 1917 г. была расстреляна мирная демонстрация рабочих, солдат и матросов, направленная против Временного правительства. В ночь на 5 июля был учинен разгром помещений большевистских организаций. Начался разгул контрреволюции.

Документами, связанными с событиями июльских дней, и завершается экспозиция этого мемориального музея.

Центральный Комитет партии немедленно принял решение — укрыть Владимира Ильича в подполье. Переход Владимира Ильича на конспиративное положение был весьма своевременным. После того как 5 июля В. И. Ленин, сопровождаемый Я. М. Свердловым, покинул квартиру, здесь неоднократно производились обыски. Юнкера по всему городу искали Ленина. 7 июля Временное правительство отдало приказ об аресте В. И. Ленина. Но партия и рабочий Петроград надежно укрыли своего вождя.

10-я Советская улица, д. 17а.

Через два дня, 7 июля 1917 г., В. И. Ленина и Г. Е. Зиновьева укрыли на квартире рабочего-большевика С. Я. Аллилуева по бывшей 10-й Рождественской (ныне 10-я Советская) улице.

Там в этот же день проходило совещание членов ЦК по вопросу о явке Ленина на суд Временного правительства. Центральный Комитет пришел к заключению, что это будет не суд, а расправа.

Правительство Керенского распоряжение об аресте В. И. Ленина напечатало в газетах. Провокационными заявлениями, слухами контрреволюция стремилась оклеветать Ленина в глазах трудящихся масс. В городе проводились обыски и аресты. В таких условиях Владимиру Ильичу оставаться в столице было нельзя, и ЦК партии принял решение укрыть его на станции Разлив, в 30 километрах от Петрограда, вблизи от финляндской границы. Отсюда в случае необходимости можно было переправиться в глубь Финляндии.

Всего два дня прожил Владимир Ильич на 10-й Рождественской, в маленькой комнате, из которой легко можно было выйти на чердак в случае опасности: квартира находилась на последнем этаже.

После июльских событий обстановка в Петрограде и в стране резко изменилась. Двоевластие кончилось, власть целиком оказалась в руках контрреволюционеров. Юнкера и казаки разоружали рабочих; полки, принимавшие участие в мирной демонстрации, были отправлены на фронт. Начались массовые обыски и аресты. С особой ненавистью Временное правительство обрушилось на большевиков. В ночь на 5 июля юнкера разгромили редакцию «Правды». К счастью, Владимир Ильич покинул редакцию до налета юнкеров и тем самым избежал ареста.

В течение двух дней, с 7 по 9 июля, Ленин написал в квартире на 10-й Рождественской ряд статей, в которых показал, что империалистическая политика Временного правительства зашла в тупик и что контрреволюция ищет выхода из общего политического кризиса во лжи и клевете на большевистскую партию. Главное, указывал Владимир Ильич, что должны делать большевики в этих условиях,— усилить свою работу в массах и ни в коем случае не поддаваться на провокации со стороны контрреволюции, не допускать вооруженного выступления рабочих, революционных солдат и матросов. Ибо в сложившейся обстановке перевес сил был на стороне контрреволюции, и это могло бы привести пролетарские массы к огромным жертвам.

В музее экспонируются фотокопии ленинских рукописей, в которых обрисовано политическое положение момента, подвергнута разоблачению гнусная клевета черносотенной буржуазии. Это статьи «Дрейфусиада», «Три кризиса», «К вопросу об явке на суд большевистских лидеров»; здесь же карта-схема мест последнего подполья В. И. Ленина, подлинник еженедельного журнала «Работница», фотографии соратников В. И. Ленина, членов ЦК, принимавших участие в совещании по вопросу о явке В. И. Ленина на суд. «После июльских дней,— писал В. И. Ленин,— мне довелось, благодаря особенно заботливому вниманию, которым меня почтило правительство Керенского, уйти в подполье. Прятал нашего брата, конечно, рабочий».

В память о пребывании В. И. Ленина на 10-й Рождественской улице здесь организован музей. В квартире собрано 30 подлинных предметов, переданных семьей Аллилуевых. Вся обстановка в ленинской комнате представлена в прежнем виде: небольшой письменный стол, этажерка с книгами, простой венский стул, кровать, оттоманка. Восстановлена и обстановка столовой, где Владимир Ильич встречался с членами Центрального и Петербургского комитетов партии. Посредине комнаты стоит обеденный стол, покрытый потертой клеенкой, вокруг — четыре венских стула. Над столом — скромная люстра, у стен — диван, буфет, пианино.

Вскоре для переезда в Разлив все было подготовлено. Отъезд состоялся в ночь с 9 на 10 июля 1917 г.

Путь следования В. И. Ленина из Петрограда в Разлив можно проследить по карте-схеме, расположенной тут же.

Прежде чем выйти из дома, долго думали, как изменить внешность В. И. Ленина, чтобы его нельзя было узнать. Ленин сбрил усы и бороду, надел старое пальто Аллилуева, его кепку и стал неузнаваемым.

Благополучно избежав слежки, Ленин приехал в Разлив.

«Сарай» и «Шалаш» в Разливе

Выбор убежища для В. И. Ленина в доме Емельянова в поселке Разлив (улица Емельянова, бывшая 5-я Тарховская, д. 2) не был случайным. Н. А. Емельянов, потомственный рабочий, опытный конспиратор, был членом большевистской партии. Семья Емельяновых имела большой опыт конспиративной работы. К тому же их дом стоял в стороне от станции и был закрыт с улицы деревьями и сплошными кустами сирени и рябины. Участок примыкал к пруду, связанному протокой с озером Разлив. Это позволяло в случае опасности незаметно переправиться на другой берег озера.

В то лето Емельяновы ремонтировали свой дом и семья жила в сарае, временно приспособленном для жилья. Сюда и привел Н. А. Емельянов В. И. Ленина и Г. Е. Зиновьева.

Для безопасности, чтобы не увидели Ленина непрошеные гости, он жил на чердаке сарая, тут же и работал. Завтракать, обедать и ужинать Владимир Ильич спускался вниз, где в узкой комнате собиралась семья Емельяновых. Обстановка в ней воссоздана в том виде, какой она была в 1917 г.

Сарай бережно охраняется. Чтобы предотвратить разрушение постройки, под нее подведен фундамент, стены и крыша пропитаны защитными смолами. Сооружение закрыто стеклянным павильоном. Мебель, которой пользовался Владимир Ильич, сохранилась. Она предельно проста: стол да два стула. Спал В. И. Ленин на сене, покрытом простыней. Экспозиция расположена в небольшом доме рядом с сараем. Материалы и документы ее, относящиеся к июльским дням, дают возможность представить себе обстановку тех дней, понять, почему В. И. Ленин выдвинул новые лозунги партии и новую тактику партии. Он писал в своей статье «Политическое положение» (в музее экспонируется фотокопия рукописи), что после июльских событий контрреволюция организовалась, укрепилась и с помощью меньшевиков и эсеров фактически захватила власть в стране. Ленин показал, что надежды на мирное развитие революции в России исчезли окончательно. Со всей ясностью и определенностью великий стратег поставил вопрос о подготовке вооруженного восстания. Статья «Политическое положение» была В. И. Лениным написана в качестве тезисов к VI съезду партии.

Прожил Ленин в сарае короткое время. Июль стоял знойный, на чердаке было душно. Когда темнело, он изредка выходил в сад погулять и отдохнуть под укрытием густой зелени. Владимиру Ильичу доставлялись почти все газеты, издававшиеся тогда в Петрограде. Центральный Комитет партии подробно информировал Ленина о событиях в стране.

В трудных условиях подполья Владимир Ильич много и напряженно работал. Он постоянно был в курсе всех политических событий, получая регулярно информацию от ЦК партии. Центральный Комитет партии направлял к В. И. Ленину своих представителей, через которых В. И. Ленин руководил партией и рабочим классом, постоянно давал указания, советы, рекомендации.

Тем временем обстановка в Сестрорецке и Разливе все больше осложнялась: бесчинствовал карательный отряд, брошенный правительством против сестрорецких рабочих; кругом рыскали шпионы и другие подозрительные лица. Нельзя было медлить с переездом за озеро. Наконец все было подготовлено, и Ленина с Зиновьевым на лодке переправили на сенокосный участок, арендованный Емельяновыми.

Здесь В. И. Ленин жил под видом финского косца в июле — начале августа 1917 г.

На своем сенокосе Емельянов соорудил шалаш из веток, покрытых сеном. Этот шалаш со стогом и стал жилищем В. И. Ленина, одной из его конспиративных «квартир».

Рядом со стогом и шалашом в густом кустарнике была расчищена небольшая площадка. На ней Емельянов поставил два пенька: один служил столом, другой — пониже — табуреткой. Возле шалаша была устроена «кухня» — на кольях над костром подвесили котелок.

Так началась жизнь Владимира Ильича на глухом берегу озера Разлив. Провизию и газеты привозили сыновья Емельяновых, письма из ЦК доставляли связные ЦК партии. Все, кто приезжал к Ленину, сначала приходили в дом Емельянова, а оттуда их на лодке переправляли на покос. С большой осторожностью пробирались они на озеро. Дозорную службу нес Коля, сын Емельянова. Если он свистел снегирем, это означало, что к шалашу направлялся свой человек; если свист был сбивчивый, тревожный — значит, нужно принимать меры предосторожности.

Владимир Ильич брал косу или грабли и начинал работать. Усы и борода были сбриты, голову прикрывала кепка. В таком виде его не узнавали даже товарищи. Очень интересно об этом рассказывал Серго Орджоникидзе. Приехав в один из дней в Разлив, он думал, что его поведут на какую-нибудь дачу, где живет Владимир Ильич, но каково же было его удивление, когда его повезли за озеро, в лес. Выйдя на сенокосный участок, он увидел шалаш, из которого к нему вышел какой-то незнакомый бритый человек, без бороды и усов. Подошел и поздоровался. Орджоникидзе ответил просто, сухо, ожидая, что дальше его поведут к Владимиру Ильичу, и вдруг этот человек хлопает его по плечу и спрашивает: «Что, товарищ Серго, не узнаете?» Оказалось, это Владимир Ильич. Орджоникидзе восторженно пожал ему руку. Пошли разговоры. Орджоникидзе рассказал о положении в Петрограде, о настроениях рабочих и солдат, о делах партии, о Петроградском Совете, о меньшевистском ЦИКе.

Владимир Ильич, выслушав все сообщения, сказал: «Меньшевистские Советы дискредитировали себя, недели две назад они могли взять власть без особого труда. Теперь они — не органы власти. Власть у них отнята. Власть можно теперь взять только путем вооруженного восстания, оно не заставит ждать себя долго. Восстание будет не позже сентября — октября». Орджоникидзе был крайне удивлен. Контрреволюция только что «расколотила» силы революции, партия большевиков вынуждена находиться на полулегальном положении, сам Владимир Ильич в глубоком подполье, эсеры и меньшевики предали революцию, а Ленин утверждает, что революция, невзирая ни на что, победит путем вооруженного восстания.

Тяжелые условия подполья не могли сломить бодрости духа Владимира Ильича. Он чрезвычайно много трудился. Склонившись над пеньком, Ленин писал статьи, письма, записки, продумывал план знаменитой книги «Государство и революция», начал работу над ней, готовил партию к ее VI съезду. Но условия жизни были трудными. Мешала сырость. Ночью импровизированная постель становилась влажной. Особенно донимали комары: место было болотистое. Владимир Ильич шутил: «От

Временного правительства спасся, а вот от комаров спастись никак не могу».

Это историческое место стало священным для советских людей и трудящихся всего мира. В 10-ю годовщину Великого Октября здесь был заложен монумент.

На гранитной стене памятника высечено: «На месте, где в июле и августе 1917 года в шалаше из ветвей скрывался от преследования буржуазии вождь мирового Октября и писал свою книгу «Государство и революция»,— на память об этом поставили мы шалаш из гранита. Рабочие города Ленина, 1927 год».

В 1964 г. рядом с гранитным памятником появилось новое здание музейного павильона. Его экспозиция помогает воссоздать картину той огромной работы, которую проделал В. И. Ленин на сенокосном участке за озером Разлив, на новом этапе революции. В музее широко представлены документы и материалы VI съезда РСДРП(б), взявшего курс на подготовку вооруженного восстания. Все главные решения и резолюции VI съезда, на котором В. И. Ленин не мог присутствовать, были проникнуты духом ленинских произведений и легли в основу их. Экспонируется подлинник брошюры «К лозунгам». В ней В. И. Ленин обосновал необходимость временного снятия лозунга «Вся власть Советам!». Этот лозунг, правильный для периода двоевластия, когда развитие революции шло мирным путем, перестал быть верным после июльских событий, в результате предательства эсеро-меньшевистских вождей Советов и добровольной передачи ими всей власти в руки контрреволюционной буржуазии. Разъясняя необходимость временного снятия лозунга «Вся власть Советам!», Владимир Ильич Ленин предупредил, что это не означает вообще отказа от борьбы за власть Советов. Они могут и должны появиться в этой новой революции как органы революционной борьбы с буржуазией. Жизнь полностью подтвердила правоту В. И. Ленина.

Экспонируется в музее муляж известной синей тетради, на обложке которой написано «Марксизм о государстве». Эти материалы В. И. Ленин использовал для написания книги «Государство и революция». Здесь же представлены подлинный экземпляр первого издания этой книги и копии нескольких страниц рукописи.

С большим интересом посетители осматривают лодку, на которой В. И. Ленина переправляли на сенокосный участок. Можно также увидеть дубликаты вещей, которыми пользовался Владимир Ильич. Среди них — граб- ли, коса, чайник, котелок. Подлинники экспонируются в Центральном музее В. И. Ленина.

В начале августа 1917 г. сложилась такая обстановка, что дальнейшее пребывание В. И. Ленина в Разливе стало крайне опасным. Поблизости рыскали агенты Временного правительства. Непрошеные «гости» могли нагрянуть и сюда.

По решению ЦК партии В. И. Ленин был направлен в глубь Финляндии. Так началась «ближняя эмиграция».

Жизнь и деятельность В. И. Ленина отражены в экспозициях ленинских музеев в поселке Ильичево (б. деревня Ялкала), в г. Выборге, в г. Хельсинки и других городах Финляндии.

Сердобольская улица, д. 1, кв. 41 (ныне кв. 180)

Ленин рвался в Петроград. И этот день пришел — в начале октября 1917 г. Владимир Ильич снова в столице. Ему была подготовлена квартира на Сердобольской улице.

Это была последняя конспиративная квартира В. И. Ленина. Здесь он жил и работал после возвращения из Финляндии (с начала октября по 24 октября 1917 г.), руководил подготовкой вооруженного восстания. Обстановка квартиры восстановлена при участии ее бывшей хозяйки большевички М. В. Фофановой. Квартира была выбрана очень удачно. Дом находился в рабочем предместье города, невдалеке от железной дороги и от станции, что давало возможность в случае крайней необходимости незаметно уехать из Петрограда.

Материалы экспозиции квартиры-музея рассказывают о напряженной и многогранной работе В. И. Ленина накануне Октябрьского вооруженного восстания. По его просьбе хозяйка квартиры достала план Петрограда 1915 г. Владимир Ильич, пользуясь им, продумал и взвесил все детали захвата восставшим народом важнейших стратегических центров столицы (вокзалов, мостов, главпочтамта, узлов связи, банков, арсеналов с оружием и т. д.). План города сохранился и находится в экспозиции. Ежедневно В. И. Ленин тщательно просматривал все выходившие в Петрограде газеты и журналы, внимательно вслушивался в сообщения Э. Рахьи, связного ЦК, о положении в столице, о настроении рабочих, солдат и матросов.

Посетители музея знакомятся со статьей Ленина «Советы постороннего». В ней В. И. Ленин сформулировал основные принципы пролетарского восстания. Он разъяснял, что вооруженное восстание есть особый вид политической борьбы, подчиненный особым законам, что восстание есть искусство; начав его, нужно идти до конца, проявляя твердую решимость, смелость и еще раз смелость. Здесь же документы, рассказывающие об историческом заседании ЦК большевистской партии 10 октября, которое приняло решение о проведении вооруженного восстания. Через несколько дней, 16 октября, эту ленинскую резолюцию подтвердило и расширенное заседание ЦК.

Среди документов, собранных в музее, находится подлинный экземпляр газеты большевиков «Рабочий путь» от 19 октября 1917 г. со статьей Ленина «Письмо к товарищам». Это письмо В. И. Ленин написал на следующий день после расширенного заседания ЦК. В нем Ленин подверг резкой критике доводы, с которыми выступили Зиновьев и Каменев против вооруженного восстания.

На Сердобольской из-за предосторожности никаких встреч В. И. Ленина с соратниками не устраивалось. Сюда приходили лишь Н. К. Крупская и Э. А. Рахья. Владимир Ильич встречи и заседания проводил на других конспиративных квартирах, тщательно изучая маршруты по плану города.

Кроме заседаний ЦК Владимир Ильич провел еще несколько встреч с членами ЦК, Петербургского и Московского комитетов партии, а также с видными работниками ВРК. В музее много интересных фотоснимков домов и квартир, где В. И. Ленин бывал в те дни, фотографии большевиков — активных участников подготовки восстания.

Политическая обстановка в Петрограде накалилась в те дни до предела. 24 октября В. И. Ленин узнал, что Временное правительство отдало приказ развести мосты через Неву. Ленин написал письмо членам ЦК, требуя немедленно начать восстание. Фотокопия письма представлена в квартире-музее. Это письмо В. И. Ленин отправил с М. В. Фофановой в Выборгский райком партии для передачи в ЦК. Не дождавшись ее возвращения, Владимир Ильич принял решение идти в Смольный.

В экспозиции представлена карта, показывающая путь В. И. Ленина от квартиры на Сердобольской до Смольного. Этот путь был сложным и опасным. В. И. Ленин в пальто и кепке, с перевязанной щекой, в сопровождении Э. А. Рахьи вышел на улицу. На трамвае они доехали до Невы, дальше трамвай не шел. Быстро перешли Литейный мост и направились по Шпалерной (ныне улица Воинова) к Смольному. Здесь их остановил юнкерский конный патруль. Рахья незаметно шепнул В. И. Ленину, чтобы он быстро, не останавливаясь шел вперед, а сам, притворившись нетрезвым, вступил с юнкерами в перебранку. Рещив не связываться с пьяным, юнкера отпустили связного, и он быстро догнал Ленина. Опасность миновала, и вскоре они были уже в Смольном.

Мемориальный музей В. И. Ленина в Смольном

Смольный, похожий на военный лагерь, был подлинным штабом вооруженного восстания. Вход в здание преграждали вооруженные патрули. На широком, изрытом колесами и утоптанном тысячами ног огромном дворе горели костры. К аркам величественного подъезда, куда до недавнего времени подкатывали золоченые экипажи, лакированные лимузины царя и придворной знати, теперь подъезжали грузовики с красногвардейцами, солдатами и матросами. Смольный дышал кипучей жизнью тех, кто по зову Ленина поднялся на штурм капитализма. И среди рождающегося нового мира как-то по-новому, по-особенному выглядел Смольный — замечательное произведение русского и мирового зодчества.

В 1808 г. по проекту выдающегося архитектора Джакомо Кваренги было построено специальное здание для Института благородных девиц, названное Смольным, так же как и расположенный рядом Смольный собор и монастырь. Смольный — огромное трехэтажное сооружение с двумя сильно выдвинутыми вперед боковыми крыльями, растянувшееся по фасаду более чем на 200 метров, очень простое по плану, четкое по пропорциям, и, несмотря на то что здание института выполнено в совершенно ином стиле, чем монастырь, оба они образуют целостный архитектурный ансамбль.

Советские зодчие подчеркнули значение Смольного как памятника Октябрьской революции, оформив центральный въезд полукруглой площадью Пролетарской Диктатуры и двумя строгими и торжественными павильонами — пропилеями. От них к подъезду Смольного ведет прямая аллея. По ее сторонам разбиты большие скверы, в которых установлены гранитные бюсты Карла Маркса и Фридриха Энгельса.

Перед входом в Смольный — памятник В. И. Ленину, открытый к 10-й годовщине Великого Октября. Две бронзовые мемориальные доски установлены на главном фасаде Смольного. На них можно прочитать:

«Здесь, в Смольном, в дни Великой Октябрьской социалистической революции 1917 г. помещался штаб вооруженного восстания рабочих, солдат и матросов. Из Смольного Владимир Ильич Ленин непосредственно руководил вооруженным восстанием».

«В Смольном 25—26 октября (7—8 ноября) 1917 г. заседал исторический Всероссийский съезд Советов рабочих, солдатских и крестьянских депутатов, создавший Советское правительство первого в мире государства пролетарской диктатуры во главе с В. И. Лениным. Смольный с момента завоевания диктатуры пролетариата по март 1918 г. являлся боевым центром, откуда В. И. Ленин осуществлял партийное и советское руководство первым в мире пролетарским государством».

Как только 24 октября Ленин пришел в Смольный, он сразу поднялся на третий этаж, в помещение бюро Военно-революционного комитета. Через связных сейчас же было сообщено на все заводы и фабрики, во все полки о том, что во главе восстания стоит Владимир Ильич Ленин, что он уже в Смольном и руководит революционными боями.

И из всех районов Петрограда к вождю революции спешили руководители красногвардейских отрядов и революционных полков. Получив в Смольном боевые задания, они расходились по своим частям.

К утру 25 октября весь город был в руках восставших, и только в Зимнем дворце укрылось лишенное власти Временное правительство. Дворец был окружен силами восставших.

Утром жители столицы читали историческое обращение, написанное В. И. Лениным, «К гражданам России»:

«Временное правительство низложено. Государственная власть перешла в руки органа Петроградского Совета рабочих и солдатских депутатов — Военно-революционного комитета, стоящего во главе петроградского пролетариата и гарнизона.

Дело, за которое боролся народ: немедленное предложение демократического мира, отмена помещичьей собственности на землю, рабочий контроль над производством, создание Советского правительства, это дело обеспечено!»

Исход восстания был уже решен. Владимир Ильич, выступая днем 25 октября в Актовом зале Смольного, на экстренном заседании Петроградского Совета, возвестил о свершении социалистической революции.

С 27 октября Ленин работал в отведенной для него угловой комнате на третьем этаже Смольного. На двери прикреплена овальной формы табличка «Классная дама» и квадратный листок бумаги с написанными карандашом цифрами «67». Это и был первый рабочий кабинет В. И. Ленина. Здесь он подписал первые декреты и распоряжения Советского правительства, проводил заседания Совнаркома, встречался с рабочими, крестьянами, солдатами, делегатами II Всероссийского съезда Советов.

В кабинете одно окно выходит на Неву и два на Смольный проспект. У стены — большой письменный стол, за которым В. И. Ленин работал. На столе — настольная лампа, письменный прибор, телефонный аппарат, «Карта железных и внутренних водных путей сообщения Европейской части России», изданная в 1912 г., «Большой Всемирный настольный атлас» (1910 г.). Тут же подлинные номера октябрьских и ноябрьских газет 1917 г., фотокопии ленинских рукописей. На стене — большая географическая карта России. Венские стулья и венское кресло у стола Ленина — вот почти и вся обстановка кабинета.

Здесь же на третьем этаже размещался Военно-революционный комитет. Выполняя указания В. И. Ленина, ВРК практически руководил подготовкой и проведением вооруженного восстания. Вместе с руководителями ВРК В. И. Ленин разработал план взятия Зимнего дворца. И вот наступил решительный момент. Сигнал с Петропавловской крепости и исторический выстрел с «Авроры» подняли восставших на решительный штурм последнего оплота буржуазной власти.

Вечером 25 октября в Актовом зале Смольного открылся II Всероссийский съезд Советов. Глубокой ночью 26 октября пришло сообщение, что Зимний взят, министры Временного правительства арестованы. Делегаты встретили это сообщение бурей аплодисментов и приняли написанное В. И. Лениным обращение «Рабочим, солдатам и крестьянам!». На этом первое заседание съезда закрылось. На нем В. И. Ленин не присутствовал, он руководил восстанием.

Только после этих сообщений Владимир Ильич, почти двое суток работавший непрерывно, согласился отдохнуть в квартире В. Д. Бонч-Бруевича, расположенной недалеко от Смольного, в доме № 5 по Херсонской улице. Здесь же Ленин ночевал до середины ноября 1917 г., пока ему не была подготовлена квартира в Смольном. В квартире на Херсонской в ночь на 26 октября В. И. Ленин написал Декрет о земле. В ноябре 1938 г. в этой квартире открыт музей В. И. Ленина.

Весь день 26 октября Ленин работал в большом напряжении. Он занимался организацией обороны Петрограда от контрреволюционных сил, вопросами снабжения продовольствием, много времени отдал беседам с солдатами, матросами и красногвардейцами.

Вечером 26 октября В. И. Ленин выступил на втором заседании II Всероссийского съезда Советов. Появление вождя социалистической революции делегаты съезда встретили бурными аплодисментами, мощными, несмолкаемыми криками «ура».

Американский публицист Джон Рид, присутствовавший на этом заседании, так написал об этом в своей книге «10 дней, которые потрясли мир»: «...громовая волна приветственных криков и рукоплесканий возвестила появление членов президиума и Ленина — великого Ленина среди них... Ничего, что напоминало бы кумира толпы, простой, любимый и уважаемый так, как, быть может, любили и уважали лишь немногих вождей в истории».

Съезд по предложению В. И. Ленина принял декреты огромной исторической важности — Декрет о мире, обосновавший принципы мирной политики нового государства (уже в этом документе Советской власти была высказана В. И. Лениным идея о возможности мирного сосуществования различных общественных систем), и Декрет о земле, объявивший о конфискации всей помещичьей и церковной земли без выкупа и о переходе всей земли в руки народа. Земля становилась общегосударственной собственностью. Декреты о земле и мире были напечатаны в газете «Известия» Центрального Исполнительного Комитета и Петроградского Совета рабочих и солдатских депутатов за 27 и 28 октября. В музейной экспозиции представлены экземпляры этих газет.

II Всероссийский съезд образовал первое в мире правительство пролетарской диктатуры — Совет Народных Комиссаров во главе с Владимиром Ильичем Лениным.

В одной из комнат Смольного было подготовлено жилье для В. И. Ленина и Н. К. Крупской, где они прожили с 10 ноября 1917 г. до 10 марта 1918 г. Н. К. Крупская вспоминала, что там «раньше жила какая-то классная дама. Комната с перегородкой, за которой стояла кровать. Ходить надо было через умывальную. В лифте можно было подыматься наверх, где был кабинет Ильича, где он работал».

Комната эта (по нумерации 1917 г. № 86) была расположена на втором этаже того же левого (если стоять лицом к зданию) северного выступа Смольного, где располагались тогда помещения Совнаркома и второй кабинет Ленина.

Комната небольших размеров, с одним окном. Обстановка — буфет, зеркальный шкаф, старинный овальный столик, диван и два мягких кресла в чехлах сурового полотна, дамский письменный столик, на котором — чернильный прибор, телефонный аппарат, настольная лампа. Этими вещами пользовался В. И. Ленин.

Особое внимание привлекает лампа. Она комбинированная. По просьбе Владимира Ильича электрическую настольную лампу сделали одновременно и керосиновой, на тот случай, когда выключалось электричество из-за нехватки топлива.

За деревянной не доходящей до потолка перегородкой — спальня. Две железные кровати солдатского типа. Между ними — столик. В левом углу — кафельная белая печь, рядом с ней — платяной шкаф. С потолка свисает электрическая лампочка под круглым жестяным абажуром. Белый фаянсовый противовес позволяет регулировать ее высоту. Вот и вся обстановка.

С 1927 г. здесь организован музей. В соседней комнате создана экспозиция, в которой рассказывается о жизни и деятельности В. И. Ленина в дни Октября и первые месяцы Советской власти.

Работал В. И. Ленин с огромным напряжением сил. Но всегда он был бодр, предельно собран, ровен в обращении с товарищами. Любил шутить, подбадривая других. С рабочими, крестьянами, солдатами всегда был общителен, регулярно выступал перед ними, часто беседовал.

С новой, необыкновенной силой раскрывался гений В. И. Ленина на посту руководителя огромной страны.

Здесь, в Смольном, он закладывал основы социалистического строительства, продумывал гигантские планы созидания, превращения России из отсталой, аграрной в передовую, развитую, индустриальную державу. Партия, ломая старую государственную машину, создавала под руководством В. И. Ленина новый государственный аппарат для народа и из народа.

Провозгласив политику мира и дружбы между народами, Советское правительство во главе с В. И. Лениным развернуло энергичную борьбу за прекращение войны и заключение всеобщего демократического мира. В этих мерах Советской власти народы мира видели проявление подлинного демократизма, который принесла Октябрьская революция.

В музейной экспозиции Смольного многочисленные документы ярко отражают кипучую деятельность В. И. Ленина — организатора строительства нового, социалистического общества. За 124 дня работы в Смольном Ленин лично подготовил 350 государственных и других документов.

Из Смольного В. И. Ленин в ночь на 10 марта 1918 г. уехал на автомобиле к железнодорожной платформе Цветочная, а оттуда на специальном поезде отбыл в Москву.

После этого В. И. Ленин приезжал в Петроград дважды, и оба раза он побывал в Смольном.

Музей В. И. Ленина в Смольном посещают видные деятели международного коммунистического и рабочего движения, партийные и правительственные делегации, представители городов-побратимов, профсоюзных, молодежных, женских и других демократических организаций из многих стран мира.

ГОСУДАРСТВЕННЫЙ ОРДЕНА ОКТЯБРЬСКОЙ РЕВОЛЮЦИИ МУЗЕЙ ВЕЛИКОЙ ОКТЯБРЬСКОЙ СОЦИАЛИСТИЧЕСКОЙ РЕВОЛЮЦИИ (ФИЛИАЛ ЦЕНТРАЛЬНОГО ОРДЕНОВ ЛЕНИНА И ОКТЯБРЬСКОЙ РЕВОЛЮЦИИ МУЗЕЯ РЕВОЛЮЦИИ СССР)

9 октября 1919 г. Петроградский Совет рабочих и солдатских депутатов принял постановление об учреждении в Петрограде Музея революции. Газета «Петроградская правда» писала тогда: «В Петрограде учрежден музей с двумя отделами: отделом революционного движения до 25 октября 1917 года и отделом Октябрьской революции».

Молодая Советская власть приняла столь важное решение в дни, предшествовавшие наступлению Юденича на Петроград, в разгар гражданской войны. Сбором материалов и документов руководила комиссия, в состав которой входили выдающиеся деятели революционного движения и отечественной культуры: А. В. Луначарский, А. М. Горький, революционер-шлиссельбуржец М. В. Новорусский, академик С. Ф. Ольденбург и другие. Среди тех, кто передал музею ценные материалы,— В. Д. Бонч-Бруевич, В. Н. Фигнер, Е. Д. Стасова, Г. М. Кржижановский.

Первая экспозиция была торжественно открыта 11 января 1920 г. в залах Зимнего дворца, бывшей царской резиденции. Музей быстро обрел популярность, его коллекция год от года ширилась. Когда грянула Великая Отечественная война и немецко-фашистские захватчики подступили к Ленинграду, экспонаты музея были укрыты в подвалах Зимнего.

Многие сотрудники ушли на фронт. Те, кто остался, несмотря на тяготы блокады, продолжали устраивать выставки и не прекращали собирательской работы. Более четырех тысяч ценнейших документов и предметов, свидетельствующих о героизме советского народа, пополнили коллекцию.

В канун 40-летия Великого Октября, 5 ноября 1957 г., Государственный музей Великой Октябрьской революции принял первых посетителей в новом помещении — бывших особняках балерины Кшесинской и промышленника Брандта, соединенных специально построенным для музея зданием.

Оба особняка на Петроградской стороне являются историко-революционными памятниками.

В особняке Кшесинской с марта по июль 1917 г.— в период мирного развития революции — находился штаб большевистской партии.

В первые дни Февральской революции хозяйка особняка — известная балерина императорских театров покинула свой дом, и его заняли солдаты броневого автомобильного дивизиона. Потом в нем разместились Центральный и Петербургский комитеты РСДРП(б), Военная организация при ЦК партии, редакция газеты «Солдатская правда» и другие организации.

С первых дней пребывания большевиков в особняке он стал революционным центром Петрограда. С утра до позднего вечера здесь не прекращалась работа. Сюда стекались посланцы рабочих, солдат и матросов, чтобы получить задания, выяснить возникшие вопросы, обзавестись свежим номером газеты. У стен особняка с балконом на прилегающей Троицкой площади (пл. Революции) и в расположенном поблизости цирке «Модерн» (здание не сохранилось) проходили митинги, на которых выступали большевики.

В ночь с 3 на 4 апреля 1917 г. сюда, в особняк на бывшем Кронверкском проспекте, с Финляндского вокзала прибыл Владимир Ильич Ленин на броневике, сопровождаемый тысячами рабочих, солдат и матросов.

В эту ночь он несколько раз выступал с балкона особняка с речами перед делегациями революционных рабочих, солдат и матросов. Этот балкон впоследствии еще не раз станет ему трибуной. Затем в Большом зале, беседуя с товарищами по партии, Ленин впервые сформулировал основные идеи знаменитых Апрельских тезисов. В этом зале на I Петроградской общегородской конференции РСДРП(б) вождь революции выступил с докладом «О текущем моменте и об отношении к Временному правительству». Здесь под его руководством было проведено заключительное заседание VII (Апрельской) Всероссийской конференции РСДРП(б). Здесь на заседаниях ЦК ему пришлось неоднократно выступать с докладами, разъясняя основные положения Апрельских тезисов и подвергая беспощадной критике позицию оппортунистов.

4 июля 1917 г. В. И. Ленин в последний раз выступил с балкона особняка. 6 июля здание было захвачено контрреволюционными войсками Временного правительства, а его помещения разгромлены.

Значение дворца как памятника революционных событий отмечают мемориальные доски, но он интересен и в архитектурном отношении.

Особняк-дворец для фаворитки царя Николая II М. Ф. Кшесинской был построен в 1904—1906 гг. по проекту крупного петербургского архитектора А. И. Гогена. Он был уже признанным мастером. Им были возведены музей Суворова, академия Генерального штаба на Суворовском проспекте и ряд особняков — в одном из них, на улице Петра Лаврова, находится Дворец бракосочетаний.

Архитектор Гоген был одним из выдающихся мастеров того архитектурного направления, которое родилось на рубеже веков и обычно определяется как стиль модерн. Для него характерны свободная композиция, отказ от симметрии, стремление к живописной декоративной обработке фасадов и интерьеров, использование новых отделочных материалов, в частности цветных облицовочных плиток. Особняк Кшесинской — один из лучших образцов модерна.

Здание привлекает асимметричной композицией, живописным силуэтом. Оно эффектно поставлено на углу квартала. Разнообразные выступы и проемы словно бы повторяют свободную внутреннюю планировку.

«Все, кто едет и идет от Невы по направлению к Каменноостровскому проспекту, любуются изящным фасадом особняка, занявшего один из самых живописных уголков столицы»,— писала «Петербургская газета».

Стилистическое единство внешнего облика и внутренней отделки придавало особняку законченный и целостный характер.

После Октябрьской революции здание передали Петроградскому Совету. В первые годы здесь находились «Пролеткульт» и Дом просвещения Петроградского района. В комнате с балконом, где 92 дня работал В. И. Ленин, был создан «уголок Ильича».

В 1938 г. в особняке открылся музей С. М. Кирова. Документы и рукописи, личные вещи и фотографии рассказывали о жизненном пути пламенного коммуниста. В Большом зале, превращенном в «Зал искусств», экспонировались произведения советских живописцев и скульпторов. Два десятилетия спустя музей был переведен в мемориальную квартиру Сергея Мироновича на Кировском проспекте, 26—28.

Новая глава в истории здания открылась с момента размещения здесь Музея Великой Октябрьской социалистической революции, когда оно стало главным музейным «экспонатом».

Перешел к музею и соседний особняк, сооруженный в 1905 г. архитектором Р. Ф. Мельцером для миллионера В. Э. Брандта. После Февральской революции это здание заняли революционные матросы, охранявшие штаб большевиков во дворце Кшесинской. В 1918 г. здесь жил М. И. Калинин, избранный городским головой Петрограда, а затем комиссаром городского хозяйства Петроградской коммуны. В 1920 г. дом отдали детскому интернату. В первые послевоенные годы тут размещались Ленинградские обком и горком ВЛКСМ.

В 1956—1957 гг. перед передачей того и другого особняков Музею революции, их соединили двухэтажным корпусом, построенным архитектором Н. Н. Надежиным. В интерьер этого корпуса, где сейчас вход в музей, очень удачно вписались пять многоцветных витражей, выполненных заслуженным художником РСФСР А. Л. Королевым, на темы, посвященные октябрьским событиям.

Войдем в здание музея. В вестибюле каждого встречают красочные витражи. В центре — фигура вождя. Четыре композиции выражают содержание ленинских декретов —«Власть — Советам», «Мир — народам», «Земля — крестьянам», «Хлеб — голодным». Доминирует горячий красный цвет — цвет революции.

О многом могут напомнить экспонаты, бережно хранящиеся в залах музея. Среди них — подлинные номера газеты «Правда», большевистские листовки, уникальные документы, фотографии, рукописи, знамена, оружие и другие реликвии.

Особое внимание привлекают мемориальные помещения особняка Кшесинской. К 70-летию Великой Октябрьской социалистической революции после реставрации восстановлены в прежнем виде Большой зал на первом этаже, рабочая комната В. И. Ленина и комната секретариата ЦК РСДРП(б) на втором.

Большой зал, в котором много раз выступал В. И. Ленин, теперь называют Ленинским. В нем, как и прежде, сверкают зеркала, хрустальные люстры с бронзовыми лебедями (символ лучшей партии Кшесинской в балете «Лебединое озеро»), мраморный камин. Красочное описание убранства этого зала оставил Н. И. Подвойский в очерке «В. И. Ленин в 1917 году»: «Вместе с Лениным все входят в облицованный белым мрамором зал. Огромные зеркальные окна выходят на Кронверкский проспект и Петропавловскую крепость. У стен — обитая шелком белая мебель. В сторону Невы зал замыкается полукруглым выступом, в котором раскинулись громадные пальмы. По камням живописного грота струятся серебристо-голубые ленты воды. За изящной стеклянной дверью множество драпировок и дорогих бархатных тканей. Три массивные двери ведут из зала во внутренние комнаты дворца».

Рядом с Большим залом располагалась Военная организация большевиков, одним из руководителей которой был член Исполнительного комитета ЦК РСДРП(б) и редактор газеты «Солдатская правда» Н. И. Подвойский. Перед Октябрьским вооруженным восстанием он проделал огромную работу по организации, вооружению и обучению Красной гвардии. В дни восстания в Петрограде он — председатель Петроградского Военно-революционного комитета (ВРК). В этом зале представлены рабочий стол и личные вещи Н. И. Подвойского: гимнастерка, бинокль, портфель и партийный билет, выданный 8 мая 1917 г.

Большой интерес вызывает комната, в которой работал В. И. Ленин. Здесь, за столом у окна, обращенного к Неве, он беседовал с посетителями, писал статьи, правил корректуры, обдумывал будущие выступления. Отсюда Владимир Ильич выходил выступать на балкон. Здесь же размещался секретариат ЦК во главе с Е. Д. Стасовой. В соседней комнате работали секретарь ЦК РСДРП(б) Я. М. Свердлов и Н. К. Крупская.

Не случайно Маяковский назвал этот особняк «ленинской кузницей»— здесь ковалась победа Великого Октября.

Гордостью музея является огромная диорама «Штурм Зимнего дворца». Зажигается свет. Лучи прожекторов освещают серое осеннее небо, нависшее над Дворцовой площадью. Под аркой Главного штаба стоят орудия, пулеметы, винтовки. Часы на стене показывают 21 час 45 минут. Раздается выстрел с крейсера «Аврора». Последний оплот буржуазного Временного правительства взят. Звучат слова В. И. Ленина: «Товарищи! Рабочая и крестьянская революция, о необходимости которой все время говорили большевики, свершилась». Звучит «Интернационал»...

Глубокое впечатление оставляют размещенные в застекленных витринах личные вещи видных деятелей большевистской партии. Среди них — часы, нож для разрезания бумаги, ручка, чернильница члена ЦК РСДРП(б) А. М. Коллонтай; портфель участника трех революций В. Д. Бонч-Бруевича, чернильный прибор члена Петроградского ВРК М. И. Лациса; настольная лампа, бронзовые подсвечники и пепельница из рабочего кабинета Я. М. Свердлова; пропуск на право свободного входа в Смольный Г. К. Орджоникидзе.

Велика популярность музея. Ежегодно его посещает полмиллиона человек. Люди приезжают отовсюду, из самых дальних краев Советского Союза. Каждый восьмой экскурсант — иностранный турист. Многие посетители оставляют записи в книге отзывов: «...как будто сами пережили те героические годы» (Розова, Тольятти); «Посещение музея — праздник истории» (учителя и учащиеся, Уфа); «...мы благодарим Ленина и Октябрьскую революцию, открывших новый мир для человечества» (профсоюзные работники, Вьетнам); «Это волнующий урок истории» (группа коммунистов, Франция)... И таких записей тысячи.

Музей проводит важные идеологические мероприятия. Здесь стали традицией Ленинские чтения, тематические вечера, проведение Дня молодого рабочего, Дня молодого воина Советской Армии и другие. Всегда глубоко волнуют встречи молодежи с ветеранами КПСС, Октябрьской революции, героями войны и труда, делегатами партийных и комсомольских съездов. В залах музея проходят Ленинские уроки, пионерские линейки, комсомольские собрания, тысячи юношей и девушек получили здесь комсомольские билеты и паспорта.

За активную пропаганду революционных, боевых и трудовых традиций, достижений нашего народа в строительстве социализма Музей Октябрьской социалистической революции 30 мая 1974 г. был награжден орденом Октябрьской Революции.

В стенах этого музея ощущаешь живую связь времен и поколений, каждый раз заново открываешь для себя смысл и значение дней великих и незабываемых...

Мемориальный дом-музей Выборгской стороны «Заседание ЦК РСДРП(б) 16 (29) октября 1917 года»

На бывшей рабочей окраине, среди современной городской застройки, окруженный деревьями, стоит деревянный дом, сохраненный как памятник революционного прошлого, ныне музей.

Этот живописный двухэтажный особняк с резным орнаментом, с затейливой башней, завершенной небольшим шпилем, был построен в начале XX в. в стороне от многолюдных городских магистралей. Широкая открытая терраса, балконы, веранды придают зданию особый колорит.

После Февральской революции богатые хозяева покинули дачу, и в ней разместилась Лесновско-Удельнинская районная дума, председателем управы которой был М. И. Калинин.

Здесь, в доме 13/17 по Болотной улице, 16 октября под руководством В. И. Ленина состоялось расширенное заседание ЦК РСДРП (б) с представителями Петербургского комитета, Петроградского окружного комитета, Военной организации при ЦК РСДРП(б), большевистской фракции Петроградского Совета, фабрично-заводских комитетов, профсоюзов и других организаций.

Заседание, созванное для практической подготовки вооруженного восстания, проходило строго конспиративно — в это время партия находилась в подполье. Меры безопасности обеспечил М. И. Калинин. Он удалил из здания всех служащих управы, кроме большевички Е. А. Алексеевой. Она подготовила для заседания комнату на втором этаже, смежную с кабинетом Калинина, расставила стулья, замаскировала окна. Во время заседания охраняла дом, выходила в сад, проверяя, не появились ли ищейки Временного правительства.

Вечером, когда стемнело, осторожно, чтобы быть незамеченными, стали собираться участники заседания. В. И. Ленин в сопровождении Э. А. Рахьи и А. В. Шотмана пришел с Сердобольской улицы, где нелегально жил на квартире М. В. Фофановой. Убедившись в полной безопасности, Ленин с провожатыми поднялся на второй этаж по черной лестнице.

Заседание ЦК под председательством Я. М. Свердлова началось в начале девятого и продолжалось до семи часов утра. С докладом, длившимся около двух часов, выступил В. И. Ленин. Он огласил принятую 10 октября Центральным Комитетом резолюцию о вооруженном восстании и вновь поставил вопрос о восстании как главной и безотлагательной задаче партии. После доклада были заслушаны сообщения с мест, которые подтвердили правильность ленинских положений. Подавляющим большинством голосов ЦК партии принял резолюцию о вооруженном восстании. Против резолюции выступили, как и на предыдущем заседании ЦК, лишь Зиновьев и Каменев.

Затем на закрытом заседании ЦК было принято постановление об организации Военно-революционного центра по руководству восстанием в составе членов ЦК А. С. Бубнова, Ф. Э. Дзержинского, Я. М. Свердлова, И. В. Сталина, М. С. Урицкого.

Об историческом заседании ЦК напоминает мемориальная доска, установленная на фасаде дома.

...Занавешенные синим коленкором окна в мемориальном зале на втором этаже, стол, стулья, под потолком — старинная люстра, на стене — деревянный телефонный аппарат. У окна небольшой столик, за которым Е. Д. Стасова вела протокольную запись заседания. Такой была обстановка этой исторической комнаты 16 октября 1917 г.

Мемориальный кабинет-музей Ф. Э. Дзержинского

Напротив Адмиралтейства, там, где начинается бывшая Гороховая улица, носящая ныне имя Ф. Э. Дзержинского, стоит старинный особняк, построенный по проекту архитектора Джакомо Кваренги в 1788 — 1790 гг. На фасаде этого дома № 2 укреплена мемориальная доска, украшенная портретом Дзержинского. Ее текст гласит: «В этом доме с 7 (20) декабря 1917 года по 10 (23) марта 1918 года находилась Всероссийская Чрезвычайная комиссия по борьбе с контрреволюцией и саботажем, которую возглавил выдающийся деятель Коммунистической партии и Советского государства, ближайший соратник В. И. Ленина — Феликс Эдмундович Дзержинский».

В первые дни после победы Великого Октября подняла голову контрреволюция, проявили активность преступно-уголовные элементы, выпущенные из тюрем Временным правительством. Забастовка охватила старое чиновничество государственных учреждений. Саботажу надо было положить конец. В этих условиях по инициативе В. И. Ленина была создана ВЧК — орган диктатуры пролетариата по защите государственной безопасности Советской республики.

ВЧК разместилась в доме на Гороховой, 2, где ранее находилось управление Петроградского градоначальства. Оно было ликвидировано постановлением Совета Народных Комиссаров, и вместо него был образован комитет охраны Петрограда. Он еще ранее ВЧК занял ряд комнат на 3-м этаже бывшего управления.

Войдя в подъезд этого дома со стороны Гороховой и пройдя две комнаты, где проверялись документы, надо было по винтовой лестнице с большими каменными ступенями подняться на 3-й этаж. Здесь находились помещения ВЧК и кабинет Ф. Э. Дзержинского. В нем Феликс Эдмундович проводил заседания коллегии ВЧК, совещания сотрудников, разрабатывал планы операций, принимал посетителей. Он работал почти круглосуточно, отдыхая тут же, на диване.

В апреле 1975 г. в этой комнате, последней в особняке, был торжественно открыт мемориальный музей-кабинет первого председателя ВЧК. Открытию музея предшествовала большая работа по воссозданию обстановки кабинета. Сотрудникам музея неоценимую помощь оказали старые чекисты, работавшие вместе с Дзержинским.

Они рассказали, как выглядел рабочий кабинет, описали стоявшую там мебель и ее расположение. Благодаря сохранившейся фотографии и воспоминаниям удалось воссоздать его в прежнем виде.

Высокие двустворчатые двери ведут в кабинет. Здесь всегда полумрак, так как портьеры на двух окнах, выходящих на Адмиралтейский проспект, почти всегда были задернуты. Напротив дверей — письменный стол, кресла из темного дерева с высокими спинками, на столе письменный прибор, настольная лампа, подлинные газеты, под стеклом — записи, сделанные рукой Дзержинского. В углу высокая белая изразцовая печь, рядом — диван. На стенах темные обои с муаровым рисунком. Все строго, ничего лишнего.

В двух комнатах рядом с кабинетом, одна из которых служила дежурной, вторая приемной, развернута экспозиция. Она открывается высказыванием В. И. Ленина: «Всякая революция лишь тогда чего-нибудь стоит, если она умеет защищаться». Далее идет рассказ о жизни и деятельности Ф. Э. Дзержинского, о работе созданной им ВЧК, о его ближайших соратниках и боевых товарищах — Я. Х. Петерсе, М. С. Урицком, В. В. Фомине, И. К. Ксенофонтове и др.

Здесь можно увидеть фотографии документов по делу о покушении на В. И. Ленина в Петрограде 1 января 1918 г. Террористы пытались убить Владимира Ильича в Михайловском манеже, где он выступал на митинге. Но после выступления Ленин был окружен участниками встречи, которые проводили его до машины, и белогвардейцы не смогли здесь осуществить свой замысел. Тогда они обстреляли автомобиль у цирка, при въезде на Симеоновский мост через Фонтанку (сейчас мост Белинского). Пули в нескольких местах пробили стекла и кузов, но Ленин, к счастью, остался невредим. Этот заговор был раскрыт ВЧК.

В специальных витринах помещены книги из библиотеки Ф. Э. Дзержинского и его личные вещи. Среди них — карманные часы, знак почетного члена Пролетарского спортивного общества «Динамо», мундштук и трость, подаренные дагестанскими товарищами.

После переезда Советского правительства в Москву Ф. Э. Дзержинский несколько раз приезжал в Петроград — Ленинград, где принимал активное участие в разработке и реализации операций по ликвидации контрреволюционных выступлений, в работе конференций и совещаний, выступал перед трудящимися с докладами. Об этих встречах и дальнейшей деятельности Феликса Эдмундовича на посту народного комиссара путей сообщения, а затем председателя ВСНХ СССР рассказывает экспозиция музея.

МУЗЕЙ С. М. КИРОВА

На фасаде одного из лучших зданий Кировского проспекта, д. № 26—28,— мемориальная доска с барельефным портретом С. М. Кирова. В этом доме, в квартире № 20, Сергей Миронович жил с 1926 по 1934 г. В то время Киров руководил ленинградской партийной организацией. С его именем связаны многие достижения ленинградцев в социалистическом строительстве.

Этот огромный дом с двумя парадными дворами построен в 1911—1913 гг. по проекту архитекторов Ю. Ю. и Л. Н. Бенуа. До революции здание принадлежало Первому российскому страховому обществу.

Музей переехал на Кировский проспект в 1957 г. из бывшего особняка Кшесинской и занимает мемориальную квартиру С. М. Кирова и прилегающие помещения. Многочисленные экспонаты музея — подлинные документы, фотографии, личные вещи, мемориальные предметы, произведения искусства — ярко повествуют о героической жизни пламенного трибуна революции, выдающегося деятеля Коммунистической партии и Советского государства, верного ленинца Сергея Мироновича Кирова. Экспозиция музея рассказывает о детстве и юности Сергея Кострикова (С. М. Кирова), о его революционной работе в Сибири и на Северном Кавказе. Представлены материалы об участии С. М. Кирова в обороне Астрахани, его работе в Азербайджане. Самая значительная часть музейной экспозиции и жилые комнаты посвящены ленинградскому периоду жизни и деятельности Сергея Мироновича.

Мемориальные комнаты — столовая, библиотека, кабинет и «маленькая комната», или комната отдыха,— сохраняются такими, какими они были при жизни С. М. Кирова.

Хотя в квартире и был рабочий кабинет, Киров любил заниматься по вечерам, а иногда и ночью за большим обеденным столом в столовой. В простенке между окнами — шахматный столик, радиола и электропатефон. В ящике стола патефонные пластинки с записями любимых произведений С. М. Кирова. В специальном шкафу — его личные вещи.

Библиотека целиком занята книгами. Они размещены на стеллажах и в больших шкафах. В личной библиотеке Кирова имелось около 20 тысяч книг, газет, журналов. Много книг по философии, истории, политической экономии, науке и технике, произведений русских, советских и зарубежных писателей. Труды Владимира Ильича он штудировал постоянно, делая огромное количество выписок.

В рабочем кабинете тоже шкафы с книгами, которыми он часто пользовался. На стенах фотопортреты В. И. Ленина и его соратников. На рабочем столе — письменный прибор, образцы минералов и слитки металлов. Рядом установлены телефоны: городской, для прямых переговоров с ЦК партии, со Смольным и для связи с другими городами страны. Киров, будучи первым секретарем Ленинградского обкома КПСС, избирался членом Политбюро ЦК, секретарем ЦК партии.

В комнате отдыха собраны столярные и слесарные инструменты, которыми пользовался Сергей Миронович. В шкафу — его охотничьи и спортивные принадлежности.

В музее воссоздан кабинет С. М. Кирова в Смольном. В нем привлекает внимание большой письменный стол, уставленный образцами новых изделий предприятий Ленинграда и области. Вот два тигля для плавки цветных металлов, изготовленные в Луге на заводе «Красный тигель». Рядом — стеклянные флаконы с пробами цинкового и свинцового концентратов, бензином, впервые полученным из торфа. На столе — кусок рельса с надписью: «Рудничный рельс марки КП». Такие рельсы завод «Красный путиловец» изготовлял для шахт Хибиногорска. Здесь же образец первой стали Ленметаллургстроя и ткацкий челнок из пластмассы.

Глядя на маленький столик с телефонными аппаратами, невольно представляешь себе, как Сергей Миронович звонит на Ижорский завод, где строится первый советский блюминг, разговаривает с Металлическим, чтобы выяснить, когда будет сдана новая турбина.

В музее экспонируется газета «Правда» от 2 декабря 1934 г. с сообщением Центрального Комитета ВКП(б) о гибели С. М. Кирова. «Товарищ Киров,— писала

«Правда»,— представлял собой образец большевика, не знавшего страха и трудностей в достижении великой цели, поставленной партией. Его прямота, железная стойкость, его изумительные качества вдохновенного трибуна революции сочетались в нем с той сердечностью и мягкостью в личных товарищеских и дружеских отношениях, с той лучистой теплотой и скромностью, которые присущи настоящему ленинцу».

ИСТОРИЧЕСКИЕ МУЗЕИ

ГОСУДАРСТВЕННЫЙ МУЗЕЙ
ИСТОРИИ ЛЕНИНГРАДА

Музей истории Ленинграда дает возможность подробно представить развитие города на Неве с начала его возникновения до наших дней, познакомиться с его экономической, социально-общественной и культурной жизнью, увидеть огромные историко-культурные ценности, которыми по праву гордятся ленинградцы. Он имеет 15 экспозиций и 10 филиалов, рассказывающих о прошлом, настоящем и будущем города Ленина — колыбели Великого Октября, города-героя. Музей располагается в Петропавловской крепости и других ценнейших архитектурных и исторических памятниках Ленинграда.

Петропавловская крепость

Петропавловская крепость была заложена Петром I 16 мая 1703 г. Эта дата считается днем основания новой столицы — Санкт-Петербурга. Созданная с учетом всех правил фортификационного искусства для защиты города от врагов, крепость ни разу не использовалась по прямому назначению. Ей не пришлось показать свою мощь и неприступность. Войска Петра всегда разбивали шведов на дальних рубежах. Вскоре она и совсем потеряла свое военное значение и была превращена самодержавием в место расправы с лучшими передовыми людьми России. Через тюрьмы и казематы «русской Бастилии» прошли представители всех трех поколений революционеров — декабристы, разночинцы и пролетарские революционеры.

В октябре 1917 г., в дни штурма последнего оплота Временного буржуазного правительства — Зимнего дворца,— гарнизон крепости выступил вместе с восставшими рабочими, солдатами и матросами.

После установления Советской власти крепость стала одним из ценнейших историко-революционных и архитектурных памятников Ленинграда, а с 1924 г. одним из крупнейших музеев страны.

Ежегодно крепость-музей посещают более двух миллионов советских и иностранных гостей. Они знакомятся с архитектурными памятниками, крепостными сооружениями, с документами и экспонатами выставок. Каждый камень крепости — свидетельство истории города, героической жизни мужественных борцов за счастье народа.

Красотой Петропавловской крепости любовались многие поколения. Расположенная на бывшем Заячьем острове, она имеет форму вытянутого шестиугольника с шестью выступающими угловыми бастионами, которые соединяются между собой стенами-куртинами. Встроенные в куртины казематы предназначались для размещения гарнизона, для хранения вооружения, продовольствия.

Сооружение каменной крепости осуществил Доменико Трезини; все свое зрелое творчество, весь свой талант он отдал новой родине, став первым архитектором молодой русской столицы.

Постепенно внутренняя территория крепости была застроена многими зданиями, которые и составляют ее архитектурный ансамбль.

Невозможно, представить себе Петропавловскую крепость без золоченого шпиля Петропавловского собора — уникального памятника русской архитектуры и искусства первой половины XVIII в., почти без изменений сохранившегося до настоящего времени. Самая высокая часть собора — колокольня. Ее шпиль вознесся над городом на 122,5 метра, как символ утверждения России на берегах Невы, как символ выхода ее к просторам Балтики. Он играет главенствующую роль в силуэте Ленинграда.

Закладка каменного собора состоялась 8 июня 1712 г. по проекту Трезини на месте деревянной церкви. В первую очередь возводилась многоярусная колокольня со шпилем, обитым медными позолоченными листами и увенчанным флюгером в виде фигуры летящего ангела с крестом.

Строительство собора продолжалось 21 год. В июне 1733 г. собор был освящен во имя апостолов Петра и Павла.

Собор по своим формам существенно отличается от традиционной архитектуры русских церквей. В плане это прямоугольное сооружение «зального» типа.

Внутри собор разделен массивными пилонами на три нефа. Крестовые своды, перекрывающие помещение, украшены орнаментальной росписью. Интерьер собора — просторный, залитый светом из больших окон — необычен для русских церквей. Восемнадцать живописных картин на евангельские сюжеты, размещенных над окнами, написаны на холсте видными мастерами XVIII в.— А. Матвеевым, И. Никитиным, И. Бельским и др. Великолепный резной иконостас выполнен не в виде традиционной многорядной стенки, где располагаются иконы, а напоминает триумфальную арку. Современники воспринимали это произведение как своеобразный памятник победы России над шведами. Иконостас изготовлен по проекту и под руководством московского зодчего И. П. Зарудного группой искусных резчиков, столяров и позолотчиков. Образа́ для иконостаса писали московские иконописцы.

В 1725 г. в соборе был погребен Петр I, и с тех пор здесь стали хоронить царей. Рядом с собором в 1896—1908 гг. архитектор Л. Н. Бенуа по эскизному проекту Д. И. Гримма построил здание с купольным перекрытием, предназначенное для захоронения членов царской семьи.

В этом здании развернута экспозиция, посвященная истории строительства Петропавловской крепости.

Петр I, считая крепость важнейшей постройкой города, заботился о парадном оформлении входа на ее территорию. В 1714—1718 гг. Д. Трезини создал главные ворота крепости, названные Петровскими. Они построены в виде триумфальной арки. Подобными постройками отмечались все крупные победы русских в Северной войне. Барельеф, украшающий ворота, аллегорически изображает победу России над Швецией. Над аркой двуглавый орел — герб царской России, он весит 1069 килограммов.

Ниши ворот декорированы двумя скульптурами мифологических богинь, которые олицетворяют государственную мудрость и полководческий талант Петра I. Все убранство прославляет победу русского оружия.

В 70-х — 80-х гг. XVIII в. кирпичные стены крепости, обращенные к Неве, были облицованы гранитом, новое оформление по проекту архитектора Н. А. Львова получили парадные Невские ворота. Вместе с Комендантской пристанью они являются ценным элементом архитектурного ансамбля крепости. В то же время Невские ворота были немыми свидетелями того, как многих узников отправляли на смертную казнь или каторгу. Бытовало и другое название Невских ворот — «ворота смерти».

Бастионы крепости получали название по имени Петра I и его сподвижников: Государев, Меншиков, Головкин, Зотов, Трубецкой, Нарышкин.

Центральным из трех бастионов, выходящих на Неву, считается Нарышкин. В 1731 г. он был дополнен каменной башней с флагштоком. Отсюда ровно в полдень раздается сигнальный выстрел. А ранее здесь находилась «вестовая» пушка, из которой каждый день производили полуденный выстрел. Отсюда 25 октября 1917 г. и был дан выстрел, послуживший сигналом для выстрела с крейсера «Аврора».

Между Нарышкиным бастионом и Трубецким протянулась Екатерининская куртина. Ее казематы использовались как места заключения. Подобную зловещую цель имели и помещения Трубецкого бастиона, соединенного Васильевской куртиной с бастионом Зотова. В 1718 г. в казематы Трубецкого бастиона доставили царевича Алексея и участников оппозиции петровским реформам.

В крепости умер видный общественный деятель первой четверти XVIII в. И. Т. Посошков, автор «Книги о скудости и богатстве». Узниками крепости были руководитель заговора против Бирона А. П. Волынский, а также незадачливая претендентка на русский престол княжна Тараканова.

За издание книги «Путешествие из Петербурга в Москву» сюда был заточен в 1790 г. А. Н. Радищев. С этого времени казематы крепости становятся местом заточения деятелей освободительного движения.

В 1797 г. на территории Алексеевского равелина был построен Секретный дом. О заключении в эту тюрьму, как правило, знали только царь, шеф жандармов и комендант крепости. Здесь содержались декабристы

И. Д. Якушкин, А. И. Одоевский, братья Бестужевы, С. П. Трубецкой, И. И. Пущин и руководители восстания К. Ф. Рылеев, П. И. Пестель, С. И. Муравьев-Апостол. Перед казнью их перевели в казематы Кронверкской куртины, где томились также П. Г. Каховский и М. П. Бестужев-Рюмин.

Кронверкская куртина соединяет Головкин и Меншиков бастионы. Она имеет ворота, ведущие к Кронверкскому проливу, на противоположном берегу сохранились остатки земляного вала и рва. Здесь в ночь на 13 июля 1826 г. были казнены вожди декабристов.

26 декабря 1975 г. в день 150-летия со дня восстания декабристов, на месте их казни открыт памятник — обелиск десятиметровой высоты. На лицевой стороне обелиска — барельеф с пятью профилями и надпись: «На этом месте 13/25 июля 1826 года были казнены декабристы П. Пестель, К. Рылеев, П. Каховский, С. Муравьев-Апостол, М. Бестужев-Рюмин».

На другой стороне его — строки А. С. Пушкина:

> Товарищ, верь: взойдет она,
> Звезда пленительного счастья,
> Россия вспрянет ото сна,
> И на обломках самовластья
> Напишут наши имена!

У основания обелиска на гранитном постаменте кованная из меди геральдическая композиция: шпага, эполеты, разорванные цепи.

В 1849 г., через четверть века после декабристов, в Секретном доме были заключены 13 человек из кружка Буташевича-Петрашевского. И среди них писатель Ф. М. Достоевский. В 1862—1864 гг. 678 дней здесь содержался Н. Г. Чернышевский. Одновременно с Чернышевским в Секретном доме содержался революционный демократ, известный русский публицист Н. В. Шелгунов. Через год и восемь месяцев его отправили в Сибирь. В 1882—1884 гг. узниками этого страшного дома были 20 членов партии «Народная воля». Семеро из них умерли в тюрьме.

В конце XIX в. Секретный дом Алексеевского равелина был уничтожен. Но сохранившиеся казематы Зотова и Трубецкого бастионов дают возможность представить всю тяжесть условий, в каких содержали политических заключенных. Одиночные камеры, постоянная сырость, жуткий холод, скопище насекомых. По поводу одиночного заключения узники писали, что изобретателей виселицы и обезглавливания можно считать благодетелями, тот же, кто придумал одиночное заключение,— подлинный негодяй, ибо такие условия подавляют психику, гнетут человека, убивают его морально и физически.

Не менее печальную известность снискала себе и тюрьма Трубецкого бастиона. Построенная в 1870—1872 гг., она стала действующей политической тюрьмой России. До 1917 г. через нее прошло почти полторы тысячи заключенных. По воспоминаниям бывшей узницы этой тюрьмы члена «Народной воли» В. Н. Фигнер, двери в камеры напоминали гробы, поставленные стоймя в ряд.

Маршрут по тюрьме Трубецкого бастиона построен так, чтобы можно было более наглядно представить условия содержания заключенных, осмотреть документы, рассказывающие о революционерах — узниках тюрьмы.

Среди документов портреты известных революционеров: И. Н. Мышкина, пытавшегося в форме жандармского офицера в 1875 г. освободить Н. Г. Чернышевского из сибирской ссылки, казненного тайно в 1885 г. в Шлиссельбургской крепости; А. И. Желябова — одного из видных деятелей партии «Народная воля». За цареубийство Александра II он и его товарищи по партии С. Л. Перовская, Н. И. Кибальчич, Т. М. Михайлов, Н. И. Рысаков и другие 3 апреля 1881 г. были повешены. Здесь же портреты Н. А. Морозова — революционера, ученого и поэта, просидевшего в общей сложности в тюрьмах 29 лет и освобожденного революцией 1905 г. (Морозов встречался в Лондоне с К. Марксом и получил от него экземпляр «Манифеста Коммунистической партии» для издания на русском языке); старшего брата В. И. Ленина — А. И. Ульянова, казненного 8 мая 1887 г. вместе со своими товарищами П. Я. Шевыревым, В. Д. Генераловым, В. С. Осипановым, П. И. Андреюшкиным в Шлиссельбургской крепости за подготовку покушения на царя Александра III.

Далее идут портреты пролетарских революционеров: А. С. Шаповалова — члена петербургского «Союза борьбы за освобождение рабочего класса», Л. Н. Сталь — видной деятельницы русского и международного женского движения, М. С. Ольминского — одного из старейших работников партии, соратника В. И. Ленина, Н. Э. Баумана, предательски убитого черносотенцами в 1905 г. во время революционной демонстрации, А. М. Горького — великого пролетарского писателя, заключенного в крепость в январе 1905 г. за написание воззвания по поводу событий Кровавого воскресенья 9 января 1905 г. В тюрьме Горький работал над пьесой «Дети солнца». Здесь же портреты многих других выдающихся революционеров — бывших узников Петропавловской крепости.

В северо-восточной части Заячьего острова расположен Меншиков бастион. Он примечателен тем, что внутри помещений располагалась первая аптека в Петербурге.

По главной аллее, ведущей в центр от Петровских ворот, расположены два одноэтажных здания. Справа — бывший Артиллерийский цейхгауз, слева — бывший Инженерный дом.

Чуть дальше — караульная гауптвахта и «Плясовая площадь» — место наказания солдат, руки которых цепями привязывали к столбу, и люди босыми должны были стоять на острых кольях-спицах, врытых в землю. Нестерпимая боль заставляла переступать их с ноги на ногу. Со стороны создавалось впечатление, что солдаты пляшут. Отсюда название — «Плясовая площадь».

Напротив Петропавловского собора — вытянутое двухэтажное здание бывшего Комендантского дома. Здесь находился комендант крепости — особо доверенное лицо царя. Тут же были канцелярия и помещения, в которых велись следствия по политическим делам. Через Комендантский дом прошли декабристы, петрашевцы, народовольцы. В 1794—1795 гг. здесь находился в заключении вождь польского национального восстания Тадеуш Костюшко.

В 1917 г. в Комендантском доме размещался полевой штаб Военно-революционного комитета, который осуществлял оперативное руководство восставшими во время штурма Зимнего дворца.

С 1975 г. здесь открыта обширная экспозиция «История Петербурга — Петрограда в 1703—1917 годах». Она размещена в 23 залах. Документы, фотографии, подлинные вещи, художественные полотна, гравюры, образцы продукции и всевозможных изделий дают возможность представить жизнь одного из крупнейших промышленных, научных и культурных центров России с 1703-го по февраль 1917 г.

В первом разделе на основе предметов труда и быта, найденных на территории бывших владений Великого Новгорода, рассказывается об истории местности, на которой расположен город. Научная реконструкция в натуральную величину деревянной петербургской набережной, мазанкового дома и землянки для работных людей, с включением большого количества подлинных материалов первой четверти XVIII в., создают атмосферу строящегося в трудных условиях нового города — Санкт-Петербурга. Среди экспонатов этого раздела особое внимание заслуживает подлинное знамя Полтавской битвы, определившей победоносный исход Северной войны, результатом которой было изгнание шведов с берегов Финского залива и возвращение России выхода в Балтийское море.

В 1712 г. состоялось официальное перенесение столицы в новый «царствующий град». С переездом из Москвы двора, дипломатического корпуса, административных учреждений Петербург стал центром политической жизни России. В экспозиции представлены документы с петровскими указами о создании Сената, Синода, Коллегий, Полицмейстерской канцелярии и др., а также книги, гравюры, пропагандирующие новые формы быта, одежды.

Государство регламентирует и направляет всю застройку Петербурга. По типовым проектам, разработанным архитекторами Д. Трезини, Ж.-Б. Леблоном, макеты и чертежи которых помещены в залах, в течение пяти лет (с 1712 по 1717 гг.) в городе было выстроено свыше 5 тысяч зданий для жителей различных социальных групп населения: «именитых» — дворян, «зажиточных» — купцов, «подлых» — ремесленников.

Здесь же представлены материалы, связанные с учреждениями Петербургской академии наук, первого русского музея — Кунсткамеры, Морской академии, сухопутного шляхетского корпуса, первого русского театра. Экспонируются труды, портреты ученых и деятелей культуры этого времени — М. Ломоносова, С. Крашенинникова, В. Татищева и др.

Экспозиция отражает зарождение и развитие петербургской промышленности. Наибольшее внимание уделено отраслям, обслуживающим нужды армии и флота: судостроению, артиллерийскому и пороховому производствам.

Строительство города стимулировало появление и рост кирпичных заводов и других предприятий, а увеличение населения — развитие пищевой промышленности.

Сосредоточение в столице знати содействовало развитию отраслей, обслуживающих высшие слои населения, что нашло проявление в возникновении шпалерной мануфактуры, фарфорового завода и других.

С появлением механических двигателей Петербург становится важнейшим центром машиностроения. В экспозиции помещены модели паровой машины, первых построенных на предприятиях города парохода и паровоза.

Особый интерес вызывает зал № 11 — бывший парадный зал в доме коменданта. Здесь находилась канцелярия Следственного комитета, а 12 июля 1826 г. был оглашен приговор Верховного уголовного суда 120 декабристам. Этот зал сохраняется как мемориальный, в нем на основе архивных документов и воспоминаний современников восстановлена архитектурная отделка и обстановка, которая была в момент оглашения приговора декабристам. Место, на котором они стояли, отмечено мраморным подиумом и стелой с именами всех осужденных.

Все стороны жизни города, революционная борьба против самодержавия раскрываются в последующих разделах выставки.

Любители истории и ракетостроения могут осмотреть в Иоанновском равелине интересную экспозицию, открывшуюся в 1973 г. в помещении бывшей — первой в СССР — опытно-конструкторской газодинамической лаборатории по разработке ракетных двигателей. Она знакомит с основоположниками и пылкими пропагандистами космонавтики: К. Э. Циолковским, Н. Е. Жуковским, С. П. Королевым и др. Здесь представлены их портреты, научные труды, документы, фотографии.

Экспонируется спусковой аппарат космического корабля «Союз-16» с автографом на его борту космонавта Юрия Романенко. Здесь же можно увидеть подлинный скафандр Николая Рукавишникова, теплозащитный костюм Юрия Малышева, различные ракетные двигатели, уникальные фотоснимки поверхности Луны, Венеры, Марса, Сатурна и его спутников.

Во дворике — бюст Циолковского, над ним на стене текст со словами ученого: «Наша планета есть колыбель разума, но нельзя вечно жить в колыбели».

Символично, что в мае 1703 г., во время закладки Петропавловской крепости, Петр I сказал: «Не мы, а наши правнуки будут летать по воздуху, ако птицы».

Ленинград за годы Советской власти

С историей развития Ленинграда за годы Советской власти знакомит экспозиция музея, расположенная в бывшем Румянцевском особняке на набережной Красного Флота, 44. Этот дом Н. П. Румянцев, сын выдающегося полководца П. А. Румянцева-Задунайского, приобрел в начале XIX в. В 1826 г. он поручил архитектору В. А. Глинке перестройку и расширение дома. Снаружи зодчий украсил здание двенадцатиколонным портиком, увенчанным фронтоном, в котором помещен горельеф «Аполлон на Парнасе», выполненный скульптором И. П. Мартосом. Реконструкция и отделка дома продолжались несколько лет.

Румянцев, будучи широко образованным человеком, собрал большую библиотеку, коллекцию древних книг и рукописей, монет и произведений искусства. Незадолго до своей смерти он все свои богатые коллекции завещал государству с одним условием — создать на их основе общедоступный музей. В ноябре 1831 г. «Румянцевский музеум» распахнул двери для широкой публики. Однако в Петербурге музей особым успехом не пользовался, и в 1861 г. началась перевозка книг и ценностей в Москву, где через год в здании, построенном архитектором В. И. Баженовым, музей был открыт.

В 20-е гг. XX в. художественные ценности были переданы московским музеям, а на основе книжной коллекции образовалась Всесоюзная библиотека имени В. И. Ленина, в настоящее время — крупнейшее книгохранилище страны.

После перевода «Румянцевского музеума» в Москву особняк у Невы перешел в частное владение. В первые годы Советской власти в здании располагались различные учреждения, а в 1939 г. дом был взят под государственную охрану, как ценный памятник архитектуры, и передан Музею истории Ленинграда. С 1953 г. здесь развернута экспозиция «Ленинград за годы Советской власти».

Открывается экспозиция материалами о подготовке и осуществлении Великой Октябрьской социалистической революции. Экспонаты последующих разделов музея отражают коренные изменения, которые произошли в Ленинграде в послереволюционные годы, в период мирного социалистического строительства, когда город Ленина выполнял почетную роль одной из важнейших научно-технических лабораторий страны. Подлинные экспонаты, модели, фоторепродукции дают наглядное представление о бурном развитии ленинградской индустрии.

Широко представлены материалы о первенце советской энергетики — Волховской ГЭС, качество строительства которой было на уровне лучших мировых образцов. Здесь же экспонаты о замечательном инженере-гидростроителе Г. О. Графтио, его личные вещи, документы, в том числе грамота Исполкома Ленгорсовета. Рядом с портретом Г. О. Графтио фотографии его сподвижников, участников разработки плана ГОЭЛРО.

Многие экспонаты отражают восстановление городского хозяйства, характеризуют реконструкцию ленинградской промышленности. Среди них — образцы трех типов кабелей — продукция завода «Севкабель», макет универсального расточного станка, который является первым металлорежущим станком советской конструкции, созданным на заводе им. Я. М. Свердлова. На фотографиях можно увидеть продукцию завода имени К. Маркса — самые современные в то время машины для текстильной промышленности. В витринах экспонируются подлинные конкурсные проекты новых застроек города, выполненные крупнейшими архитекторами Н. А. Троцким, Л. М. Тверским, И. А. Фоминым.

Вызывает интерес экспозиция, напоминающая о разрушительном наводнении 23 сентября 1924 г. К 19 часам 30 минутам уровень воды в Неве достиг 369 сантиметров. На стене дана отметка этого уровня, взятая с одной из улиц города, представлены документы и фотографии, показывающие как само наводнение, так и ликвидацию его последствий.

Привлекает внимание большая карта-схема «Ленинград — стране». Ленинградская промышленность в годы двух первых пятилеток своей продукцией и кадрами участвовала в создании почти всех 6000 новых предприятий. До 1937 г. заводы города давали стране 37,3% паровых котлов, 90,5% гидротурбин, 64,6% паровых турбин.

О большом энтузиазме, творческом труде рабочих Ленинграда рассказывают экспонаты о стахановцах, передовиках производства. Еще 1 мая 1922 г. 250 рабочим Петрограда было присвоено звание Героя Труда. К 15 января 1930 г. в Ленинграде было 2668 ударных бригад и 29 054 ударника. В экспозиции даны фотографии первых ударников. Это В. С. Дийков и М. П. Решетов — рабочие Путиловского завода. Здесь же — скульптурная группа «С. М. Киров среди рабочих», подлинное переходящее знамя за лучшую организацию стахановского движения на Заводе подъемно-транспортного оборудования имени С. М. Кирова.

Выставленный в одном из залов проект Генерального плана развития Ленинграда, разработанный в 1935 г., предусматривал развитие города в южном направлении и увеличение его территории почти вдвое. Предполагалось также вывести город к берегам Финского залива, окружив его кольцом парков. На стендах и в витринах представлено много документов, фотографий и макетов новых зданий.

Город жил полнокровной жизнью. Он был крупнейшим в стране центром науки и культуры. В экспозиции представлены бюсты корифеев советской науки академиков Л. А. Орбели, В. Л. Комарова, А. П. Карпинского (первого советского президента Академии наук), Н. И. Вавилова, А. Ф. Иоффе, А. Е. Ферсмана, создателя советского синтетического каучука С. В. Лебедева. Здесь же можно увидеть их фотографии и принадлежавшие им документы.

Много экспонатов отражает культурную жизнь Ленинграда. Это материалы о Ленфильме, где были созданы шедевры советского киноискусства «Мы из Кронштадта», «Депутат Балтики», трилогия о Максиме. В 1935 г. студия была награждена орденом Ленина, о чем свидетельствует фотокопия грамоты. Представлены экспонаты о театральной жизни Ленинграда. Привлекает внимание рабочий стол народного артиста СССР А. А. Брянцева. С 1926 по 1941 г. ленинградские театры осуществили постановки 395 новых музыкальных и драматических произведений. Об этом сообщает экспозиция.

Неизменный интерес вызывают рояль выдающегося советского композитора И. О. Дунаевского, материалы о творчестве мастеров советского музыкального искусства: Д. Д. Шостаковича, С. С. Прокофьева, Ю. А. Шапорина, И. И. Дзержинского, В. В. Асафьева и др.

Большую работу вели и ленинградские художники; 507 деятелей изобразительного искусства объединяло Ленинградское отделение Союза советских художников, и среди них: Г. С. Верейский, А. Ф. Пахомов, Ю. М. Непринцев, А. П. Остроумова-Лебедева, В. А. Серов.

Но мирная созидательная жизнь города, как и всей страны, оборвалась 22 июня 1941 г. Началась Великая Отечественная война.

В сложной обстановке начала войны в Ленинграде приступили к формированию народного ополчения. В экспозиции можно увидеть заявления от рабочих, служащих, ученых и артистов, студентов и школьников, фотографии, предметы обмундирования, образцы вооружения. 160 тысяч ленинградцев составили армию народного ополчения.

В боях на подступах к Ленинграду героически сражались советские летчики. 28 июня 1941 г. в районе г. Острова младший лейтенант Петр Харитонов, израсходовав в схватке с вражеским бомбардировщиком весь боезапас, вплотную приблизился к «юнкерсу» и ударом своего винта отрубил хвостовое оперение фашистского самолета. Враг рухнул на землю, а Харитонов благополучно приземлился и вскоре вернулся в свой полк. В последующие дни июня тараном сбили вражеские машины летчики Степан Здоровцев и Михаил Жуков. В экспозиции даны их портреты, Указ Президиума Верховного Совета СССР о присвоении воинам звания Героя Советского Союза.

С самого начала войны ведущие отрасли промышленности начали переходить на производство боевой техники, вооружения и боеприпасов. Экспонаты одного из стендов отражают эту работу, здесь же представлены некоторые образцы военной продукции. Значительное место занимают материалы об участии населения Ленинграда в создании оборонительных рубежей.

21 августа 1941 г. командование фронта обратилось с воззванием ко всем трудящимся, в котором сообщалось о непосредственной военной угрозе городу и содержался призыв быть стойкими и мужественными, все силы отдать на борьбу с врагом. Этот документ можно видеть на стенде. Здесь же фотография замаскированного Смольного — штаба обороны Ленинграда, а также представлен аппарат Бодо, по которому осуществлялась связь Смольного с Москвой.

Но самое трудное время для города начинается с начала сентября, когда враг, выйдя на самые ближние подступы к Ленинграду, начал систематические артобстрелы и бомбардировки города.

8 сентября вражеские войска вышли на южный берег Ладожского озера, захватили г. Шлиссельбург (ныне Петрокрепость) и тем самым перерезали все сухопутные дороги, ведущие к Ленинграду. Началась 900-дневная блокада. И самым тяжелым испытанием конца 1941 г.— начала 1942 г. был голод. С сентября начинается снижение норм выдачи хлеба, и в ноябре устанавливается минимальная норма: 250 граммов рабочим, 125 граммов

служащим, иждивенцам и детям. В экспозиции представлены таблицы снижения норм хлеба, хлебные карточки и кусочек блокадного хлеба — «сто двадцать пять блокадных грамм с огнем и кровью пополам...».

Неизгладимое впечатление производит подлинный дневник ленинградской школьницы Тани Савичевой. В обычной записной книжке девочка вела трагическую летопись, сообщая о смерти от голода членов семьи. Этот уникальный экспонат известен во всем мире.

Привлекает внимание интерьер бомбоубежища со всеми необходимыми вещами и предметами, а также жилой комнаты с характерными для того времени предметами обстановки и небольшой печкой, труба от которой идет в окно.

Документы, фотографии, подлинные вещи рассказывают о мужестве и стойкости ленинградцев, вместе с воинами армии и флота отстаивавших свой город. Огромную роль для Ленинграда играла Ладога. В экспозиции можно видеть большое количество материалов, посвященных созданию Ладожской трассы (водного и зимнего пути), сложной работе ее тружеников и защитников. По этой дороге — недаром ленинградцы называли ее «Дорога жизни» — было перевезено для города и фронта свыше миллиона тонн грузов, вывезено свыше 900 тысяч горожан. Работа ладожской трассы позволила накопить силы для удара по врагу.

В январе 1943 г. войска Ленинградского и Волховского фронтов, наступая навстречу друг другу, взломали вражескую оборону на южном берегу Ладожского озера и 18 января соединились, тем самым прорвав блокаду Ленинграда. Молнией разнеслась радостная весть по городу. В экспозиции представлено много различных документов, фотографий, произведений изобразительного искусства, воспроизводящих обстановку тех дней.

На освобожденной территории в короткий срок была построена железнодорожная ветка, наведен мост через Неву в районе г. Шлиссельбурга, освобожденного в январских боях, и 7 февраля 1943 г. к перрону Финляндского вокзала подошел первый поезд с Большой земли, запечатленный на фотографии, находящейся в экспозиции.

Положение осажденного Ленинграда значительно улучшилось. Прорыв блокады и установление сухопутной связи со страной обеспечили снабжение города всем необходимым. Но город еще жил и боролся в тяжелых условиях. По-прежнему на его улицах и площадях рвались вражеские снаряды, причиняя огромный ущерб. Свыше 150 тыс. снарядов выпустили гитлеровцы с сентября 1941-го по январь 1944 г.

В 1944 г. Советская Армия нанесла по врагу ряд сокрушительных ударов. И первым из них был разгром немецко-фашистских войск под Ленинградом.

14 января с Ораниенбаумского плацдарма, который весь период блокады удерживался советскими войсками, перешла в наступление 2-я ударная армия под командованием генерала Федюнинского, а на следующий день из района Пулковских высот начала наступление 42-я армия под командованием генерала Масленникова. Завязались ожесточенные бои, враг оказывал упорное сопротивление, но советские воины, зная, что за ними израненный Ленинград, шли вперед, ломая оборону противника. К 19 января петергофско-стрельнинская группировка врага была разгромлена. В ходе боев были освобождены Ропша, Красное Село, Пушкин, Павловск. 26 января был освобожден город Гатчина, тем самым была снята прямая угроза Ленинграду. И на следующий день над городом загремели залпы праздничного салюта. Ленинград салютовал воинам Ленинградского фронта и морякам Краснознаменной Балтики, освободившим город от вражеской блокады. Фотографии, карты-схемы, образцы оружия, трофеи напоминают о тех грозных днях.

Войска Ленинградского фронта продолжали наступление. Ждали освобождения Ленинградская область и Прибалтика, а в Ленинграде начались восстановительные работы.

В первую годовщину снятия блокады Ленинград был награжден орденом Ленина. На стенде — фотокопия Указа Президиума Верховного Совета о награждении. На фотографии можно видеть, как М. И. Калинин вручает эту награду. Почетное звание «город-герой» за Ленинградом закрепилось в годы войны. Золотая Звезда вручена городу летом 1965 г.

МУЗЕЙ ИСТОРИИ РЕЛИГИИ И АТЕИЗМА

Музей истории религии и атеизма располагается в выдающемся памятнике архитектуры — Казанском соборе, построенном в 1801—1811 гг. по проекту талантливого русского архитектора А. Н. Воронихина.

Здание собора со стороны Невского проспекта украшает мощная дугообразная колоннада из 94 тринадцатиметровых колонн. Крылья колоннады замыкаются грандиозными проездами. Входы в собор подчеркнуты строгими шестиколонными портиками и парадными лестницами с широкими ступеньками. Большие окна, прорезающие массив здания, полукруг стройных и широко расставленных колонн придают всему сооружению одновременно и монументальность, и необычайную легкость.

В плане собор имеет форму вытянутого креста. Цилиндрический барабан, увенчанный легким и красивым куполом, служит главной вертикалью и центральной осью ансамбля. При устройстве купола, диаметр которого превышает 17 метров, Воронихин впервые в истории мировой строительной практики разработал и применил металлическую стропильную конструкцию.

Кирпичные стены здания облицованы пудожским камнем, добытым в деревне Пудость, недалеко от Гатчины. Из этого камня сложены все 144 наружные колонны и многочисленные пилястры, высечены капители, балюстрады, а также наружные барельефы и орнаменты.

В четырех нишах северного фасада установлены бронзовые фигуры князя Владимира, Александра Невского, Андрея Первозванного, Иоанна Крестителя, отлитые по моделям известных скульпторов С. С. Пименова, И. П. Мартоса, В. И. Демут-Малиновского.

Внутреннее убранство собора поражает своим великолепием и богатством. Интерьер украшен прекрасными произведениями живописи. Очень эффектны монолитные колонны, высеченные из красного гранита, и мозаичный пол, выложенный из разноцветного мрамора. «На сооружение сего храма употреблено единственно то, чем изобилует и славится Россия. Все материалы заимствованы из недр Отечества, и все мастерства произведены искусством и рукою отечественных художников»,— с гордостью сообщал в 1811 г. петербургский журнал «Северная почта».

В декабре 1812 г. в собор были торжественно перенесены первые 27 трофейных французских знамен, а в 1814 г. здесь было уже 115 знамен, штандартов и полковых знаков, в том числе жезл маршала Даву. Под знаменами находились 94 ключа от 8 крепостей и 17 городов Европы (впоследствии большинство этих реликвий было передано Историческому музею в Москве).

Под сводами собора покоится прах великого русского полководца М. И. Кутузова, умершего в 1813 г. в Германии. Могила замурована гранитной плитой и обнесена бронзовой оградой, установленной по проекту А. Н. Воронихина. На стене, у изголовья, мемориальная доска красного мрамора, над которой картина художника Ф. Я. Алексеева «Крестный ход на Красной площади в 1612 году по случаю освобождения Москвы от польских интервентов».

На пилястрах — шесть трофейных французских знамен и штандартов и шесть связок ключей. В стороне от места захоронения Кутузова находится экспозиция, рассказывающая о последних днях жизни полководца, его смерти и похоронах.

К двадцатипятилетию Отечественной войны 1812 г. перед собором были установлены памятники М. И. Кутузову и М. Б. Барклаю-де-Толли, созданные замечательным русским скульптором Б. И. Орловским. У ног полководцев французские знамена с переломленными древками.

Площадь перед собором не раз становилась местом революционных выступлений. 6 декабря 1876 г. здесь прошла первая в России политическая демонстрация с участием рабочих, во время которой впервые в России было поднято красное знамя.

Казанская площадь — одно из многих памятных мест первой русской революции. 9 января 1905 г. казаки и солдаты стреляли здесь в народ. Вечером в тот же день демонстранты пытались соорудить у собора одну из первых баррикад в Петербурге. После Февральской революции на площади перед Казанским собором часто устраивались митинги.

В 1918 г. Казанский собор, как выдающийся памятник русского зодчества, был взят под государственную охрану. В 1932 г. по ходатайству Академии наук СССР в нем был создан Музей истории религии и атеизма.

Музей вызвал большой интерес у населения. Он играл важную роль в антирелигиозном воспитании трудящихся.

В настоящее время в музее несколько отделов. Его коллекции отражают историю первобытных верований, различных современных религий. Большое место занимают материалы по истории формирования атеистического мировоззрения и его развития у разных народов, а также по истории борьбы науки и религии с древнейших времен до наших дней.

Широко представлены материалы о религии первобытного общества, показано формирование начальных форм религии — анимизма (веры в душу и духов), фетишизма (поклонения предметам, наделенным сверхъестественной силой), магии (действия, цель которых добиться покровительства и помощи духов). В экспозиции можно видеть первобытные орудия труда и статуэтки, выражающие поклонение могущественным силам природы. Здесь представлены редкие экспонаты — идолы Полинезийских островов, привезенные Н. Н. Миклухо-Маклаем.

Интересна фигура эвенкийского шамана в культовом облачении. Плащ, нагрудник, шапка, обувь, бубен и колотушки — подлинные. Здесь же находятся материалы, рассказывающие об основных «деяниях» шаманов, о символике их костюма.

К редким коллекциям относятся культовые предметы бурят, хантов, чукчей, эскимосов и других народов, собранные в разное время крупными учеными и сотрудниками музея и характеризующие первобытные верования.

В разделе «Религия и свободомыслие Древнего мира» показаны основные вехи религиозных представлений, зачатки религиозного скептицизма и свободомыслия в период становления и развития рабовладельческих государств в Средиземноморье и на Ближнем Востоке. Особенностью этой религии был политеизм (многобожие). Развитие классовых отношений, усиление социального гнета и эксплуатации способствовали превращению религии в важное средство идеологического воздействия. Древнейшие мифы и религиозные представления населения Месопотамии (плодородная долина рек Евфрата и Тигра) стали известны благодаря археологическим открытиям. Крупнейшим сооружением Двуречья считался храм бога Мардука в Вавилоне с огромной многоступенчатой башней, сохранившейся в памяти последующих поколений (так называемая Вавилонская башня). В экспозиции представлен кирпич из развалин этой башни с печатью царя, а также скульптура богини Иштар, олицетворяющей стихийные силы природы.

Большой раздел посвящен мифологии античной Греции. Старинные слепки с античных оригиналов, росписи керамических ваз рассказывают о героях, греческих богах. Значительное место в жизни античного мира занимали общегреческие святилища. Макет Дельфийского храма находится в экспозиции.

Многочислены материалы о происхождении христианства и превращении его в мировую религию. Христианство возникло как протест угнетенных, как стремление рабов и бедняков к освобождению от гнета могущественной Римской империи. Но, поначалу гонимая, религия рабов постепенно превратилась в религию господ.

Предпосылками христианства явились восточные культы умирающих и воскресающих богов, религия еврейского народа — иудаизм. Из восточных культов христианство заимствовало идею о смерти и воскрешении божества, из иудаизма — идею о пришествии на землю помазанника божьего — мессии (по-древнегречески — Христос). Мифологические персонажи, образы которых предшествовали христианскому культу, представлены на большом панно. Это — иудейский бог Яхве, изображенный в облике стоящего на льве царя, отождествляющийся с христианским богом-отцом; иранский бог Митра, победивший мировое зло, в образе быка. Предания о Митре повлияли на христианское учение о борьбе добра и зла. Древнеегипетская богиня Изида, часто изображавшаяся с младенцем на руках, во многом предвосхитила образ христианской девы Марии. Здесь же — древнеегипетский бог Осирис, в культ которого входили мистерии, где оплакивали смерть и праздновали воскресение. По христианскому вероучению, Христос, как и Осирис, подвергается насильственной смерти, а затем воскресает.

В первой трети IV в. христианство превращается в государственную религию. На панно «Церковная иерархия», созданном по миниатюре IX в., показана структура христианского церковного аппарата. Съезды высшего христианского духовенства, так называемые Вселенские соборы, созывались для сплочения и укрепления церковной организации. В витрине демонстрируются три копии и фотографии написанных в 1878 г. В. И. Суриковым картин, изображающих первые четыре Вселенских собора.

По преданию, Христос был распят на кресте, который стал символом главного догмата христианства об искуплении им грехов людских своими страданиями и смертью. Гибель Христа на горе Голгофе показана на одной из фотокопий гравюр французского художника Г. Доре.

На большой иконе XIX в. изображен «Страшный суд». По христианскому учению, после конца света Христос будет судить живых и мертвых. После этого суда праведники якобы попадут в рай, а грешники будут осуждены на вечные муки в аду. Христианская церковь широко распространяла изображения «Страшного суда». Такие иконы оказывали сильное психологическое воздействие на верующих.

Значительное место в экспозиции отведено православию, которое является одним из трех основных направлений христианства. Пришедшее в 988 г. на Русь из Византии, православие впитало в себя ряд языческих верований восточных славян. Представляет интерес копия древнеславянского идола X в., найденного в середине XIX в. на дне реки Збруч, притока Днестра. Привлекает внимание и реконструкция языческого святилища бога Перуна, а также муляжи идолов, изображение домового.

В преодолении языческих верований ведущее место занимал культ святых. Большую ценность представляют иконы и скульптуры XVII—XIX вв. с изображением православных святых.

Здесь же отражены вольнодумство и еретическое движение на Руси в XIV—XVI вв. Еретическое движение отражало стихийный протест против феодального гнета, который освящала церковь. Оно иллюстрируется копиями миниатюр «Лицевого летописного свода» XVI в. Одна из них изображает изгнание еретика митрополита Зосимы, который отрицал бессмертие души — одно из основных учений христианства. Представлена также картина художника Г. Н. Горелова «Казнь еретиков в 1504 г.».

Церковь не только освящала феодальную эксплуатацию крестьян, но и сама была крупным землевладельцем-собственником. Карта монастырских земельных владений XVII в. свидетельствует об этом. Предметы культа, одежды священнослужителей, документы отражают развитие православия, его роль в укреплении русского самодержавия.

В экспозиции можно познакомиться с материалами о свободомыслии и атеизме в России. Копия фрагмента фрески «Скоморохи» из Софийского собора в Киеве воспроизводит народных песенников, затейников, музыкантов, бродивших по стране. Скоморохи высмеивали духовенство, отвлекали народ от церкви. При царе Алексее Михайловиче (XVII в.) носители народного творчества жестоко преследовались. Их выступления были запрещены.

В XVIII в., в связи с развитием науки, культуры, общественной мысли, свободомыслие и атеизм приобретают уже иные формы. Это и научная деятельность великого русского ученого М. В. Ломоносова, и творчество А. Н. Радищева, и труд профессора Московского университета Д. С. Аничкова о происхождении религии. Портреты этих выдающихся деятелей, их книги находятся в экспозиции. Здесь же можно увидеть портреты и сочинения декабристов П. И. Пестеля, К. Ф. Рылеева, И. Д. Якушкина и других, в которых выражены идеи свободомыслия и атеизма.

Широко представлены материалы и об истории возникновения ислама — одной из распространенных религий Востока. Здесь можно ознакомиться с его вероучением, культом, увидеть связь мусульманских религиозных идей и культовых действий с другими религиями. Предметы религиозного быта, культ святых в исламе, «священные» изображения позволяют дать научно обоснованную картину этого религиозного учения, раскрыть свободомыслие и атеизм народов Востока, развитие науки и культуры в этих странах. В экспозиции освещается деятельность астронома Улугбека, ученого Авиценны, поэта-вольнодумца Омара Хайяма.

Многочисленные документальные материалы свидетельствуют о значительных изменениях в исламе под влиянием социалистических преобразований в нашей стране. Среди экспонатов — один из первых документов Советской власти — подписанное В. И. Лениным обращение «Ко всем трудящимся мусульманам России и Востока».

История религии неразрывно связана с историей атеизма, т. е. системой представлений, отрицающих веру в сверхъестественное. Древнейшие попытки рационального осмысления религии проявились уже в древнегреческой мифологии. Тогда возник миф о Прометее, который вступил в борьбу с богами, похитил с неба божественный огонь и принес его людям как светильник разума. В музее выставлена скульптура Ф. Гордеева «Прометей». Античный атеизм — один из важнейших этапов развития античной мысли. Гипсовые портреты, выполненные скульптором Н. Дыдыкиным, изображают двух крупнейших представителей древнегреческой материалистической школы — Гераклита и Демокрита.

Об атеизме римлян свидетельствуют произведения Тита Лукреция Кара, представленные в витрине.

Средневековый человек о природе и обществе мыслил только сквозь призму религиозных представлений. Гравюра «Корабль церкви воинствующей» (Испания, XVIII в.) посвящена борьбе католической церкви против античного язычества, а также искоренению ересей раннего христианства и эпохи средневековья. Однако и в средневековых знаниях имелось рациональное содержание, которое сохраняли свободные искусства. На гравюре «Семь свободных искусств» в переработанном виде показана система знаний, высоко ценившихся в античном мире. «Свободные искусства», оставаясь символом борьбы человеческого разума с религиозным догматизмом, противостояли схоластике, целью которой была защита веры и учения церкви. В экспозиции можно видеть рукописную миниатюру XIV в., изображающую знаменитого французского философа Пьера Абеляра, лекции которого в Париже собирали толпы слушателей. Его идеи подвергали сомнению и критике церковные истины.

Мыслители Возрождения критически отнеслись ко всему средневековому наследию и ко многим положениям христианского вероучения, которые они стремились осмыслить с точки зрения разума.

В творчестве французского писателя Франсуа Рабле, чей портрет представлен в экспозиции, критика религии, облеченная в форму гениальной сатиры, служила средством утверждения и прославления человека как независимой от божества личности.

Великий итальянский художник Леонардо да Винчи был выдающимся инженером и естествоиспытателем. Он не признавал сверхъестественных явлений, обличал догматизм и современное ему богословие. Его портрет можно видеть в музее.

В эпоху Возрождения была заложена основа современной астрономии. В витринах — материалы о деятельности ее творцов Николая Коперника, Джордано Бруно, Галилео Галилея. Идеи Д. Бруно оказали огромное влияние на развитие атеизма. Церковные власти после многолетних преследований приговорили ученого к сожжению.

Преследуя прогрессивную научную и общественную мысль, церковь пристально следила за возникшим в эту эпоху книгопечатанием, запрещала и отправляла на костер неугодные ей книги. В музее находится редкий экземпляр одного из изданий «Списка запрещенных книг», который издавался Ватиканом с 1559 г.

В экспозиции представлена скульптура работы М. Антокольского, изображающая выдающегося голландского мыслителя Спинозу, учение которого о человеке нанесло еще один удар по религии, ибо оно доказывало, что человек — неотъемлемая частица природы и законы его поведения подчинены естественному порядку вещей. Спиноза положил начало научной критике Библии, вскрыв ее внутренние противоречия.

Ряд экспонатов посвящен гениальному мыслителю XVIII в. Вольтеру: его бюст работы Ж.-А. Гудона и несколько гравюр, которые рассказывают о борьбе философа против католической церкви.

Великая французская революция (1789—1794) сокрушила традиционную католическую веру, открыв новые перспективы общественного и идейного развития. Экспонируются изданные во время революции законы, подрывавшие господство церкви.

В условиях новой исторической эпохи — эпохи империализма и пролетарских революций В. И. Ленин выступил как убежденный сторонник, верный продолжатель и страстный пропагандист революционного учения К. Маркса и Ф. Энгельса. В борьбе с оппортунистами — левыми и правыми — В. И. Ленин отстоял чистоту марксистского атеизма от ревизионистских нападок и извращений. Особое значение в этой борьбе имело беспощадное разоблачение В. И. Лениным богоискательства и богостроительства.

После победы Великой Октябрьской социалистической революции, уже 2 ноября 1917 г., в «Декларации прав народов России» была провозглашена «отмена всех и всяких национальных и национально-религиозных привилегий и ограничений». 20 января 1918 г. был принят отредактированный и подписанный В. И. Лениным декрет Совета Народных комиссаров Об отделении церкви от государства и школы от церкви, обеспечивающий проведение в жизнь свободы совести.

Большим вкладом в развитие марксистского атеизма явилась статья В. И. Ленина «О значении воинствующего материализма». Необходимо, указывал В. И. Ленин, вести пропаганду атеизма строго научно, привлекая к этому ученых, используя новейшие достижения науки и опираясь на то ценное, что было сделано атеистами прошлого.

В экспозиции — репродукция первой страницы ленинского атеистического произведения.

Следуя ленинским заветам, Коммунистическая партия проявляет постоянную заботу об организации и проведении научно-атеистической работы в нашей стране, о создании правильного отношения к церкви и верующим.

В нашей стране каждый гражданин имеет право быть атеистом или верующим. Статья 52 Конституции СССР гарантирует свободу совести, то есть право граждан исповедовать любую религию или не исповедовать никакой, отправлять религиозные культы или вести атеистическую пропаганду.

В экспозиции находятся материалы, посвященные современному положению православной церкви в СССР. Они рассказывают об участии церкви в борьбе за мир, разоружение, за установление дружеских отношений между народами. В витринах представлена литература, изданная Московской патриархией к празднованию тысячелетия Крещения Руси.

ЛЕТНИЙ САД
И ЛЕТНИЙ ДВОРЕЦ-МУЗЕЙ ПЕТРА I

Летний сад — свидетель юности города — заложен в 1704 г., спустя год после основания Петербурга. Границы сада, раскинувшегося на площади почти в 12 гектаров, очерчены водными протоками.

С Невы он обрамлен непревзойденной красоты оградой. Эта ограда является замечательным произведением искусства конца XVIII в. Она создана по проекту архитекторов Ю. М. Фельтена и П. Е. Егорова. 36 гранитных колонн соединяет ажурная металлическая решетка, звенья которой выкованы в Туле. На колоннах установлены вазы и урны, вырубленные из финского гранита. Решетку украшают позолоченные детали.

Вначале сад был парадной царской резиденцией. Здесь в летнее время протекала общественная и придворная жизнь Петербурга. Желая иметь сад «лучше, чем в Версале у французского короля», Петр I принял личное участие в составлении первого проекта его планировки и с присущей ему энергией и увлеченностью лично руководил его устройством. К работе были привлечены известные архитекторы того времени.

Летний сад был разбит в регулярном стиле, модном для начала XVIII в., с характерными для него симметричным расположением аллей, подстриженными деревьями и кустами, декоративными сооружениями из зелени в виде беседок, трельяжей, лабиринтов, галерей со скульптурами, фонтанами, павильонами, искусственными прудами правильной геометрической формы. Особой красотой отличались фонтаны. Их было около 50. Многие фонтаны были оформлены скульптурами на сюжеты нравоучительных басен древнегреческого баснописца Эзопа. Фонтаны снабжались водой с помощью водовзводной башни и резервуаров. Речка, питавшая фонтаны водой, получила название Фонтанной, позже за ней закрепилось название Фонтанка.

Один из современников Петра I так описывал достопримечательности сада: «Здесь множество замечательных вещей, беседок, галерей и удивительно красивых деревьев. Были в том саду пруды, обложенные каменной стеной, по которым плавали индийские гуси, морские утки и множество птиц».

К середине XVIII в. Летний сад утратил значение парадной царской резиденции, в связи с этим изменился его облик. На смену регулярному стилю и парковой планировке пришел пейзажный. Деревья в Летнем саду больше не подстригались, и с годами их могучие кроны закрыли от солнца аллеи.

Со второй половины XVIII в. Летний сад превратился в место для прогулок привилегированной знати столицы.

Фонтаны, грот, павильон и многочисленные беседки погибли в результате наводнения и страшной бури 1777 г. и в дальнейшем уже не восстанавливались.

В 1826 г. на месте разрушенного грота архитектор К. И. Росси построил павильон «Кофейный домик». Через год по проекту архитектора Л. И. Шарлеманя был поставлен деревянный «Чайный домик». В настоящее время в этих парковых павильонах устраиваются различные выставки.

После Великой Октябрьской социалистической революции Летний сад стал любимым местом отдыха ленинградцев. Здесь все тщательно сохраняется. У Карпиева пруда можно увидеть восхитительную вазу из розового порфира, украшающую сад с 1839 г., — подарок шведского короля. Она была исполнена в Швеции, в городе Эльфдалине. Прямоугольный пьедестал из темно-красного порфира хорошо гармонирует с вазой.

Летний сад украшает первая в России коллекция итальянской мраморной скульптуры конца XVII — начала XVIII в. Беломраморные изваяния рельефно выделяются на фоне темной зелени. Большинство статуй было выполнено по заказу Петра I венецианскими мастерами. Здесь бюсты императоров и полководцев античного мира — Александра Македонского, Юлия Цезаря, Августа, Нерона, Траяна, Клавдия, а также польского короля Яна

Собеского, шведской королевы Христины. Скульптуры-аллегории символизируют Истину, Красоту, Благородство, Правосудие, Архитектуру, Славу, Мореплавание... Здесь же персонажи из античной мифологии — Минерва, Беллона, Флора, Вакх и т. д. Сейчас в Летнем саду 89 скульптурных произведений.

В мае 1855 г. был открыт памятник великому русскому баснописцу Ивану Андреевичу Крылову. Автор монумента — известный ваятель П. К. Клодт изобразил баснописца сидящим в непринужденной и немного усталой позе. Поэт в глубокой задумчивости как бы оторвался на какое-то время от книги. Пьедестал из темно-серого гранита украшен барельефами наиболее популярных крыловских басен: «Лиса и виноград», «Ворона и лисица», «Квартет», «Мартышка и очки», «Свинья под дубом», «Фортуна и нищий», «Демьянова уха» и др.

Летний дворец Петра I — одно из первых каменных зданий Петербурга — был построен в 1710—1714 гг. по проекту архитектора Д. Трезини. Двухэтажное здание прямоугольной формы заканчивается высокой кровлей, декоративное оформление его строго и скромно. Фасады дворца украшены фризом и 29 прямоугольными барельефами, размещенными между окнами первого и второго этажей. Мифологические сюжеты барельефов — «Нептун и Амфитрита», «Состязание в беге Гиппомена и Аталанты», «Персей, побеждающий медузу» и другие — в аллегорической форме прославляют морское могущество России и ее победу над Швецией в Северной войне.

Не все внутренние помещения дворца сохранились без изменений до наших дней. Первоначальный вид имеют нижний и верхний вестибюли, дубовая лестница, зеленый кабинет, нижняя и верхняя поварни.

Комнаты на первом этаже располагались в следующем порядке: вестибюль, первая приемная, вторая приемная, кабинет Петра, спальня Петра, токарная, столовая, поварня.

Мебель, находившаяся во дворце во времена Петра I, почти не сохранилась, но комнаты дворца обставлены сейчас подлинными вещами той эпохи. Здесь имеется ряд личных вещей Петра и его жены Екатерины I. Стены украшены портретами Петра и его соратников. Много изделий из резного дерева и стекла, дорогие ткани и шпалеры, плафоны и картины — прекрасные образцы живописи и прикладного искусства начала XVIII в.

На втором этаже дворца жила Екатерина с детьми. По расположению и количеству комнат оба эти этажа одинаковы. Только убранство помещений второго этажа более нарядное, дополненное обилием зеркал. Из всех комнат второго этажа самая примечательная — кабинет. Тут, в Зеленом кабинете, в стенных шкафах были выставлены редкие камни, китайские фигурки из дерева, нефрита, фарфора и слоновой кости и т. п., экспонаты из купленной в Голландии анатомической коллекции профессора Рюйша и прочие диковинки. Они-то и положили начало петровской Кунсткамере — первому русскому музею. Зеленый кабинет интересен также тем, что это единственная комната во дворце, сплошь украшенная живописью.

Завершая рассказ о Летнем дворце Петра, нельзя не упомянуть еще об одной интереснейшей скульптуре сада, которая стоит вблизи дворца и носит название «Мир и Изобилие». Это скульптурная группа, выполненная П. Баратта по специальному заказу Петра: аллегорическое изображение Ништадтского мира. Фигура женщины с рогом изобилия и опрокинутым факелом, означающим окончание войны, символизирует Россию. Рядом стоит крылатая богиня Победы, венчающая Россию лавровым венком. В руке богиня держит пальмовую ветвь — символ мира, а нога ее попирает издыхающего льва — символ побежденной Швеции. Эта скульптура, вместе с барельефами дворца, увековечила победоносное окончание Северной войны (1700—1721 гг.).

Район Летнего сада богат историческими местами и памятниками архитектуры. Его знаменитая решетка воспета Анной Ахматовой:

> Я к розам хочу, в тот единственный сад,
> Где лучшая в мире стоит из оград,
> Где статуи помнят меня молодой,
> А я их под невскою помню водой.

МУЗЕЙ АНТРОПОЛОГИИ И ЭТНОГРАФИИ им. ПЕТРА ВЕЛИКОГО (КУНСТКАМЕРА)

Университетскую набережную у Стрелки Васильевского острова украшает старинное здание, увенчанное башней. Это знаменитая Кунсткамера — первый российский музей, основанный Петром I.

Еще в конце XVII в. молодой царь начал собирать всевозможные диковинные вещи и инструменты. Из заграничных поездок он привозил модели кораблей и машин, приборы и астрономические инструменты, чучела животных и птиц. В Московский Кремль поступали интересные экспонаты и из различных районов России: предметы быта и одежда народностей, населявших страну, минералы, золотые самородки и золотые украшения, найденные в сибирских курганах.

В 1714 г. Петр I распорядился перевезти все свои личные коллекции в новую столицу и разместить в служебном помещении Летнего дворца на Фонтанке, названном на европейский манер «Кунштткамерой» — «кабинетом редкостей». В Западной Европе в то время такая кунсткамера была принадлежностью многих королевских и герцогских замков.

В личном собрании Петра накапливались «раритеты» из европейских и восточных стран, в том числе китайские резные изделия. Сюда же была доставлена приобретенная у известного голландского ученого Фредерика Рюйша за баснословную сумму — 30 000 гульденов — уникальная коллекция анатомических препаратов, полностью сохранившаяся до наших дней.

В 1718 г. вышел указ Петра I о сборе коллекций для Кунсткамеры, в котором предписывалось сдавать губернаторам и комендантам за вознаграждение «как человечьи, так скотския, звериныя и птичьи уроды... также ежели кто найдет в земле или в воде какие старые вещи, а именно: каменья необыкновенные, кости человеческия или скотския, рыбья или птичьи, не такия, какия у нас ныне есть, или и такие да зело велики, или малы перед обыкновенными... вышереченные уроды как человечьи, так и животных, когда умрут класть в спирты, буде же того нет, то в двойное, а по нужде в простое вино и закрывать крепко, дабы не испортилось».

Вскоре разросшиеся коллекции, недоступные для обозрения широкой публике, перевезли из царского Летнего дворца в огромное для тогдашнего Петербурга двухэтажное каменное здание у Смольного, известное под названием Кикиных палат. Этот дом был только что конфискован у опального боярина Александра Кикина, казненного за содействие бегству царевича Алексея за границу. В 1719 г. Кунсткамера открылась как публичный музей. Посетивший ее камер-юнкер Берхгольц записал, что там собрано «множество предметов по части естественной истории и самых разнообразных уродов». Чтобы увеличить посещаемость музея, Петр I приказал всех желающих «пускать и водить, объясняя вещи», а предложение о входной плате отверг, заявив: «Я хочу, чтобы люди смотрели и учились». Каждому при посещении Кунсткамеры выдавалось угощение — либо чашка кофе, либо рюмка водки с «цукербродом», на что ассигновалось ежегодно по 400 рублей.

Кикины палаты были лишь временным пристанищем для естественнонаучного музея, который, по свидетельствам иностранных путешественников, превосходил по полноте и широте собранных экспонатов многие музеи Западной Европы. Еще в 1718 г. по замыслу Петра I началось строительство специального музейного здания. Существует легенда, что царь, проходя среди высоких сосен, росших тогда на Стрелке Васильевского острова, обратил внимание на диковинную сосну с веткой, вросшей полукольцом в ствол. Он велел сосну срубить, ствол с причудливой веткой сохранить, а на этом месте заложить здание новой Кунсткамеры.

22 января 1724 г. Петр подписал проект «Положения об учреждении Академии наук и художеств». В этом документе говорится: «...а чтоб академики в потребных способах недостатку не имели, дабы библиотека и натуральных вещей камора Академии открыта была». Передача Кунсткамеры Петербургской Академии наук превратила ее в подлинно научное учреждение.

Проектировал новую Кунсткамеру архитектор Г.-И. Маттарнови, заканчивали строительство, внеся небольшие изменения, архитекторы Н. Ф. Гербель, Г. Киавери, М. Г. Земцов. Здание решено в типично барочном стиле и представляет собой два трехэтажных корпуса, соединенных в центре многоярусной башней сложной конфигурации. Кунсткамера стала первым монументальным сооружением на Стрелке Васильевского острова и сегодня принадлежит к числу немногих сохранившихся памятников архитектуры первой четверти XVIII в.

Восточный корпус с большим двусветным залом предназначался для академической библиотеки, а симметричный ему западный корпус с таким же залом — для музейного собрания Кунсткамеры. В нижнем этаже центральной части размещался «анатомический театрум», на третьем этаже — Готторпский глобус, а в башне — астрономическая обсерватория.

К 1728 г. все коллекции Кунсткамеры и библиотека

были перевезены из Кикиных палат в новое здание. В отличие от музеев зарубежной Европы коллекции в ней размещались не хаотически, а в определенном порядке. Сразу же после торжественного открытия «новых академических палат» «Санкт-Петербургские ведомости» сообщили: «...кто Кунст- и Натуркамору осмотреть пожелает, тому надлежит о том за день библиотекарю объявить и о удобном времени у него известие получить». С самого начала на Кунсткамеру были возложены просветительские задачи.

Принадлежность Кунсткамеры к Академии наук способствовала постоянному пополнению коллекций за счет академических экспедиций, организованных с невиданным для того времени размахом. В 1727 г. поступила богатая коллекция Д. Г. Мессершмидта, собранная во время его восьмилетнего путешествия по Сибири. В 30-е гг. участники второй Камчатской экспедиции Г. Ф. Миллер, И. Г. Гмелин и С. П. Крашенинников передали редкие этнографические предметы.

Значительный урон экспонатам и зданию Кунсткамеры нанес пожар, случившийся в декабре 1747 г. Свидетель пожара М. В. Ломоносов, считавший причиной бедствия неисправность печей и дымоходов, сообщал: «Погорело в Академии, кроме немалого числа книг и вещей анатомических, вся галерея».

Восстановление здания производилось под руководством известного архитектора С. И. Чевакинского. На время ремонтных работ для Кунсткамеры предоставили находившийся неподалеку старый дом Демидовых. Лишь в 1766 г. в Кунсткамеру вновь собрали все сохранившиеся вещи, и музей открылся для обозрения. Сгоревший купол башни тогда не был восстановлен. Его воссоздали только в 1948 г.

Весть о пожаре разнеслась по всей России. Сразу же начались пожертвования для восполнения коллекций. Причем помощь приходила не только от ученых и богатых меценатов, но и от простых людей.

Значительно пополнились коллекции Кунсткамеры в результате первого русского кругосветного плавания на кораблях «Надежда» и «Нева» под командованием И. Ф. Крузенштерна и Ю. Ф. Лисянского (1803—1806 гг.). Ими были привезены деревянные алеутские шляпы, образцы эскимосской одежды и другие экспонаты. Экспедиция Ф. Ф. Беллинсгаузена и М. П. Лазарева к берегам Антарктиды (1819—1821 гг.) также передала богатейшее собрание, в котором были предметы с далеких островов Тихого и Индийского океанов и из Австралии.

Кунсткамера уже не могла вместить и расположить надлежащим образом все коллекции. В 30-х гг. прошлого века на базе Кунсткамеры было создано семь самостоятельных музеев.

Этнографический и Анатомический музеи в 1879 г. были объединены в Музей антропологии и этнографии Академии наук, унаследовавший и само здание Кунсткамеры.

Музей антропологии и этнографии, расположенный в здании Кунсткамеры, является одним из старейших и крупнейших этнографических музеев мира. В 1903 г. ему было присвоено имя основателя Кунсткамеры — Петра Великого. В течение двух с половиной веков трудами русских и советских ученых и путешественников собирались его бесценные коллекции по истории народов и мировой цивилизации. Экспонаты музея позволяют нам представить быт и культуру народов Азии, Америки, Африки и Австралии до порабощения их колонизаторами.

Многие собрания по этнографии народов Сибири и Дальнего Востока, Северной и Южной Америки, Африки и Океании являются уникальными. Музей хранит единственную в мире коллекцию головных уборов алеутов и одежду из замши индейского племени атапасков, редкое собрание предметов, созданных руками вымерших или уничтоженных колонизаторами индейцев Южной Америки — огнеземельцев и ботокудов, древних африканских народов азанде и мангбетту.

Гордостью музея являются редчайшие коллекции по искусству, культуре и быту Японии и Китая, Полинезии и Австралии.

Особое место занимают экспонаты, собранные известным русским ученым и путешественником Н. Н. Миклухо-Маклаем. Здесь орудия труда, предметы быта, одежда, украшения, музыкальные инструменты папуасов Новой Гвинеи. Здесь же — плащи и шлемы из птичьих перьев, атрибуты тайных океанийских культов, две деревянные таблички (ронго-ронго) с не расшифрованными до конца письменами жителей острова Пасхи. Таких табличек сохранилось во всем мире лишь около двадцати.

В экспозиции и фондах музея находится свыше 300 тысяч этнографических, около 500 тысяч археологических, более 180 тысяч антропологических предметов.

Коллекции музея используются для научной работы учеными СССР и многих стран мира.

Войдем в музей с Таможенного переулка, перпендикулярного Университетской набережной. В вестибюле возвышаются две фигуры: пятиметровый Ракшас — «дух — пожиратель людей» с острова Цейлон и бог охоты горных племен Вьетнама, имеющий бивни слона, клыки кабана, рога горного козла и оленя, шкуры тигра и ягуара.

Экспозиция музея начинается с вводного отдела (III этаж), материалы которого раскрывают темы: «Происхождение человека и человеческих рас» и «Основные этапы развития первобытного общества». Здесь показаны далекие предки человека: неандертальский ребенок из пещеры Тешик-Таш и много других скульптурных портретов, выполненных замечательным советским антропологом М. М. Герасимовым. В шкафах и витринах этого отдела — орудия труда и предметы искусства каменного, бронзового и железного веков. Среди них выделяются изделия из камня со многих стоянок и поселений на территории нашей страны, замечательные костяные изделия из Оленеостровского могильника эпохи неолита и многие другие.

Этнографические экспозиции, размещенные на II и I этажах, характеризуют традиционную культуру, быт народов Африки и Америки, а также зарубежной Азии. Все они построены по единой логической схеме: этнический состав, краткие сведения по истории, основные черты хозяйства, занятий и промыслов, одежда, жилище и интерьер, культура народов, населяющих данную страну или регион (религия, праздники, обычаи, зрелища, обряды и др.). Широко используются во всех экспозициях однофигурные или многофигурные композиции, которые создают представление об антропологическом и этнографическом облике того или иного народа.

Большой интерес вызывают образцы фарфора, скульптуры, нефритовых изделий, одежды и тканей Китая феодального периода, демонстрируется ширма с удивительными пейзажами работы выдающегося корейского художника XVII—XVIII вв. Чон Сона и образцы уникальной коллекции корейского фарфора, производство которого было полностью уничтожено во время японского вторжения в XVI в.

В экспозиции богато представлены коллекции из Индии, характеризующие индуистский культ, традиционный театр, семейный быт, народные промыслы (резьба по кости и дереву, художественные изделия из металла) и др. При входе в зал стоит деревянный портик с затейливой резьбой, украшавший вход во дворец в г. Насик. В центре зала — вырезанные из дерева шоло — изображения индуистских храмов. Интересно собрание ланкийских масок театра Колам.

Экспонируются деревянные и кожаные куклы национального театра с острова Ява. Они одеты в своеобразные национальные костюмы и ярко раскрашены, руки у них укреплены на тросах, с помощью которых артист и управляет куклами. Индонезийцы издавна славились как искусные резчики по дереву. В экспозиции представлена великолепная деревянная скульптура, изображающая легенду о прекрасной богине Луны — Рати и злом демоне Рау.

Уникальными экспонатами музея являются мантия и шлем первого короля Гавайских островов Камеамеа I из перьев крошечных красных и желтых птичек. Таких плащей во всем мире меньше десяти, но плаща Камеамеа I нет больше нигде.

О жизни папуасов Новой Гвинеи рассказывают редкие глиняные и деревянные изображения предков папуасов. Здесь же — браслет из кабаньих клыков из коллекции знаменитого английского путешественника Д. Кука.

Очень интересна одежда полинезийцев, изготовленная из тапы, которая делалась из луба деревьев, находящегося за наружным слоем коры. В шкафу, посвященном таитянам, висит типута, сделанная из тапы. Она украшена отпечатками смоченных в краске листьев папоротника и цветов. Такую типуту носили только знатные таитяне.

В экспозиции, посвященной народам Африки, обитающим южнее Сахары, особый интерес вызывает коллекция знаменитой бенинской бронзы. Это изображения царей и цариц, священных животных, изготовленные техникой литья по восковой модели. Рядом — резные изображения на слоновых бивнях, имеющие символическое значение.

Широкое распространение в Африке получили такие ремесла, как плетение и ткачество. В витринах выставлены корзины плотного плетения, в которых хранили жидкости, образцы тканей разнообразных расцветок, ткацкий станок. Высокого мастерства достигли африканские резчики по дереву. В музее представлены деревянные резные фигурки и различная домашняя утварь. К редким вещам относится сосуд для хранения краски, на крышке которого есть карикатурное изображение воина соседнего племени.

Культуру и быт японцев отражают национальные костюмы (кимоно), доспехи и вооружение самураев, большая коллекция нэцке (противовесов для закрепления на поясе необходимых предметов, так как в кимоно нет карманов), лаковые шкатулки, фарфоровые изделия и многие другие предметы прикладного искусства. В отдельной витрине — атрибуты национальных театров Но и Кабуки. Значительная часть японских коллекций — дар научных и. музейных центров Японии нашей стране.

Музей располагает редким собранием предметов, характеризующих быт коренного населения Северной, Центральной и Южной Америки. Основная часть коллекций, посвященных эскимосам, алеутам и североамериканским индейцам, собрана в 1834—1845 гг. И. Г. Вознесенским. Аляска тогда входила в состав Российской империи. Бесценные коллекции не имеют себе равных в мире. Они собраны во времена, когда жизнь этих народов была еще первозданна, не затронута цивилизацией.

В экспозиции — предметы быта эскимосов: кожаные байдарки, гарпуны, панцирь из тюленьей кожи, фигурки животных и людей, вырезанные из моржовой кости. Большой интерес вызывает самая большая в мире коллекция алеутских деревянных шляп, сделанных из деревянных пластинок, толщина которых немногим более толщины обычного ватмана. Эти шляпы богато украшены рисунками, бусами, перьями, костяными фигурками. Здесь же подлинная байдарка, обтянутая шкурой нерпы, промысловый костюм, сшитый из кишок тюленя...

Индейцы Северной Америки показаны в своих национальных одеяниях, с национальным оружием или орудиями труда. Огромный интерес представляют вышитая замшевая одежда атапасков, резные деревянные изделия тлинкитов, маски ирокезов, костюмы и атрибуты шаманов, «трубки мира» из особой породы красного камня, каменные томогавки и наконечники стрел. В музее хранится и экспонируется прекрасная коллекция плетеных корзин индейцев Калифорнии. В этих водонепроницаемых корзинах с помощью раскаленных камней варили мясо и рыбу. Представлен также уникальный обрядовый костюм из вороньих перьев и крыльев кондора. Ни в одном музее мира нет подобных экспонатов.

Ценнейшую коллекцию предметов быта и культуры индейских племен Бразилии собрал в начале XIX в. русский географ и этнограф Г. И. Лангсдорф. Он был первым европейцем, проникшим в дебри Амазонки, которые и по сей день мало изучены. В шкафах и витринах — оружие и орудия труда из камня и кости, шлемы, головные уборы, пояса из перьев тропических птиц, браслеты из ореховой скорлупы и многое другое. Большую ценность представляет материал о ботокудах, получивших свое название из-за своеобразных губных и ушных украшений — ботоков, изготовленных из ватного дерева. Этого народа сейчас уже не существует.

В залах музея много искусно выполненных макетов и моделей жилых построек, храмов и дворцов. Значительная их часть привезена из разных стран мира.

В Круглом зале первого этажа башенной части (бывший анатомический театр Кунсткамеры) работает постоянная выставка «Из собраний первого русского музея — Петербургской Кунсткамеры», где среди первых экспонатов Кунсткамеры выставлены анатомические коллекции, инструменты и одежда из личного гардероба Петра I, гипсовая копия его посмертной маски, слепок с оттиска его руки и легендарная сосна, росшая когда-то на месте здания Кунсткамеры. Стены Круглого зала украшают рисунки и гравюры с видами Петербурга и старой экспозиции Кунсткамеры середины XVIII — начала XIX в.

Музей антропологии и этнографии прививает уважение к национальной культуре больших и малых народов, способствует взаимному пониманию и дружбе народов, вне зависимости от цвета их кожи, от особенностей культуры и религии, содействует укреплению мира во всем мире.

МУЗЕЙ М. В. ЛОМОНОСОВА

Имя основоположника русской науки Михаила Васильевича Ломоносова (1711—1765) неразрывно связано с Петербургом — городом, где родилась Академия наук. Здесь первый русский академик из 54 лет своей жизни провел почти безвыездно около четверти века.

Время уничтожило большинство домов, связанных с жизнью и деятельностью великого ученого. Тем дороже нам сохранившиеся, к которым относится прежде всего здание Кунсткамеры. Здесь до конца XVIII в. работали учреждения Академии наук.

На фасаде здания бывшей петровской Кунсткамеры, выходящего на Университетскую набережную, установлена мемориальная доска с надписью: «В этом здании, колыбели русской науки, с 1741 по 1765 г. работал Ломоносов». Башню Кунсткамеры и Циркульный зал сейчас занимает музей М. В. Ломоносова.

Экспозиция состоит из следующих разделов: «Жизнь и научная деятельность М. В. Ломоносова», «Ломоносов и русская астрономия XVIII века» и «Большой академический глобус».

В музее находятся подлинные вещи ученого, различные научные приборы, географические карты, астрономические инструменты, труды Ломоносова и его современников.

Центральная часть зала третьего этажа воспроизводит обстановку конференц-зала, в котором в XVIII в. проходили заседания Академии наук с участием Ломоносова. Посредине стоит круглый стол красного дерева. Вокруг него стулья профессоров, адъюнктов и кресло для президента. В этом зале представлены дошедшие до нас личные вещи ученого: фарфоровый чайник, серебряная тарелка, бокал и пресс для бумаги, изготовленный из смальты.

Музей располагает уникальными научными приборами XVIII в., среди которых электрическая машина из физического кабинета Академии, воздушные насосы и многое другое.

Особое внимание привлекает макет первой в России научно-исследовательской химической лаборатории Ломоносова. В этой лаборатории Ломоносов впервые в мире прочел студентам академического университета курс физической химии.

Исключительно интересна коллекция подлинных ломоносовских образцов опытных плавок цветного стекла, дарственная грамота, выданная ученому на владение землей для постройки фабрик в Усть-Рудице, близ бывшего Ораниенбаума. На этой фабрике по ломоносовским рецептам изготовлялись из цветного стекла художественные изделия. Цветные непрозрачные стекла Ломоносов использовал не только для производства мозаичных смальт, но и для изготовления бисера (мелких бус) и стекляруса (короткие стеклянные палочки). Отечественный бисер и стеклярус впервые начали изготавливать на Усть-Рудицкой фабрике. Мозаичные работы Ломоносова были высоко оценены Российской Академией художеств, избравшей его почетным членом.

Из 40 мозаик, сделанных Ломоносовым и работавшими с ним мастерами на Усть-Рудицкой фабрике и в мозаичной мастерской в Петербурге, сохранилось 24, из них 4 демонстрируются в музее. Изделия фабрики украшают помещения Китайского дворца в городе Ломоносове, они находятся в Эрмитаже и Русском музее. Многофигурная композиция «Полтавская баталия» размещена на парадной лестнице главного здания Академии наук, расположенного рядом с Кунсткамерой.

Уникальным экспонатом музея М. В. Ломоносова является знаменитый Большой академический глобус, имеющий диаметр 3 метра 10 сантиметров и общую площадь 60 квадратных метров. Внутрь шара ведет небольшая дверца. Там находится круглый стол и скамейка вокруг него, где могут разместиться 12 человек. Красочная живопись изображает созвездия, а позолоченные гвозди — мерцающие звездочки. С помощью особого механизма глобус-гигант вращается, воспроизводя движение небесной сферы...

Весьма любопытна история этого необычного экспоната. В 1713 г. русские войска во главе с Петром I спасли шлезвиг-голштинский город Тепинген от осаждавших его шведов. В Готторпском замке города русский царь особенно заинтересовался огромным глобусом — чудом XVII в., одним из первых в мире планетариев. В знак благодарности герцог Карл-Фридрих подарил освободителю поразившую его достопримечательность — Готторпский глобус, созданный в 1654—1664 гг. механиком А. Бушем и художниками братьями Ротгизер под руководством немецкого ученого и путешественника Адама Олеария. Четыре года длилось путешествие голштинского подарка. Из Шлезвига глобус до Ревеля (Таллинн) везли морем. В Ревеле его поставили на специально построенные огромные сани, и сотня крепостных потащила их в Петербург.

Вначале глобус поместили в бывшем слоновнике в районе Марсова поля, затем соорудили для него специальный балаган и открыли доступ публике. Указом Сената от 30 сентября 1725 г. Готторпский глобус был передан Академии наук и летом 1726 г. установлен в Круглом зале третьего этажа строящегося здания Кунсткамеры.

К сожалению, «готторпское чудо», подаренное Петру, сгорело при пожаре в 1747 г., от него уцелели лишь немногие обожженные детали. Через пять лет русский мастер Ф. Н. Тирютин и английский инженер Б. Скотт воссоздали уникальное творение. Новый глобус, получивший название «Большой академический», сначала поместили на площади перед зданием Двенадцати коллегий в восьмигранном двухэтажном здании, специально сооруженном в 1752 г. архитектором И. Шумахером при участии Ю. М. Фельтена. В этом павильоне он простоял до 1828 г., потом был перенесен в соседнее помещение академического «Музеума», что был расположен в Таможенном переулке. В 1901 г. глобус перевезли в Царское Село и поместили в Екатерининском парке, в здании Адмиралтейства. В годы фашистской оккупации он исчез. Лишь после долгих поисков глобус нашли в немецком городе Любеке. Его привезли в Архангельск, а оттуда на специальной железнодорожной платформе обратно на берега Невы. В 1948 г. «путешественник» был осторожно поднят на пятый этаж башни бывшей Кунсткамеры и через специально прорубленный в стене проем водворен на теперешнее место. Затем проем в стене заделали и восстановили купол башни с армиллярной сферой, придавшей зданию законченный первоначальный вид.

ГОСУДАРСТВЕННЫЙ МУЗЕЙ ЭТНОГРАФИИ НАРОДОВ СССР

Музей этнографии народов СССР — крупнейшее в стране хранилище, рассказывающее о традициях, быте и культуре всех наций, народностей и этнических групп, населяющих нашу Родину. Музей был основан в конце XIX в. как этнографический отдел Русского музея. Специально для него на месте восточного флигеля, конюшенного и прачечного корпусов Михайловского дворца по проекту архитектора В. Ф. Свиньина в начале XX в. построено здание в традициях русского классицизма. Новый отдел начал собирать экспонаты по всей России. Первыми поступили предметы быта и тунгусской одежды из Якутии. В числе собирателей коллекции были видные ученые — этнографы, археологи, искусствоведы, географы, филологи: Д. А. Клеменц, П. П. Семенов-Тян-Шанский, А. А. Миллер, С. С. Руденко и другие.

В 1934 г. этнографический отдел при Русском музее становится самостоятельным научно-исследовательским и культурно-просветительным центром, названным Государственным музеем этнографии. Свое сегодняшнее название он получил в 1948 г., когда в его состав влились коллекции этнографических предметов московского Музея народов СССР.

Во время Великой Отечественной войны наиболее ценные экспонаты были эвакуированы в Новосибирск. Большая часть музейного собрания осталась в Ленинграде, где бережно сохранялась, несмотря на трудности блокады. Пострадавшее от бомбежек и артобстрелов здание музея в послевоенные годы было полностью восстановлено, а его декоративное убранство реставрировано.

Государственный музей этнографии народов СССР является центральным этнографическим музеем страны, сегодня он насчитывает в своих фондах около 300 тысяч подлинных вещевых экспонатов. Эта обширная коллекция всесторонне характеризует материальную и духовную культуру более чем 100 наций и народностей, проживающих на территории нашего многонационального государства.

В музее преобладают вещественные памятники народной культуры и быта конца XIX — начала XX в.: орудия труда, предметы домашнего обихода и культа, национальные костюмы и образцы прикладного искусства. Есть вещи, датируемые XVIII в., а также редкости, в числе которых образцы пиктографического письма на срезе дерева, северокавказские ритуальные маски; ювелирные изделия и украшения, хранящиеся в особой кладовой музея. Значительное место занимают экспонаты, относящиеся к советскому периоду.

Музей, имеющий статус научно-исследовательского учреждения, располагает ценнейшим научным архивом, крупной специализированной библиотекой и фототекой, насчитывающей 160 тысяч единиц хранения. Он изучает бытовые и культурные особенности народов, проблемы их происхождения, расселения, культурно-исторических взаимоотношений и этнографические аспекты современности (греческое слово «этнография» буквально можно перевести как народоописание). Коллектив музея систематически участвует в экспедициях по сбору новых этнографических коллекций. Свои богатства музей не только изучает и хранит, но и широко пропагандирует.

В экспозиции, разнообразной по содержанию и художественному оформлению, демонстрируются лучшие образцы музейного собрания. Отдельные этнографические комплексы, посвященные дореволюционному периоду, представлены по народам, давшим название союзным

Музей В. И. Ленина
(Мраморный дворец).

Музей Великой
Октябрьской
социалистической
революции (быв.
особняк Кшесинской).

Музей-квартира
В. И. Ленина
на Сердобольской
улице. Столовая.

«Шалаш»
В. И. Ленина
в Разливе.

Музей истории
Ленинграда
(Петропавловская
крепость).

Зал Комендантского дома, в котором был объявлен приговор декабристам.

Музей «Газодинамическая лаборатория». (Часть экспозиции).

Музей истории
религии и атеизма
(Казанский собор).

Интерьер
Казанского собора.

Гробница
М. И. Кутузова.

Летний сад.
Летний дворец-музей
Петра I.

Летний сад.
Скульптура
«Мир и изобилие»
П. Баратта.

Аллея
Летнего сада.

Музей антропологии
и этнографии
им. Петра Великого.
Кунсткамера.

Музей
М. В. Ломоносова.
Циркульный зал.

Музей этнографии народов СССР.

Военно-исторический музей артиллерии, инженерных войск и войск связи (быв. Арсенал).

Крейсер «Аврора». Центральный
военно-морской музей.
Ботик Петра I.

Центральный
военно-морской музей
(быв. Фондовая биржа).

Музей
А. В. Суворова.

Вид на Зимний
дворец.

и автономным республикам: «Русские», «Украинцы», «Белорусы», «Молдаване», «Эстонцы», «Латыши», «Литовцы», «Азербайджанцы», «Армяне», «Грузины», «Туркмены», «Казахи» и т. п. В них выставлены материалы, характеризующие этническую историю, занятия населения, жилище, одежду, семейный и производственный быт, верования и народное искусство.

Особый интерес представляют интерьеры жилищ, производственные и бытовые сцены, созданные из подлинных предметов кустарных промыслов, орудий труда, национальной одежды, которая является своеобразной летописью этнической истории и художественного творчества народа. Здесь можно увидеть рабочую одежду и праздничные костюмы, изготовленные из шерсти, волокнистых растений, меха и редчайшие экземпляры из рыбьей кожи.

Среди будничных домашних предметов встречаются подлинные шедевры народного искусства — расписные и резные русские прялки, среднеазиатские и кавказские ковры, вологодские кружева, уникальные музыкальные инструменты, дымковские игрушки, произведения художников Хохломы и Палеха, украинские и белорусские вышивки, красочные керамические блюда и сосуды из Самарканда и Прибалтики, холмогорские и чукотские изделия из резной и гравированной кости.

Современный период показан в обобщенных экспозициях «Союз равноправных народов», «Новое и традиционное в современном народном жилище и одежде», «Современное народное искусство народов СССР». Они раскрывают этнические процессы и прогрессивные преобразования, происшедшие в жизни народов нашей страны за годы Советской власти, показывают изменения национальных форм материальной культуры и быта, демонстрируют взаимовлияние и взаимообогащение национальных культур в сфере искусства.

Войдя через массивные двери в здание музея, посетитель попадает в торжественный Аванзал, который связывает правую и левую части здания, к нему примыкает Мраморный зал. Он не имеет окон и освещается только верхним фонарем. Мраморные колонны придают залу особо парадный вид. Стены его облицованы розовым карельским мрамором. По трем стенам зал опоясывает горельеф длиною около 100 метров, изображающий народы Российской империи, исполненный скульпторами В. С. Богатыревым и М. Я. Харламовым.

Мраморный зал используется для развертывания выставок — советских и зарубежных. Эти выставки, организованные республиканскими и областными музеями, различными другими организациями, позволяют полнее представить современную культуру и быт народов нашей страны, знакомят с культурой зарубежных стран.

Музей постоянно проводит широкую выставочную работу в своих стенах и за их пределами. Ознакомиться с его этнографическими коллекциями имеют возможность жители Дальнего Востока и Сибири, Средней Азии и Кавказа. Неизменным успехом пользуются выставки из собрания музея за рубежом.

На современном этапе особую важность и актуальность приобретают дальнейшее совершенствование межнациональных связей и укрепление интернационального единства нашего многонационального государства. В резолюции XIX Всесоюзной партийной конференции «О межнациональных отношениях» говорится: «Важно, чтобы в каждом национальном регионе экономический и социальный прогресс сопровождался прогрессом духовным с опорой на культурную самобытность наций и народностей».

Главная задача музея — путем пропаганды и популяризации особенностей национальной культуры и народного искусства вести интернациональное воспитание. Если человек научится уважать и понимать культуру другого народа, он никогда не станет националистом.

ВОЕННО-ИСТОРИЧЕСКИЕ МУЗЕИ

ЦЕНТРАЛЬНЫЙ ВОЕННО-МОРСКОЙ ОРДЕНА КРАСНОЙ ЗВЕЗДЫ МУЗЕЙ

Свою историю музей ведет от «Модель-камеры», основанной Петром I в 1709 г. при Главном Адмиралтействе. Это — один из старейших музеев страны и крупнейший из морских музеев мира, сокровищница морской славы нашей Родины.

Музей находится на Стрелке Васильевского острова, в строгом монументальном здании бывшей Фондовой биржи, построенной в 1805—1816 гг. по проекту архитектора Тома де Томона. Прямоугольное в плане, оно напоминает античный храм, окруженный 44 дорическими колоннами. Принадлежность этой постройки раскрывают скульптурные группы, расположенные над колоннадой. Перед восточным фронтоном, обращенным к Ростральным колоннам, помещена скульптурная композиция, изображающая бога морей Нептуна на колеснице в окружении двух рек — Невы и Волхова. Группа «Навигация с Меркурием и двумя реками» установлена на противоположном, западном, фасаде.

С 1939 г. здесь размещается Центральный военно-морской музей. Его богатейшие коллекции рассказывают о героической истории отечественного флота, о боевых и революционных традициях русских и советских моряков.

В залах музея представлены многочисленные модели кораблей, картины знаменитых художников-маринистов, оружие, боевые знамена и корабельные флаги, ордена, медали, карты и схемы дальних морских походов, подлинные исторические документы.

В первом зале музея экспонируется долбленый дубовый челн. Ему более 3000 лет. Он свидетельствует о давних связях наших предков с морским делом. Суда Древней Руси бороздили воды Балтики и Черного моря.

В центре огромного зала особое внимание посетителей привлекает знаменитый ботик Петра I, который с давних времен называют «дедушкой русского флота». На нем в юношеские годы Петр постигал азбуку морского дела. А обнаружен он был Петром в амбаре своего деда в селе Измайлове (теперь г. Москва) в 1688 г. Заинтересовавшись ботиком, Петр приказал его отремонтировать и спустить на небольшую московскую речку Яузу. Здесь он совершил на нем первые плавания, овладел премудростью судовождения. Затем тренировки были перенесены на Плещеево озеро в Переславле-Залесском, где ботик вошел в состав «потешной флотилии» молодого царя, страстно увлекшегося флотом.

После успешного завершения Северной войны, в результате которой Россия получила выход в Балтийское море, Петр I решил сделать ботик реликвией и сохранить для будущих поколений. Впервые для всеобщего обозрения ботик был выставлен на площади Московского Кремля в 1722 г., в первую годовщину заключения Ништадтского мирного договора.

29 января 1723 г. Петром был дан указ гвардии сержанту Кореневу: «Ехать тебе с ботиком и весть до Шлюсенбурга на ямских подводах и, будучи в дороге, смотреть прилежно, чтоб его не испортить». Указ царя был дан и шлиссельбургскому коменданту о том, как хранить ботик, «чтобы тот ботик чем не был поврежден», и позднее — как хранить его в Адмиралтействе. В Петербурге в честь прибытия ботика были устроены торжества.

В 1766 г. под руководством архитектора А. Ф. Виста на территории Петропавловской крепости для ботика был специально построен Ботный домик. Там знаменитое судно простояло до 1928 г. Потом его перевезли в Петергоф и установили в парке, в бывшем Птичьем вольере. В 1940 г. его передали в Центральный военно-морской музей. В период Великой Отечественной войны ботик был эвакуирован в Ульяновск.

В музее помещены личные вещи Петра I— подвесной компас из его каюты на корабле «Ингерманланд», пальмовая трость с нанесенными мерами длины, колет (плащ) из лосиной кожи, служивший ему в походах, топорик, с которым он трудился на стапелях при постройке кораблей.

Картины, флаги, модели кораблей, медали, подлинное весло с галеры, за которое садились сразу шесть гребцов, огнестрельное оружие и другие экспонаты посвящены блистательным морским победам над шведским флотом у полуострова Гангут (1714 г.), у острова Эзель (1719 г.), у острова Гренгам (1720 г.).

В экспозиции представлены бюсты и портреты видных государственных и военных деятелей, при участии которых создавался и одерживал победы русский регулярный флот: генерал-адмирала Ф. М. Апраксина, генерал-фельдмаршала Ф. А. Головина, вице-адмирала, генерал-фельдмаршала А. Д. Меншикова и других. Среди большого количества подлинных флагов выделяется прославленный андреевский корабельный флаг, учрежденный Петром I в 1712 г., названный так в честь святого Андрея Первозванного.

В результате тяжелой и напряженной борьбы Россия вернула свои исконные земли по берегам Балтийского моря и выдвинулась в число крупных морских держав.

Во второй половине XVIII в. страна утвердилась на Черноморском побережье. Блестящей победой русского флота над турецким ознаменовалось морское сражение в Чесменской бухте Эгейского моря 26 июня 1770 г. Атаковав значительно превосходящую по силам турецкую эскадру, русские моряки вынудили ее укрыться в бухте под защитой береговых батарей. Там турецкая эскадра была заблокирована и в ночном бою полностью уничтожена; при Чесме было сожжено 66 турецких кораблей и 6 взято в плен.

В память об этой победе в Петербурге по проекту архитектора Ю. М. Фельтена была построена церковь, которую назвали Чесменской. Ныне в ней расположен филиал Центрального военно-морского музея «Чесменская победа». Музейная экспозиция рассказывает о боевых подвигах Черноморского флота под водительством адмирала Ф. Ф. Ушакова, не знавшего поражения в боях. Здесь его бюст, диорама штурма крепости острова Корфу, трофейная французская пушка, кормовой фонарь с турецкого корабля, плененного у острова Тендра.

Образцы отваги и бесстрашия проявили русские моряки в сражении при Синопе в 1853 г. После четырехчасового боя турецкая эскадра перестала существовать. На полотне знаменитого художника-мариниста И. К. Айвазовского изображена ночь после боя: догорающие остатки турецких кораблей и стройная колонна русской эскадры. В витрине представлены рапорт выдающегося флотоводца П. С. Нахимова о победе при Синопе, его фуражка, шпага, письма и другие материалы.

Значительное число экспонатов посвящено беспримерной обороне Севастополя во время Крымской войны: картины, рисунки, наградные медали, 10-фунтовая пушка с одного из бастионов, ружья, бомбы и ядра, применявшиеся при защите города.

Вторая половина XIX в. была характерна сравнительно быстрым развитием капитализма в России. Наступил период коренных преобразований на флоте. Развернулось строительство паровых кораблей и броненосцев.

В создании новых классов кораблей и оружия, развитии тактики броненосного флота большую роль сыграли русские моряки. Об этом говорят представленные в экспозиции модель самого мощного корабля того времени — броненосца «Петр Великий», модель впервые поднявшегося в воздух самолета, построенного по проекту капитана 1-го ранга А. Ф. Можайского, а также радиоаппаратура, созданная изобретателем радио А. С. Поповым, подлинная подводная лодка конструкции С. К. Джевецкого.

Русские мореплаватели и исследователи открыли и описали берега Новой Земли, Тихоокеанское побережье Азии и Северной Америки, Антарктиды. Только в первой половине XIX в. моряки России совершили 36 кругосветных плаваний.

Видное место в экспозиции занимают портреты и личные вещи замечательных русских мореплавателей Ф. Ф. Беллинсгаузена, М. П. Лазарева, И. Ф. Крузенштерна, а также предметы, привезенные с открытых ими островов.

В начале XX в. русские моряки внесли большой вклад в исследование Арктики. Экспонаты и документы рассказывают о самоотверженных полярных исследователях, и в частности об экспедиции Г. Я. Седова. В витрине помещен его диплом и офицерский кортик, вымпел с парохода «Святой Фока», на котором экспедиция отправилась к Северному полюсу, и другие предметы.

В музее находится модель легендарного крейсера «Варяг», который в период русско-японской войны 1904—1905 гг. вел неравный бой с эскадрой противника и не спустил свой флаг перед неприятелем. Внимание посетителей привлекают реликвии «Варяга»: военно-морской флаг одного из катеров крейсера, ордена и медали, которыми были награждены участники боя, личные вещи командира и членов экипажа.

В 1905 г. в России началась буржуазно-демократическая революция. Выдающимся ее событием было восстание на броненосце «Потемкин». Экспонируются бюсты руководителей этого восстания — Г. Н. Вакуленчука и А. Н. Матюшенко.

В течение одиннадцати дней над восставшим кораблем развевалось красное знамя революции. Только после того как были израсходованы запасы топлива, воды и продовольствия, команда привела корабль в Румынию. В витрине бережно хранятся металлическая судовая печать броненосца, серебряная закладная доска корабля, ленточка с бескозырки матроса-потемкинца. В зале рядом с моделью броненосца «Потемкин» находится подлинная деталь мачты корабля.

Широко представлена в музее роль военных моряков в Великой Октябрьской социалистической революции. По ленинскому плану вооруженного восстания балтийские моряки принимали участие в захвате важнейших пунктов столицы. Балтийский флот направил в Петроград 11 боевых кораблей. Среди них: крейсер «Аврора», линейный корабль «Заря свободы», эскадренный миноносец «Самсон», минный заградитель «Амур», модели которых помещены в экспозиции.

Здесь же находятся подлинные предметы с морской радиостанции «Новая Голландия», которая передала первые декреты Советской власти о мире и о земле.

Победа Великой Октябрьской социалистической революции вызвала ненависть и стремление внешней и внутренней контрреволюции задушить молодое Советское государство. Нашему народу была навязана гражданская война и военная интервенция.

Немало ярких страниц в боевую летопись гражданской войны вписали военные моряки.

Большую роль сыграл Балтийский флот в героической обороне Петрограда от белогвардейцев и интервентов.

В экспозиции помещены предметы с кораблей, потопленных балтийцами в Финском заливе. Документы экспозиции рассказывают о том, как в различных районах страны было создано более 20 речных и озерных флотилий. Взаимодействуя с частями Красной Армии, они успешно громили противника.

После окончания гражданской войны Советская страна приступила к мирному социалистическому строительству. Однако угроза военного нападения со стороны империалистических государств осталась. Последовательно проводя миролюбивую политику, Советское государство укрепляло оборону нашей страны. В зале — модели первых советских подводных лодок, крейсера «Киров» и многих других кораблей.

В годы Великой Отечественной войны Советский Военно-Морской Флот полностью выполнил свой долг перед Родиной. В залах музея представлены многочисленные волнующие реликвии и документы тех незабываемых дней. Они рассказывают о беспримерном мужестве военных моряков — балтийцев, черноморцев, североморцев и тихоокеанцев, моряков Дунайской, Азовской, Днепровской и Ладожской военных флотилий. Вместе со всем нашим народом, плечом к плечу с Красной Армией они ковали победу над фашизмом. Матросский бушлат и ленточка на бескозырке стали символом бесстрашия и воли к победе.

В трудные дни обороны Ленинграда балтийцы дали клятву: «Пока бьется сердце, пока видят глаза, пока руки держат оружие — не бывать фашистской сволочи в городе Ленина!» Эту клятву они выполнили до конца.

Многие экспонаты: модели прославленных боевых кораблей, подлинные знамена и кормовые флаги — рассказывают о славных боевых делах подводников, морских летчиков, морских пехотинцев и катерников.

Черноморский флот совместно с сухопутными силами участвовал в обороне Одессы, Севастополя, Керчи, Новороссийска, Северного Кавказа. С волнением осматривают посетители обагренные кровью, пробитые вражескими пулями комсомольские билеты отважных моряков, отдавших свою жизнь за Родину.

На первом фланге советско-германского фронта успешно взаимодействовал с частями Красной Армии Северный флот. Ряд экспонатов музея рассказывает о действиях флота наших союзников по антигитлеровской коалиции. Боевые корабли Великобритании, США вместе с кораблями Военно-Морского Флота СССР сопровождали конвои, защищали коммуникации, перевозили различные грузы.

Отважным летчиком-истребителем, мастером воздушного боя был североморец, дважды Герой Советского Союза Б. Ф. Сафонов. В воздушных боях за 11 месяцев он сбил 39 фашистских самолетов. В одном из залов музея экспонируется истребитель И-16, на котором летал Сафонов в начале войны, его личные вещи и бюст прославленного летчика.

Одним из грандиознейших сражений второй мировой войны была Сталинградская битва, продолжавшаяся шесть с половиной месяцев. Несмотря на значительное превосходство в силах, враг был остановлен у стен Сталинграда. Экспонаты музея рассказывают о высоком мужестве и отваге моряков Волжской военной флотилии, которые поддерживали армейские части огнем корабельной артиллерии, днем и ночью доставляли с левого берега реки на правый свежие пополнения войск, продовольствия и боеприпасы, эвакуировали раненых и жителей города, боролись с минами.

Активное участие принимали моряки в наступательных операциях 1944—1945 гг., ведя боевые действия на морских коммуникациях противника, высаживая десанты, блокируя с моря окруженные группировки противника. Ход событий можно проследить на помещенной в зале электрифицированной карте.

Высокую боевую активность проявили речные флотилии. Так, Дунайская флотилия принимала участие в освобождении шести придунайских стран, обеспечивала коммуникации наступающих советских войск. Об этом подробно рассказано в экспозиции.

Трудящиеся освобожденных стран сердечно приветствовали советских воинов. В музее можно увидеть ряд знамен, иностранных орденов, решений о присвоении званий почетных граждан некоторым офицерам как выражение признательности за интернациональную помощь.

Многие документы экспозиции посвящены итогам боевой деятельности флота в годы Великой Отечественной войны. Из них мы узнаем, что более 790 транспортных судов и 708 боевых и вспомогательных кораблей противника потопили советские моряки в военные годы. Флот высадил 110 десантов, обеспечил переход морем 14,5 тысячи транспортных судов, на которых было перевезено свыше 105 миллионов тонн различного груза. Около полумиллиона военных моряков сражались на сухопутных фронтах Великой Отечественной войны.

Родина высоко оценила подвиги моряков. 350 тысяч человек награждено орденами и медалями, свыше 500 удостоено звания Героя Советского Союза. В витрине — боевые трофеи советских моряков. Здесь же знамена и военно-морские флаги разгромленных дивизий и кораблей фашистской Германии и империалистической Японии, их стрелковое и холодное оружие, ордена и медали, знаки различия.

Пройдя по залам экспозиции, посвященным современному периоду, можно увидеть модели атомных подводных лодок, надводных кораблей, в том числе противолодочного крейсера «Киев», макеты самолетов морской авиации.

С большим интересом посетители музея знакомятся с многочисленными экспонатами, рассказывающими о боевой учебе, дальних океанских походах советских моряков.

Заключительный зал экспозиции посвящен боевому содружеству братских вооруженных сил стран — участниц Варшавского Договора. Материалы этого зала рассказывают о совместных боевых учениях, маневрах Вооруженных Сил, стоящих на страже мира и безопасности социалистического содружества.

Музей на крейсере «Аврора»

Среди замечательных памятников Ленинграда особое место занимает легендарный крейсер «Аврора», установленный в 1948 г. у Петроградской набережной на вечную стоянку. Его история неразрывно связана с Великой Октябрьской социалистической революций и героическими страницами русского и советского военно-морского флота.

В 1956 г. на корабле был открыт музей, экспозиция которого рассказывает об активном участии моряков-авроровцев в революционном движении, их боевых подвигах, о славной истории корабля. Привлекает внимание серебряная закладная доска с датой начала строительства крейсера —23 мая 1897 г.— на верфи «Новое Адмиралтейство» в Петербурге. Руководил постройкой опытный русский инженер-кораблестроитель К. М. Токаревский.

В июне 1903 г. новый крейсер 1-го ранга «Аврора» вступил в строй русского военного флота. Ему присвоили имя 56-пушечного фрегата, отличившегося в 1854 г. при обороне Петропавловска-на-Камчатке от нападения англо-французской эскадры. (Аврора по древнеримской мифологии — богиня утренней зари, приносящая свет людям.)

«Аврора»— один из лучших бронепалубных крейсеров того времени, предназначался для усиления тихоокеанских рубежей. Его длина —126,8 метра, ширина — 16,8 метра, осадка —6,4 метра, водоизмещение — 6731 тонна, команда —570 человек, вооружение —8 орудий 152-мм, 24 орудия 75-мм, 8 орудий 37-мм и др.

В 1904—1905 гг. крейсер «Аврора» в составе русской эскадры перешел с Балтики на Дальний Восток, обогнув Европу и Африку. Там он получил боевое крещение в Цусимском сражении. Стойко и мужественно дрались авроровцы с японскими кораблями. В экспозиции представлен портрет командира крейсера капитана 1-го ранга Е. Р. Егорьева, погибшего во время боя. Этот портрет в раме, сделанной из палубного дерева и куска пробитой брони корабля, был подарен матросами семье прогрессивного командира, передавшей впоследствии этот ценнейший экспонат музею. Рядом — подзорная труба Егорьева. Здесь же находятся фотография минного электрика А. П. Подлесного, его бескозырка и Георгиевский крест, которым он был награжден за спасение корабля от неминуемой гибели. Несмотря на полученные повреждения, «Аврора» сохранила боеспособность.

Февральская буржуазно-демократическая революция застала крейсер «Аврора» в Петрограде на Франко-Русском заводе, где он стоял на капитальном ремонте. 28 февраля матросы «Авроры», возглавляемые большевиками, захватили власть на корабле в свои руки и перешли на сторону восставшего народа. Ненавистный командир крейсера капитан 1-го ранга Никольский был убит. На мачте корабля взвился красный флаг. Об этих событиях рассказывают документы и фотографии, помещенные в витринах.

В состав музейной экспозиции, расположенной на батарейной палубе, включен матросский кубрик с рундуками и койками-гамаками, подвесными столами для приема пищи и прочим оборудованием, воссозданным по документам тех лет. Интерьер этого кубрика дополняют подлинные предметы тех времен: металлическая посуда, матросские сундучки...

Особое место занимают реликвии и документы, напоминающие об активном участии моряков-авроровцев в Октябрьском вооруженном восстании. Среди них — удостоверение председателя судового комитета А. В. Белышева о назначении его комиссаром на крейсер «Аврора» Военно-революционным комитетом при Петроградском Совете рабочих и солдатских депутатов 24 октября 1917 г. Рядом — предписание «Авроре» от ВРК о необходимости всеми средствами восстановить движение по Николаевскому мосту. По распоряжению Белышева после промера фарватера корабль отошел от заводской стенки и встал на якорь у моста. Десант матросов высадился на берег, движение по мосту восстановилось.

Утром 25 октября корабельная радиостанция первой передала в эфир текст исторического воззвания «К гражданам России!», сообщившего всему миру о победе пролетарской революции. Фотокопия этого обращения, написанного рукой В. И. Ленина, занимает центральное место в экспозиции. На верхней палубе посетители с интересом осматривают радиорубку, в которой экспонируются радиопередатчики Р-2, силовой щит, детекторный приемник, резонансный волномер и другие подлинные предметы.

В этот же день, в 21 час 45 минут, по команде комиссара крейсера А. В. Белышева комендор Е. П. Огнев со своим боевым расчетом произвел холостой выстрел из носового 6-дюймового орудия, явившийся сигналом к штурму Зимнего дворца, где укрывалось Временное правительство. Этому историческому выстрелу, возвестившему о рождении первого социалистического государства, посвящена диорама, искусно выполненная художником А. Яковлевым. В музее установлены бронзовые бюсты первого комиссара «Авроры» А. В. Белышева, комендора Е. П. Огнева и других активных участников Великого Октября. В отдельной витрине выставлены награды, документы и личные вещи Белышева. Внимание посетителей привлекает гильза к снаряду 152-мм (6-дюймового) орудия, предметы, принадлежавшие матросам корабля, оружие, с которым они участвовали в штурме Зимнего дворца и охране Смольного, защищали революцию на фронтах гражданской войны.

С 1923 г. до самой Великой Отечественной войны

«Аврора» служила учебным кораблем, где проходили подготовку будущие командиры Красного Флота. Большим событием в жизни экипажа было принятие шефства над крейсером революции Центральным Исполнительным Комитетом СССР. В музее экспонируется шефское знамя ЦИК СССР, врученное кораблю в 1924 г. За выдающиеся заслуги перед Родиной и народом в 10-ю годовщину Октябрьской революции крейсер «Аврора» был награжден орденом Красного Знамени. Орден, грамота о награждении и краснознаменный военно-морской флаг представлены в экспозиции.

В годы Великой Отечественной войны корабль, сильно пострадавший от бомбовых ударов фашистской авиации и артобстрелов, находился в притопленном состоянии у Ораниенбаума, но его экипаж и орудия, установленные на Вороньей горе, в районе Дудергофа, героически сражались на сухопутном фронте под Ленинградом. Этим незабываемым страницам в истории «Авроры» посвящен специальный раздел в музее.

Как только фашистские полчища были отброшены от города, Исполком Ленинградского городского совета принял решение после ремонтно-восстановительных работ установить навечно крейсер «Аврора» на Неве как памятник участия моряков Балтийского флота в Великой Октябрьской социалистической революции. 17 ноября 1948 г. корабль поднялся вверх по Неве и стал у гранитной Петроградской набережной Большой Невки, напротив Ленинградского нахимовского военно-морского училища.

Указом Президиума Верховного Совета СССР от 22 февраля 1968 г. в связи с 50-летием Советской Армии и Военно-Морского Флота Краснознаменный крейсер «Аврора» был награжден орденом Октябрьской Революции за выдающиеся заслуги авроровцев в революции, защите ее завоеваний и плодотворную работу по пропаганде революционных и боевых традиций. Большой интерес представляет выставленный в специальной витрине орден, на котором изображен крейсер «Аврора» как символ революции, наступления утренней зари в истории человечества. Этот орден имеет номер 5.

В последнем помещении корабельного музея размещены многочисленные памятные подарки, врученные авроровцам коллективами предприятий и иностранными делегациями. На самом видном месте, в центре зала,— шелковое сюзане (ковер) ручной работы с портретом

Владимира Ильича Ленина — произведение таджикских мастеров.

В 1984—1987 гг. на крейсере «Аврора» проведены крупные ремонтно-реставрационные работы, гарантирующие сохранность корабля-памятника на столетия.

За 30 лет после открытия музея «Аврору» посетило более 20 миллионов советских людей и гостей из-за рубежа.

ВОЕННО-ИСТОРИЧЕСКИЙ МУЗЕЙ АРТИЛЛЕРИИ, ИНЖЕНЕРНЫХ ВОЙСК И ВОЙСК СВЯЗИ

Этот музей известен не только в нашей стране, но и за ее пределами. В ряде иностранных справочников он характеризуется как один из крупнейших военных музеев мира.

Начало музею положил «Достопамятный зал» Петербургского арсенала на Литейном проспекте, созданный в 1756 г. В 1868 г. экспонаты из этого хранилища были переведены во вновь построенный Кронверкский арсенал — внешнее укрепление Петропавловской крепости.

Красное кирпичное здание музея построено по проекту архитектора П. И. Таманского, оно является памятником архитектуры. Внутренняя его отделка исполнена в дворцовом ложноготическом стиле. С наружной стороны постройка имеет окна-бойницы для ружейной стрельбы. В 1963 г. в Артиллерийский музей влился Центральный исторический военно-инженерный музей, а в 1965 г., после образования отдела связи, музей получил современное название.

Здесь хранятся многочисленные боевые реликвии, уникальные образцы отечественного вооружения — от пищали XV в. до современных ракет,— трофейное оружие, предметы военно-инженерной техники и связи, картины, воинские знамена, ордена, формы обмундирования, документальные военно-исторические материалы, рассказывающие о героической борьбе нашего народа за независимость своей Родины. Всего в музее свыше 200 тысяч экспонатов. Они размещены в 13 залах на площади 15 610 квадратных метров. Тяжелые орудия и ракеты, крупногабаритная техника инженерных войск и войск связи выставлены на открытой площадке огромного музейного двора.

Экспозиция отделов истории развития русской артиллерии знакомит посетителей со славным боевым прошлым нашей страны, дает наглядное представление о развитии отечественного артиллерийского вооружения.

Острая необходимость в передовых средствах борьбы за объединение русских земель и освобождение их от господства Золотой Орды определила появление огнестрельного оружия на Руси во второй половине XIV в.

Первые достоверные сведения о боевом применении огнестрельного оружия относятся к 1382 г. В ряде русских летописей указывается, что в этом году при обороне Москвы от татарских орд с успехом использовались пушки и тюфяки.

Большой интерес представляет первая русская пушка-пищаль казнозарядная, конца XIV — начала XV в., изготовленная из железа. Подобные орудия входили в состав крепостной артиллерии. Рядом тюфяк того же периода, служивший для стрельбы «дробом» на близкие расстояния. Снарядами для таких орудий служили каменные, свинцовые и железные ядра.

Уникальным экспонатом музея является бронзовая пушка (пищаль), отлитая в 1491 г. мастером Яковом. Это наиболее ранний сохранившийся до наших дней образец пушечного литья. Рядом помещено другое, очень интересное орудие — гафуница (гаубица). Его ствол богато орнаментирован, что свидетельствует о высоком техническом уровне и художественном вкусе русских мастеров-литейщиков.

Особого внимания заслуживает редкая коллекция из семи орудий, изготовленных знаменитым пушечным мастером Андреем Чоховым. Среди них — большое осадное орудие — пищаль «Инрог»,— отлитое в 1577 г. в Московском пушечном дворе, где Андрей Чохов проработал более 60 лет. Огромная заслуга Чохова перед отечественной артиллерией в том, что он воспитал целое поколение русских пушечных мастеров.

Экспонируется большая бронзовая мортира, отлитая учеником Андрея Чохова Проней Федоровым в 1605 г. Мортира находилась на вооружении города Киева, а затем была отправлена в Московский арсенал. Петр I, осматривая арсенал, приказал сохранить мортиру для потомства, о чем свидетельствует надпись на стволе: «Великий Государь по именному своему указу сего мертира переливать не указал. 1703 году». Мортира является замечательным памятником высокохудожественного литья в России начала XVII в.

В экспозиции широко представлены образцы орудий и боеприпасов, применявшихся в период Северной войны (1700—1721 гг.). По тому времени они обладали высокими тактико-техническими данными. В витрине помещены бывшие на вооружении русской армии образцы стрелкового и холодного оружия. Экспонируется 3-фунтовая (76-мм) пушка, изготовленная тульскими оружейниками в 1709 г., в ознаменование Полтавской победы. Здесь находятся и трофеи русских войск, взятые в Северной войне, среди них шведские знамена, ружья, пистолеты, палаши, офицерские нагрудные знаки.

Важным событием в истории русской артиллерии было использование в 1757 г. новых орудий — единорогов (удлиненных гаубиц с конической камерой). Стреляли из них всеми видами снарядов. Они были в два раза легче пушек того же калибра и значительно маневреннее на поле боя. Единороги были на вооружении более 100 лет, а впервые их применили в Семилетней войне 1756—1763 гг.

Особый интерес вызывает литавренная колесница первого артиллерийского полка, созданная в ознаменование боевых заслуг артиллеристов в Семилетней войне. Она предназначалась для перевозки знамени полка во время парадов и торжественных церемоний и запрягалась шестеркой лошадей. Парадную колесницу, изготовленную на Петербургском арсенале по проекту знаменитого зодчего Ф.-Б. Растрелли, украшает искусная резьба по дереву. Над нею помещено подлинное знамя первого артиллерийского полка, участвовавшего во взятии Берлина. На знамени изображена пушка и надпись на латинском языке: «Охраняет и устрашает».

Большое место в экспозиции музея уделено Отечественной войне 1812 г., когда 600-тысячная армия Наполеона, имевшая более тысячи орудий, вторглась на территорию нашей Родины. Многие экспонаты посвящены героическим действиям русских воинов против иноземных захватчиков.

Здесь мы видим оружие, знамена, документы, гравюры, рисунки, картины, макеты, портреты главнокомандующего русской армией фельдмаршала М. И. Кутузова и его каминные часы.

Отдельно в витрине выставлено личное оружие французских генералов: пистолет неаполитанского короля маршала Мюрата, наградная сабля голландского короля Людовика Бонапарта (брата Наполеона), охотничье ружье Наполеона Бонапарта.

Во второй половине XIX в. в России для производства орудийных стволов стали применять литую сталь. Начало этому положил известный русский металлург П. П. Аносов, создавший высококачественную булатную сталь. Экспонируется ствол облегченной пушки из стали Обухова, которая при испытаниях выдержала более 4000 выстрелов. В 1862 г. орудие экспонировалось на Всемирной выставке в Лондоне и получило высокую оценку. В тот же период на вооружение русской армии поступили нарезные орудия, заряжавшиеся с казенной части ствола. Значительный интерес представляет коллекция скорострельных орудий, разработанных талантливым русским изобретателем В. С. Барановским. Здесь же помещены уникальные образцы 3-линейной (7,62-мм) магазинной винтовки, созданной выдающимся оружейником С. И. Мосиным, принятой на вооружение в 1891 г.

Крупных успехов в области создания автоматического оружия достигли русские оружейники накануне и во время первой мировой войны. Среди представленных образцов — первые в мире автомат, сконструированный В. Г. Федоровым, и знаменитая зенитная пушка Ф. Ф. Лендера с полуавтоматическим затвором.

Центральное место в музее занимает экспозиция советского периода. Она открывается документами, фотографиями, произведениями изобразительного искусства и другими материалами, отображающими события Великой Октябрьской социалистической революции 1917 г. Среди них — образцы стрелкового оружия, применявшегося бойцами Красной гвардии и революционными войсками в Октябрьском вооруженном восстании в Петрограде и Москве: винтовки, станковый пулемет, пулеметная лента, трехдюймовая (76-мм) полевая скорострельная пушка.

Неувядаемой славой покрыла себя молодая Красная Армия в годы иностранной военной интервенции и гражданской войны. Священными реликвиями являются экспонируемые боевые знамена воинских частей, сражавшихся за свободу и независимость молодой Советской республики.

Три четверти территории нашей страны находились в руках интервентов и белогвардейцев. Но советский народ, несмотря на тяжелейшую обстановку, разруху и голод, успешно отбивал натиск врагов.

В боях на Восточном фронте прославилась 25-я дивизия, которой командовал легендарный В. И. Чапаев. Одна из картин рассказывает о встрече при взятии Уфы В. И. Чапаева с командующим южной группой Восточного фронта, выдающимся полководцем М. В. Фрунзе. В витрине бережно хранится револьвер, изготовленный тульскими оружейниками в подарок В. И. Чапаеву.

На стендах — портреты героев гражданской войны: командующего Западным фронтом М. Н. Тухачевского, командующего народно-революционной армией Дальневосточной республики В. К. Блюхера и других.

Военные походы белогвардейцев и интервентов против молодой Республики Советов закончились разгромом. В экспозиции представлена трофейная английская пушка, захваченная у интервентов на Севере, а также английские, французские, японские, канадские, американские винтовки и пулеметы.

Неизмеримо возросла обороноспособность Советского государства за годы мирного социалистического строительства. Выполняя задания партии и правительства, конструкторы создавали новое автоматическое оружие.

В зале — многочисленные экспонаты, отображающие конструкторскую деятельность выдающихся оружейников — Героев Социалистического Труда Ф. В. Токарева, Ф. Ф. Петрова, Г. С. Шпагина, В. А. Дягтярева, В. Г. Грабина. Здесь же экспонируются созданные ими различные типы ручных и станковых пулеметов, зенитных и противотанковых орудий, гаубиц и пушек других систем.

22 июня 1941 г. мирный созидательный труд советских людей был прерван вероломным нападением фашистской Германии на Советский Союз. Началась Великая Отечественная война — самая тяжелая и жестокая из всех войн, когда-либо пережитых нашей Родиной.

Среди экспонатов о стойких и мужественных защитниках Брестской крепости волнует фотокопия надписи, оставленной на крепостной стене: «Умрем, но из крепости не уйдем».

Беспримерная доблесть советских людей, героическая борьба с превосходящими силами врага оживает в реликвиях музея.

В центре зала экспонируется грозное оружие «катюша», представляющее смонтированную на автомашине реактивную установку, здесь же специальный стенд, посвященный боевым действиям первой реактивной артиллерии. Дав свой первый залп 15 июля 1941 г. под городом Оршей, батарея позднее успешно действовала в боях под Москвой. Тысячи смертоносных зарядов обрушила она на головы врагов. В одну из октябрьских ночей 1941 г. батарея была окружена. Чтобы секретное оружие не попало в руки врага, личный состав во главе с командиром, не щадя своей жизни, взорвал боевые установки.

Грандиозная битва развернулась на подступах к столице нашей Родины — Москве; в ней участвовали с обеих сторон миллионные армии. Особо отличившиеся в этих боях части первыми удостоились высокого звания гвардейских. Среди экспонатов, рассказывающих о героизме советских воинов, громивших врага под Москвой, находятся боевые знамена первых гвардейских артиллерийских частей. На полях Подмосковья был навсегда похоронен миф о «непобедимости» гитлеровской армии. Фашистский план «молниеносной» войны провалился.

Пройдут века, но человечество не забудет великой битвы на Волге, завершившейся окружением и разгромом 330-тысячной вражеской армии. Победа советских войск под Сталинградом означала коренной перелом в ходе войны.

В зале помещена 45-мм противотанковая пушка. На щите орудия многочисленные пробоины — следы упорных боев. Расчет этого орудия только в одном бою под Сталинградом сжег и подбил 12 танков.

Летом 1943 г. гитлеровское командование предприняло новое мощное наступление под Курском, возлагая большие надежды на танки «тигр», «пантера» и самоходные орудия «фердинанд», модели которых экспонируются в музее. Однако Красная Армия разгромила немецко-фашистские войска и перешла в наступление по всему фронту.

Плечом к плечу с частями Красной Армии сражались части чехословацкой Народной армии и Войска Польского. В зале — материалы о польской дивизии имени Тадеуша Костюшко, прошедшей боевой путь до Берлина.

Фотографии, документы, трофейное оружие и многие другие экспонаты рассказывают об освободительной миссии Красной Армии, изгнавшей гитлеровских захватчиков не только со своей территории, но из Румынии, Болгарии, Польши, Венгрии, Чехословакии и восточных районов Югославии. Привлекает внимание польский флаг, водруженный над освобожденной Варшавой советскими и польскими солдатами.

Завершающим сражением Великой Отечественной войны явилась Берлинская операция. Этому выдающемуся событию в музее отведено много места. Диорама изображает начало операции, в которой были использованы почти 42 000 орудий и минометов, общий вес снарядов и мин, выпущенных советской артиллерией при штурме Берлина, составил более 25 миллионов килограммов.

Во взятии здания рейхстага, макет которого установлен в зале, участвовали расчеты 90 орудий. Среди них была экспонируемая 152-мм гаубица, прямой наводкой обстреливающая рейхстаг.

Большой интерес представляют материалы, посвященные капитуляции фашистской Германии и разгрому империалистической Японии.

В разделе «Войска связи в Великой Отечественной войне» помещен уникальный телефонный аппарат, по которому было передано из Берлина в Москву сообщение о безоговорочной капитуляции гитлеровской Германии. В музее широко показано, как шло перевооружение Красной Армии новыми образцами оружия, как укреплялась обороноспособность страны в послевоенный период. Основу огневой мощи теперь составляет атомное и термоядерное оружие. А главным средством доставки его к цели являются ракеты, которые могут наносить удары по противнику в любой точке земного шара.

Это оружие способно уничтожить всю жизнь на Земле. И люди поняли это. Стремление к разоружению и миру стало знамением нашего времени. По договору, заключенному между СССР и США, идет ликвидация целого класса ядерных вооружений — ракет средней и меньшей дальности.

ГОСУДАРСТВЕННЫЙ ВОЕННО-ИСТОРИЧЕСКИЙ МУЗЕЙ А. В. СУВОРОВА

Музей А. В. Суворова является народным памятником великому русскому полководцу. Он построен на деньги, собранные по всей стране, и открыт в 1904 г. Здание музея своей архитектурой напоминает крепостное сооружение. Главный фасад украшен двумя монументальными мозаичными панно, созданными художниками А. П. Поповым и Н. А. Шебуниным. Одно из них изображает отъезд А. В. Суворова в поход 1799 г., другое — переход русских войск через Альпы. Автор проекта — архитектор А. И. Гоген. В годы Великой Отечественной войны здание сильно пострадало от фашистской бомбы. После восстановления и реставрации музей А. В. Суворова вновь открыт для обозрения.

Экспозиция знакомит с основными этапами жизни и деятельности полководца, его ближайших учеников и соратников. Александр Васильевич Суворов родился в Москве 13 ноября 1730 г. в семье поручика Преображенского полка Василия Ивановича Суворова. Еще юношей Александр Суворов твердо решил посвятить себя военной деятельности.

Предметы из дома Суворова — старинные французские часы, массивный мундштук трубки, выточенный из янтаря, книги, рукописный учебник арифметики — дают некоторые представления о быте и условиях, в которых жил и учился будущий полководец.

Действительная служба Суворова проходила в Петербурге, в Семеновском полку. Общаясь непосредственно с солдатами, он глубоко узнал их душу, хорошо изучил основы воинской службы. Недаром А. В. Суворов получил впоследствии прозвище «Солдатский генерал».

О скромности образа жизни и простоте обстановки, окружавшей полководца, свидетельствуют подлинные предметы, хранящиеся в музее,— рабочий стол, два незатейливых деревянных стула, медный чайник и др.

Первое боевое крещение Суворов получил в Семилетней войне (1756—1763 гг.).

Большое полотно художника А. Коцебу запечатлело решающую битву под Кунерсдорфом. В этом сражении прусская армия, считавшаяся в то время наилучшей в Западной Европе, потерпела полное поражение. Экспонируется трофейная прусская пушка — одна из 178 пушек, захваченных под Кунерсдорфом, пехотный барабан с вензелем прусского короля Фридриха II.

Во время русско-турецкой войны (1787—1791 гг.) русские войска под командованием А. В. Суворова одержали ряд крупных побед над превосходящими силами противника.

В сражении под Кинбурном А. В. Суворов был ранен. Превозмогая боль, он продолжал командовать войсками до полного разгрома врага. За эту победу полководец получил высшую награду России — орден Андрея Первозванного.

Сражение при Рымнике — классический образец уничтожения по частям численно превосходящих сил турок — запечатлено на гравюрах конца XVIII в. Среди экспонатов, относящихся к этим событиям, привлекают внимание две грамоты (русская и австрийская) о пожаловании А. В. Суворову титулов графа Рымникского и графа «священной Римской империи». Последняя грамота была прислана от австрийского императора.

Взятие штурмом суворовскими войсками крепости Измаил, расположенной в устье Дуная, произвело подлинный переворот в искусстве овладения крепостями.

Из многочисленных трофеев, доставшихся русским воинам, особый интерес вызывает клинок сабли коменданта Измаила, преподнесенный А. В. Суворову после взятия крепости, ключ от крепости Измаил.

В экспозиции помещена также медаль, выбитая в честь побед, одержанных русской армией под водительством А. В. Суворова у Кинбурна, при Фокшанах, Рымнике и под Измаилом, принесших русскому полководцу мировую известность.

Колоссальный полководческий опыт Суворов обобщил в своем знаменитом произведении «Наука побеждать». Это первый в истории солдатский учебник, в котором изложены основы воспитания и обучения войск и передовые способы ведения войны и боя. В этой книге, представленной в экспозиции, солдат показан как главная сила победы.

Венцом полководческой деятельности А. В. Суворова явились итальянский и швейцарский походы 1799 г. В невероятно трудных условиях, проходя с боями через Альпы, суворовские чудо-богатыри одержали блестящие победы над сильной французской армией.

Материалы об итало-швейцарском походе ярко повествуют о полководческом даре Суворова, о смелости и мужестве обученных им солдат.

В музее имеются рельефная карта Швейцарии и Альп с маршрутами войск Суворова, модель памятника, вырубленного в скале близ Чертова моста в честь русских воинов-героев, трофейное французское оружие и знамя.

Особое внимание посетителей привлекают боевая шпага и подзорная труба А. В. Суворова, его ордена и ленты — часть многочисленных боевых наград (полководец был кавалером всех российских и многих иностранных орденов, имел высшее воинское звание — генералиссимуса).

Военно-теоретическая и полководческая деятельность Суворова оказала решающее влияние на дальнейшее развитие русского военного искусства.

Специальный раздел посвящен творческому использованию суворовского наследия в Советских Вооруженных Силах, бережному отношению к его памяти в нашей стране. Среди экспонатов здесь выделяется «Служебная книжка красноармейца», утвержденная в 1918 г. Председателем Совета Народных Комиссаров В. И. Лениным и председателем ВЦИК Я. М. Свердловым. В нее вошли 10 кратких положений из суворовской «Науки побеждать». С именем Суворова советские воины громили фашистов в годы Великой Отечественной войны.

Многочисленные материалы музея отражают боевые подвиги советских офицеров и воинских частей, награжденных орденом Суворова. Этот орден был учрежден в 1942 г. Им награждали тех командиров, которые били врага по-суворовски, «не числом, а умением». Орден Суворова I степени № 1 был вручен за разгром гитлеровских полчищ под Сталинградом Маршалу Советского Союза Г. К. Жукову, орден вручался 7111 раз, его удостоены 1520 частей и соединений. Среди экспонатов — оружие, боевые награды, документы и личные вещи офицеров и генералов Советской Армии.

Лучшие суворовские традиции восприняты советской военной наукой и широко используются в обучении и воспитании войск. Имя А. В. Суворова носят училища, готовящие будущих офицеров Советской Армии.

ИСКУССТВОВЕДЧЕСКИЕ МУЗЕИ

ГОСУДАРСТВЕННЫЙ ОРДЕНА ЛЕНИНА ЭРМИТАЖ

Эрмитаж — богатейшая сокровищница памятников искусства и культуры, один из крупнейших музеев мира. Он занимает пять зданий, составляющих единый архитектурный ансамбль, созданный выдающимися архитекторами в XVIII—XIX вв. В него входят Зимний дворец, Малый Эрмитаж, Старый Эрмитаж, Эрмитажный театр и Новый Эрмитаж. В стенах музея хранится около двух миллионов семисот тысяч экспонатов, охватывающих период от первобытного общества до наших дней. Под экспозиции отведено около 350 залов во всех зданиях, кроме Эрмитажного театра, в котором проводятся лекции. Для того чтобы познакомиться со всем музеем, потребуется преодолеть путь в 22 километра. А если у каждого экспоната, представленного здесь, задержаться всего лишь по одной минуте, то для осмотра музея (если проводить в нем ежедневно 8 часов) нужно затратить 11 лет. Эрмитаж пользуется всемирной известностью. Через его залы за год проходит около трех с половиной миллионов посетителей.

Таков громадный музей, наша жемчужина и гордость, великое достояние советского народа, носящий совершенно не соответствующее его значению французское название «эрмитаж», то есть «место уединения», «место отшельника». Так в Западной Европе в XVIII в. назывались небольшие павильоны при дворцах. Они представляли собой двухэтажную постройку, в первом этаже которой находилась прислуга, а во втором можно было принять небольшую компанию гостей. Сервированные столы поднимались наверх с помощью механизмов. Таким образом, гости оставались одни, без слуг. «Эрмитажи» имеются в комплексе Большого Петергофского дворца в Петродворце и Екатерининского дворца в Пушкине.

В Петербурге вокруг Зимнего дворца не было парка, поэтому Екатерина II повелела построить новое здание, на уровне бельэтажа которого устроить сад и павильон «Эрмитаж», там и находилась комната с двумя подъемными столами на шесть персон каждый. На стенах павильона были размещены картины из собрания Зимнего дворца. При расширении художественной галереи были построены новые корпуса, и название «Эрмитаж» перешло на все помещения, в которых размещались картины.

Датой основания музея принято считать 1764 г., когда в Петербург прибыла приобретенная Екатериной II в Германии, у берлинского купца Гоцковского, коллекция живописи преимущественно голландской и фламандской школ, состоящая из 225 картин. С этого времени на протяжении двух десятилетий покупки произведений искусства следовали одна за другой. Они производились в Париже и Дрездене, в Бельгии и Голландии, в Англии и Италии.

В 1769 г. у наследников саксонского графа Брюля было куплено около шестисот полотен, в числе которых такие шедевры, как «Портрет старика в красном» Рембрандта, «Персей и Андромеда» Рубенса, «Снятие с креста» Пуссена.

В 1772 г. в Париже при содействии известного французского просветителя Дидро осуществляется сенсационное приобретение знаменитого собрания Кроза, имевшее решающее значение для пополнения галереи Эрмитажа. Коллекция Кроза насчитывала более четырехсот первоклассных полотен. За всю историю Эрмитажа это было и самое ценное поступление в художественном отношении. Оно обогатило собрание музея такими шедеврами итальянской живописи, как «Святое семейство» Рафаэля, «Юдифь» Джорджоне, «Даная» Тициана, пополнило фламандскую школу шестью портретами и полотном «Неверие Фомы» Ван Дейка, семью картинами Рембрандта, положило начало коллекции французской живописи.

В последующие годы для Эрмитажа приобретаются коллекция премьер-министра Британии Р. Уолпола, целиком парижское собрание графа Бодуэна. К концу XVIII в. сформировалась первоклассная картинная галерея — одна из лучших в Европе. Но долгие годы эти богатства были недоступны народу.

Лишь в начале XIX в. картинная галерея императорского Эрмитажа стала приобретать черты музейного учреждения со штатом хранителей. Но посетить ее можно было только по специальным билетам, которые выдавала придворная контора. Для широких масс двери музея были закрыты. В Эрмитаж предписано было пускать лишь «людей достойных и известных», занимавших определенное общественное положение. Являться в музей нужно было в парадной форме — штатским во фраках, а военным в мундирах. Посетители в сюртуках не допускались.

Постоянный билет в Эрмитаж можно было получить только с разрешения самого императора. Такую милость В. А. Жуковский попросил для А. С. Пушкина в 1832 г. «Посылаю тебе билет эрмитажный, он на всю вечность. Его при входе отдавать не должно»— так было написано в записке, приложенной к билету. Лишь в 1852 г., когда состоялось открытие Нового Эрмитажа, именовавшегося «Публичным музеумом», доступ несколько расширился, хотя выдача билетов по-прежнему оставалась за придворной конторой.

Только Великая Октябрьская социалистическая революция широко открыла двери Эрмитажа для трудящихся масс. В первые дни после победы революции были изданы декреты об охране исторических памятников, резиденция русских царей — Зимний дворец был объявлен государственным музеем наравне с Эрмитажем.

Стены и многие залы Эрмитажа хранят память о штурме Зимнего дворца. Лестница подъезда, выходящая на Дворцовую площадь, носит название Октябрьской. Она, как и фасад здания, отмечена мемориальной доской. Рядом с Малахитовым залом в Малой столовой на камине установлена мраморная доска с надписью: «В этой комнате в ночь с 25 на 26 октября (7—8 ноября) 1917 года красногвардейцы, солдаты и матросы, взявшие штурмом Зимний дворец, арестовали контрреволюционное буржуазное Временное правительство». Часы на камине рядом с доской запечатлели время этого акта — 2 часа 10 минут.

В 1920 г. в Эрмитаж вернулись основные ценности, эвакуированные в Москву в годы первой мировой войны Временным правительством. Вскоре старые экспозиции были восстановлены, и началась большая работа по расширению музея, созданию новых отделов, освоению Зимнего дворца, залы которого позволили значительно расширить музейные площади.

В послереволюционный период в Эрмитаж поступило значительное количество памятников из национализированных царских дворцов. Из Гатчинского дворца — серия видов Дрездена работы Беллотто и «Бегство в Египет» Тициана. Из Мраморного дворца поступило известное произведение Сурбарана «Распятие». Голландская коллекция пополнилась картинами, находившимися в Аничковом дворце.

Тогда же в Эрмитаж были переданы многочисленные произведения искусства из национализированных частных собраний Мятлевых, Юсуповых, Строгановых, Шуваловых, Шереметевых и др. В состав музея вошли также и превосходные личные собрания деятелей русской культуры. Весьма существенными оказались передачи из различных учреждений и музеев Академии наук, Археологического общества, музея Академии художеств, Русского музея, музея Художественно-промышленного училища.

Мирная созидательная деятельность Эрмитажа была прервана начавшейся в июне 1941 г. Великой Отечественной войной. В исключительно короткий срок коллекции были подготовлены к эвакуации. В Свердловск двумя эшелонами было вывезено 1 118 000 самых ценных экспонатов. Упакованные ящики для третьего эшелона увезти из Эрмитажа не удалось — вокруг Ленинграда сомкнулось кольцо фашистской блокады. Оставшиеся экспонаты вместе с другими, поступившими на хранение из музеев города, были укрыты под сводами подвалов, где постоянно жили и работали около двух тысяч музейных сотрудников, художников, артистов. В тяжелых условиях блокады, под артиллерийскими обстрелами и бомбежками, изнуренные голодом, работники Эрмитажа не только бережно сохраняли оставшиеся ценности, но и продолжали научно-исследовательскую и просветительную деятельность.

После окончания войны началась большая и сложная работа по восстановлению Эрмитажа, реставрации зданий и залов, пострадавших от разрывов снарядов и бомб. Разрушения и повреждения военных лет были полностью ликвидированы, и Эрмитаж вновь обрел свое прежнее великолепие.

Музей влечет к себе не только богатством сокровищ мировой культуры, но и красотой архитектурного ансамбля, с которым связаны важнейшие события нашей истории. Из всех занимаемых ныне Эрмитажем зданий самое старое — Зимний дворец, построенный по проекту выдающегося зодчего Ф.-Б. Растрелли. Возведенный в 1754—1762 гг., дворец является ярким памятником пышного петербургского барокко. В художественном и градостроительном отношении он принадлежит к числу высших достижений русского и мирового зодчества XVIII в. Сложный ритм колонн, обилие лепных деталей, множество декоративных ваз и статуй придают зданию необычайную торжественность и величие. Растрелли подчеркивал, что дворец «строится для одной славы всероссийской», а не просто как царская резиденция.

Внутренние покои Зимнего дворца, отделанные первоклассными мастерами, отличались ослепительной роскошью, богатейшим архитектурно-художественным убранством. Растрелли не довел до конца отделку интерьеров. В 1762 г., когда хозяйкой дворца стала Екатерина II, он подал в отставку и уехал из России.

Над интерьерами дворца продолжали работу сначала помощники Растрелли — выдающиеся архитекторы С. И. Чевакинский и Ю. М. Фельтен, а затем Ж.-Б. Валлен-Деламот и А. Ринальди, которые во многом изменили первоначальный проект. В 1780—1790 гг. архитекторы И. Е. Старов и Д. Кваренги произвели ряд существенных изменений в большинстве парадных помещений. В первой четверти XIX в. в Зимнем дворце работали К. И. Росси и О. Монферран.

Сильный пожар в декабре 1837 г. дотла уничтожил все интерьеры Зимнего дворца — остались только стены, своды и детали на фасадах. В 1838—1839 гг. дворец был восстановлен по проектам и под руководством лучших архитекторов того времени — В. П. Стасова и А. П. Брюллова. После них в отделке личных комнат деятельное участие принимал придворный архитектор А. И. Штакеншнейдер.

Необыкновенно богато отделана парадная Главная лестница. Она занимает всю высоту здания и освещается огромными окнами двух верхних этажей. После пожара Стасов сохранил замысел Растрелли почти без изменений, восполнив все основное убранство барочного стиля. Он только заменил золоченые деревянные статуи в нишах мраморными и вместо колонн из искусственного мрамора поставил 10 монолитных колонн из сердобольского гранита, отчего вид лестницы стал еще более торжественным. В XVIII в. лестница называлась Посольской, так как через нее проходили послы в парадные залы дворца. Позднее, в связи с церемониями освящения воды на Неве, она получила новое название — Иорданской.

Через дверь на верхней площадке лестницы открывается проход в парадные залы бельэтажа по фасаду Дворцовой набережной. Это — Аванзал, созданный Кваренги и восстановленный Стасовым, Большой зал — самый крупный из парадных залов дворца (1103 кв. м.), перестроенный Кваренги из трех залов и также восстановленный Стасовым, придавшим залу более величественный вид, и Концертный зал, созданный мастерством тех же архитекторов.

Боковая дверь с верхней площадки Главной лестницы ведет в Фельдмаршальский зал, созданный Монферраном на месте трех комнат. Особую пышность придают помещению громадные люстры из золоченой бронзы чрезвычайно богатого рисунка. В нишах между пилястрами ранее помещались портреты русских фельдмаршалов — отсюда и название зала, к которому примыкает Петровский, или Малый тронный, зал, посвященный памяти Петра I и выполненный с особой пышностью. В большой нише зала установлен серебряный трон русских императоров, изготовленный в Англии. Стены обиты красным бархатом, расшитым серебряными нитями.

Из Петровского зала дверь ведет в Гербовый зал, по периметру которого идет колоннада, поддерживающая балкон. Колонны покрыты листовым золотом, что придает залу очень нарядный вид. На люстрах, скульптурных группах и в других украшениях зала помещены гербы губерний царской России, почему он и назван Гербовым.

Боковая дверь связывает Гербовый зал с Военной галереей 1812 года — замечательным памятником русским военачальникам, отличившимся в войне с наполеоновской Францией. Стены галереи почти сплошь покрыты портретами генералов, написанными английским художником Д. Доу, работавшим вместе с русскими живописцами А. В. Поляковым и В. А. Голике.

А. С. Пушкин, неоднократно посещавший Зимний дворец и галерею, посвятил ей стихотворение «Полководец», начинающееся следующими строками:

У русского царя в чертогах есть палата:
Она не золотом, не бархатом богата;
Не в ней алмаз венца хранится за стеклом;
Но сверху донизу, во всю длину, кругом,
Своею кистию свободной и широкой
Ее разрисовал художник быстроокой.

Галерея создана архитектором К. И. Росси и восстановлена после пожара В. П. Стасовым, сохранившим в основном ее прежний облик. Большую смелость проявили солдаты при спасении галереи, несмотря на бушевавшее пламя вынесшие все портреты героев Отечественной войны 1812 года.

Рядом с галереей 1812 года находится Большой тронный, или Георгиевский, зал, построенный по проекту Д. Кваренги. Он поражает своим величием и мастерством художественной отделки. Сорок восемь монолитных мраморных колонн, увенчанных капителями из золоченой бронзы, потолок с золоченым орнаментом, рисунок которого повторен в наборном паркете, балкон и 28 люстр создают торжественную обстановку. Над местом, где раньше стоял царский трон, помещен мраморный барельеф, изображающий Георгия Победоносца.

Парадные залы южного фасада дворца, выходящие окнами на Дворцовую площадь, созданы по проектам А. П. Брюллова. Как памятник военной доблести задуман архитектором Александровский зал. В его отделке использованы лепные украшения в виде мечей, лавровых венков, щитов, шлемов. На стенах размещены рельефы, прославляющие победу России в войне 1812 года. На торцевой стене помещен рельефный портрет Александра I в виде славянского божества Родомысла. Зал потому и назвал был Александровским.

Белый зал, Золотая гостиная, Малиновый кабинет, Будуар, Ротонда, Арабский и Малахитовый залы — каждое из этих помещений Брюллов оформил с блеском и роскошью. Но Малахитовый зал можно назвать уникальным благодаря применению в отделке сказочной красоты уральского камня. На отделку зала использовано более ста пудов малахита, добытого в богатейшем месторождении горнозаводчиков Демидовых. Восемь колонн, столько же пилястр и два камина покрыты тонкими пластинами малахита в технике русской мозаики, выявляющей удивительную декоративность этого ныне редкого камня. В убранство зала входят два малахитовых торшера и установленная в центре малахитовая ваза. Темно-зеленый малахит сочетается с золотом; сплошь золоченые двери, капители колонн и потолок усиливают богатое оформление зала, подчеркивая красоту малахита. В Малахитовом зале, служившем парадной гостиной царской семьи, и расположенной рядом Малой столовой в октябре 1917 г. проходили последние заседания Временного правительства.

В Зимнем дворце 650 залов, галерей и комнат музейного назначения, многие из них демонстрируют высокое искусство мастеров-оформителей. Дорогим наборным паркетом застлана площадь в 46 тысяч кв. метров. Во дворце около 2 тысяч дверей и столько же окон.

Мостики-переходы соединяют Зимний дворец с Малым Эрмитажем, построенным по проекту архитекторов Валлен-Деламота и Фельтена в 1764—1775 гг. Здание невелико по размерам, оно состоит из двух павильонов — Северного и Южного, соединенных на уровне второго этажа Висячим садом с галереями. Южный павильон на Миллионной улице (ныне улица Халтурина) предназначался для графа Г. Орлова, а северный, выходящий своим главным фасадом на Дворцовую набережную, и стал собственно Эрмитажем. Здесь были устроены помещения для уединения Екатерины II, для неофициальных приемов. В них и развешивались картины. Эти первые музейные помещения были доступны только для приближенных императрицы.

В середине XIX в. интерьеры Малого Эрмитажа были перестроены. Особенно сильно были изменены помещения северного павильона. Архитектор А. Штакеншнейдер вместо нескольких комнат создал большой двусветный зал, получивший название Павильонного. Зал декорирован белым мрамором с богатым позолоченным орнаментом. Смешение мотивов арабского зодчества и архитектуры эпохи Возрождения создает ощущение легкости. Впечатление воздушности, прозрачности усиливается нарядными хрустальными люстрами, обилием света. Павильонный зал, отличающийся причудливостью форм и сверкающей белизной, является одним из наиболее эффектных интерьеров Эрмитажа.

Для размещения быстро растущей коллекции Малого Эрмитажа было недостаточно, и в 1770 г. было решено построить «в линию» с Эрмитажем и Зимним дворцом новое здание на Дворцовой набережной, которое в XIX в. стало называться Старым Эрмитажем. Его строительство по проекту архитектора Ю. М. Фельтена продолжалось семнадцать лет. Фасад здания, лишенный колонн и пилястр, является образцом безордерного решения в формах раннего классицизма. Интерьеры, носившие дворцовый характер, в 1850-х гг. были перестроены А. И. Штакеншнейдером. Особенно значительно был переделан большой двусветный зал парадной анфилады второго этажа. В нем происходил допрос декабристов, доставлявшихся сюда из Петропавловской крепости. Зал украшают колонны и пилястры из серого итальянского мрамора и красного шокшинского порфира с бронзовым золоченым орнаментом. Камины инструктированы темносиним лазуритом, шесть дверей набраны из пластин панциря черепахи и золоченой бронзы. Над дверьми размещены барельефные портреты русских полководцев — Румянцева, Потемкина, Суворова, Кутузова, Паскевича и Долгорукова. Ныне в этом зале с роскошной многоцветной отделкой и в соседних помещениях находится экспозиция итальянского искусства XIII—XVI вв. Первый этаж был занят государственными учреждениями: Государственным советом и советом министров. Эффектная, богатая декоративная лестница, построенная Штакеншнейдером в западной части этого здания, носит название Советской.

В 1783—1792 гг. Д. Кваренги пристроил к фельтеновскому зданию вдоль набережной Зимней канавки корпус Лоджий Рафаэля, впоследствии включенный в состав здания Нового Эрмитажа. В этом корпусе была воспроизведена заказанная группе художников Екатериной II прославленная Ватиканская галерея, расписанная Рафаэлем и его учениками. Лоджии обрели свою первоначальную красоту, свежесть после тщательной реставрации, проведенной в 1968—1972 гг.

Здание Эрмитажного театра, расположенное на углу Дворцовой набережной и Зимней канавки, построено архитектором Д. Кваренги в 1783—1787 гг. на месте старых дворцов Петра I. Большой художественный интерес представляет театральный зал, места для зрителей в котором располагаются амфитеатром, без привычных для того времени ярусов лож. Стены этого замечательного зала декорированы колоннами и нишами со скульптурой. Теперь здесь лекционный зал Государственного Эрмитажа.

Последним в ансамбле зданий Эрмитажа возведен «Императорский музеум», или Новый Эрмитаж. Монументальное здание, ориентированное главным фасадом на улицу Халтурина, построено в 1842—1851 гг. по проекту архитектора Л. Кленце под руководством и при творческом участии русских архитекторов В. П. Стасова и Н. Е. Ефимова. Это было первое в России здание, построенное специально для музея. Оформление главного подъезда с десятью пятиметровыми атлантами, высеченными из серого гранита, принадлежит скульптору А. И. Теребеневу. Над их созданием трудились 150 мастеров, окончательную отделку каждой статуи производил сам автор. Портал с атлантами более 70 лет оставался главным входом в музей. Огромная посещаемость Эрмитажа в советское время привела к необходимости перенести главный вход в Эрмитаж на Дворцовую набережную.

Внутренняя отделка музейных залов отличается богатством и высоким качеством исполнения. Они украшены росписью, лепкой и позолотой. В залах первого этажа использованы приемы античной архитектуры. Особенно торжественно выглядит большой зал с двадцатью колоннами из сердобольского гранита. Парадная лестница с коринфской колоннадой ведет на второй этаж, в большие залы с верхним светом, богато украшенные лепкой. Эти залы получили название Больших просветов. Все шестьдесят залов огромного здания сохранились до сих пор почти в неприкосновенности и, несмотря на различное решение отдельных помещений, составляют художественный ансамбль.

Все сооружения — Зимний дворец, Малый, Старый, Новый Эрмитажи и Эрмитажный театр — соединены между собой переходами, оформленными в виде арок и крытых мостиков, и составляют единый музейный комплекс. В настоящее время коллекция Эрмитажа, размещенная в четырех зданиях, насчитывает 15 000 картин, 12 000 скульптур, 600 000 графических произведений, свыше 600 000 археологических памятников, свыше 1 000 000 монет и медалей и 224 000 памятников прикладного искусства. Это богатейшее собрание произведений искусства находится в шести отделах музея — истории первобытной культуры, античного мира, Востока, западноевропейского искусства, истории русской культуры, нумизматики.

Самые древние памятники Эрмитажа хранятся в Отделе истории первобытной культуры. В нем собраны материалы археологических раскопок, производившихся на территории нашей страны с XVIII в. до настоящего времени. Первые произведения искусства появляются в эпоху палеолита — мелкая скульптура из камня и кости, наскальные рисунки. Знаменитые женские фигурки «Венеры каменного века» были обнаружены при раскопках стойбища охотников ледникового периода у села Мальта, близ Иркутска. Возраст этих скульптурок — около 20 тысяч лет.

Так же датируются уникальные мальтийские фигурки птиц и выгравированное на бивне мамонта изображение: удивительно точно переданный древним человеком облик огромного животного. В отделе хранится большая коллекция неолитических предметов III—II тысячелетий до нашей эры. Среди них великолепная голова лосихи, вырезанная из рога. Она найдена при разработке Шигирского торфяника в Свердловской области.

Эпоха бронзы представлена превосходными памятниками Северного Кавказа. К числу самых интересных предметов бронзового литья можно отнести изящные топорики и украшения I тысячелетия до н. э., обнаруженные близ аула Верхний Кобан в Северной Осетии. Вся поверхность топориков, имеющих часто извилистую форму, покрыта гравированным узором с изображением животных.

Мировой славой пользуется эрмитажная коллекция скифских древностей (VII—III вв. до н. э.), полученная в результате раскопок курганов Кубани, Приднепровья, Крыма. Скифские захоронения, давшие наиболее ценные художественные памятники, представляют собой грандиозные сооружения под курганной насыпью, иногда превышающей по высоте 20 метров. Вместе с вождем племени погребалось большое количество дорогого оружия и утвари, изделий из золота и серебра. В скифском искусстве очень распространенными мотивами были лежащий олень и пантера, часто украшавшие боевое оружие. Великолепные образцы крупных золотых бляшек из раскопок в Прикубанье известны как «Келермесская пантера» и «Костромской олень»,— названия получены от станиц, в которых предметы найдены. Оба произведения — несравненные памятники скифского искусства и так называемого «звериного стиля». Стилизация в изображении животного сочетается с чертами реального. Фигурки отличаются лаконизмом и выразительностью. Они когда-то украшали щиты воинов и имели магический смысл.

В скифских курганах встречаются и древневосточные изделия. Золотые обкладки ножен акинаков (коротких мечей) из Мельгуновского и Келермесского курганов носят следы влияния урартского искусства.

Образцами греческих изделий, сделанных для скифов (V—IV вв. до н. э.), могут служить серебряная амфора из Чертомлыкского кургана на Украине с изображениями скифов-коневодов, укрощающих молодых коней, и золотой гребень из кургана Солоха. Солохский гребень, высотой 12,3 см, весом 294,1 г, имеет девятнадцать зубьев четырехгранной формы. Увенчан он скульптурной группой, изображающей сцену борьбы двух спешившихся скифов с всадником в боевых доспехах.

Античные памятники, по мысли К. Маркса, должны обладать для нас вечной прелестью: «...они еще продолжают доставлять нам художественное наслаждение и в известном смысле сохраняют значение нормы и недосягаемого образца».

Античное искусство (от латинского «антиквус» — «древний») сформировалось в Греции и Риме в I тысячелетии до н. э. и многие века пленяет человечество своим совершенством и красотой. В эрмитажном собрании памятников античной культуры доминирует скульптура. В больших залах на фоне гладких стен четко вырисовываются силуэты мраморных статуй — прекрасных творений древности, собранных на протяжении двухсот лет.

Первые памятники античного искусства в России появились задолго до учреждения музея. По указанию Петра I Ю. Кологривов, наблюдавший за обучением русских художников в Италии, купил в 1718 г. в Риме найденную в земле статую Венеры (римскую копию оригинала III в. до н. э.). Но губернатор Рима конфисковал статую, так как указ папы Клемента XI запрещал вывоз из страны произведений древности. Сообщая Петру I о ценности статуи и о том, что случилось с ней, огорченный Кологривов заключал свое донесение словами: «Лучше я умру, чем моим трудом им владеть». В конце концов папа был вынужден уступить. После долгого путешествия Венера — богиня красоты и любви — прибыла в Петербург. Сначала она была установлена в Летнем саду, где находилась до семидесятых годов XVIII в. В это время был построен Таврический дворец для князя Потемкина-Таврического, украшенный лучшими произведениями искусства. В их число попала и Венера, поэтому за ней утвердилось название Таврической. После постройки Нового Эрмитажа Венера Таврическая вошла в состав его коллекций. Теперь она стоит окруженная прекрасными античными богами. В этой изящной статуе отчетливо выражен главный принцип античной классики — единство духовного и физического начала.

Во второй половине XVIII в. закупки античных памятников становятся планомерными. У римского скульптора Б. Кавачеппи и археолога Г. Гамильтона покупаются древние скульптуры, только что найденные в окрестностях Рима. В 1785 г. у известного английского коллекционера Л. Брауна удалось приобрести собрание, которое он формировал тридцать лет, скупая скульптуру из дворцов разорившихся представителей римской знати.

Собранию античных расписных ваз, терракот и мелкой бронзовой скульптуры положила начало приобретенная в 1834 г. коллекция (свыше тысячи) римского антиквара Пиццати. Но самым крупным приобретением античных древностей была покупка на аукционе в 1861 г. собрания разорившегося коллекционера маркиза Д. Кампана, в котором было около сотни скульптур и больше пятисот расписных ваз. Из этой коллекции происходят и самая крупная (высота 3,47 м) в Эрмитаже статуя, изображающая сидящего на троне Юпитера, и статуя Афины, получившая название «Афина Кампана».

С 30-х гг. XIX в. на юге России стали производиться археологические исследования, открывшие древнегреческие колонии и государственные образования, такие, как Боспорское царство, которое говорит о высоком уровне развития античной культуры. Поступившие в Эрмитаж находки из Северного Причерноморья быстро завоевали мировую известность. Успешно продолжаются работы по изучению культуры античных колоний и ныне. На острове Березань (близ Николаева), в Нимфее (около Керчи), Херсонесе (близ Севастополя) ведут работы археологические экспедиции Эрмитажа, ежегодно пополняющие античные коллекции музея новыми материалами.

Формирование античных коллекций Эрмитажа определило и их состав. Большинство античной скульптуры приобреталось в Италии, и поэтому в Эрмитаже, как и в других музеях мира, преобладают статуи римской работы. Многие из них повторяют греческие оригиналы

V—III вв. до н. э., погибшие еще в древности. Римские копии, выполненные с высоким качеством в I—III вв., дают представление о скульптурных памятниках периода расцвета греческого искусства.

Наиболее значительную и самую ценную часть собрания античной скульптуры в Эрмитаже представляет римский портрет. Скульпторы с большой реалистической силой запечатлели своих современников — императоров, философов, полководцев, знатных римлян и римлянок. Замечательная коллекция, насчитывающая около 120 портретов, позволяет проследить развитие римского портретного искусства с I в. до н. э. по IV в. н. э. К ранним образцам этого жанра относится бронзовый бюст римлянина (I век до н. э.), в котором мастер стремится достичь портретного сходства.

Совершенно иными представляются мраморные бюсты II в., такие, как портрет Люция Вера, соправителя императора Марка Аврелия, и портрет сириянки. Здесь скульптор стремится передать не только портретное сходство, но пытается отразить и внутреннее состояние человека. К шедеврам римского психологического портрета, получившего свое окончательное развитие в III в., относятся мраморный бюст императора Бальбина, высокообразованного человека, но вместе с тем вялого и безвольного, убитого собственной стражей, и портрет императора Филиппа Аравитянина, правившего в 244—249 гг.

Эрмитаж славится большим собранием греческих и итальянских расписных ваз, численностью (вместе с фрагментами) свыше 15 тысяч экземпляров. Из краснофигурных ваз выделяется созданная в Афинах прославленным живописцем Ефронием в конце VI в. до н. э. «Ваза с ласточкой», на которой изображена встреча весны, появление первой ласточки. Она была найдена в Италии в 1835 г. при раскопках гробницы. Потом след ее затерялся, и вазу стали считать погибшей. Но оказалось, что она была куплена русским послом в Неаполе и Риме графом Н. Д. Гурьевым. После его смерти ваза перешла к брату, а тот проиграл ее в карты министру финансов А. А. Абазе, коллекция которого в 1901 г. поступила в Эрмитаж. Пять лет она стояла в одном из шкафов, заслоненная книгами, пока не была обнаружена.

Среди чернолаковых сосудов, изготовленных в греческих городах Италии, в областях Кампании,— всемирно известная «царица ваз», итальянская гидрия (сосуд для воды). Она была найдена в середине XIX в. в античном некрополе города Кумы и получила название «Кумская ваза». Прекрасные пропорции и изысканность цветовых сочетаний декора делают ее образцом высшей степени совершенства, которого достигло керамическое искусство греков.

Античный отдел располагает первоклассной коллекцией инталий (камень с прорезанным изображением) и камей (камень с выпуклым рельефным изображением). Уже в конце XVIII в. собрание резных камней — предмет особого внимания Екатерины II — превышало 10 тысяч образцов. Свою страсть к собиранию древних гемм императрица в шутку называла «камейной болезнью», а свою огромную коллекцию — «бездной».

Первая их партия поступила в Зимний дворец в 1764 г., когда были доставлены и первые картины, затем с 1780 по 1792 г. покупки гемм следовали одна за другой. Были приобретены коллекции художников Менгса и Казановы, ученых Винкельмана и де Франса, дипломата де Бретейля и регента Франции герцога Орлеанского. Своему корреспонденту просветителю Гримму Екатерина с гордостью писала: «Все собрания Европы, по сравнению с нашим, представляют лишь детские затеи!»

Эрмитажная коллекция резных камней значительно возросла и за XIX в. В 1814 г. Жозефина, супруга Наполеона, подарила Александру I знаменитую «камею Гонзага», одну из самых крупных (высота 15,7 см, ширина 11,8 см), с портретом египетского царя Птолемея II и его супруги Арсинои (III век до н. э.). Судьбу этой камеи можно проследить с 1542 г., когда она принадлежала мантуанским герцогам Гонзага (отсюда и ее название). В 1630 г. австрийцы разгромили Мантую и увезли камею в Пражский кремль, затем она стала трофеем шведов и поступила в сокровищницу шведской королевы Христины. После отречения от престола Христина увезла камею в Италию, где она попадает в Ватикан, а оттуда в 1798 г. во Францию.

В Эрмитаже хранится более ста пятидесяти тысяч памятников культуры и искусства народов советского и зарубежного Востока, отражающих развитие многих стран на огромных территориях в течение тысячелетий. Большую ценность представляет коллекция Древнего Египта, обладающая рядом первоклассных произведений. Среди них есть памятники Древнего царства — ровесники пирамид, относящиеся к 3000—2400 гг. до н. э. Но наиболее интересные экспонаты относятся к Среднему царству (2100—1788 гг. до н. э.) — периоду блестящего расцвета египетской культуры. Всемирной известностью пользуется эрмитажный папирус «Сказки о потерпевшем кораблекрушение», рассказывающий о пребывании на необитаемом острове египтянина, выброшенного волнами моря после гибели корабля, и его спасении змеем, владыкой острова. Это один из самых знаменитых литературных текстов Древнего Египта на папирусе, изготовлявшемся из стеблей нильского тростника. Им пользовались для письма до появления пергамента и бумаги. Широко известна и монументальная статуя фараона XII династии Аменемхета III, высеченная из черного гранита. Каноническая неподвижность сидящей фигуры сочетается здесь с выразительной передачей индивидуальных черт лица.

Особой славой пользуется самая большая в мире коллекция серебра, состоящая из 50 серебряных сосудов, изготовленных иранскими мастерами при династии Сасанидов, правящей в Иране в III—VII вв. Большинство сасанидских изделий случайно найдено в Приуралье и Прикамье, куда они завозились в обмен на меха и сохранились в составе кладов, обнаруживаемых с XIX в. до наших дней. История находок этих плоских чаш, блюд, кувшинов с рельефными изображениями сцен царской охоты, пиршеств или мифологических сюжетов полна забавных случаев, поскольку нашедшие не понимали их ценности и употребляли в своем хозяйстве. Так, клад, найденный в 1872 г. в Пермской области, со знаменитым блюдом, изображающим царя Шапура II на·охоте, попал к крестьянину, который говорил, что он из этого блюда «хлебал бы щи, да голова и ноги мешают». В настоящее время, когда появилось большое количество подделок сасанидских сосудов, подлинники, хранящиеся в Эрмитаже, служат эталоном, поскольку в Иране их всего около двух десятков, а музеи Европы и Америки обладают лишь немногими достоверными образцами.

Большую ценность представляют эрмитажные памятники древнего государства Урарту, существовавшего в Закавказье в VIII—VI вв. до н. э. Основная часть урартской коллекции происходит из раскопок крепости Тейшебаини на холме Кармир-Блур близ Еревана, которые вела экспедиция Академии наук Армянской ССР и Государственного Эрмитажа под руководством академика Б. Б. Пиотровского с 1939 по 1972 г. В крепости, разрушенной и сожженной скифами около

585 г. до н. э., были открыты помещения мастерских и кладовых для зерна, вина и различных предметов, позволяющих судить о хозяйстве, ремесле и искусстве урартов. Обращают на себя внимание пиршественные чаши из сверкающей золотистой бронзы с именами урартских царей. Они при ударе издают мелодичный звон, причем у каждой из них, как у колокола, «свой голос». Среди предметов вооружения выделяются шлем с надписью царя Сардури II: «Богу Холду, владыке Сардури, сын Аргишти подарил жизни ради»; бронзовый щит, украшенный фигурами львов и быка; колчан с изображением колесниц и всадников.

Самый старый и наиболее популярный раздел Эрмитажа — Картинная галерея. Не случайно приобретение первой коллекции картин для Зимнего дворца считается основанием музея. Сосредоточенные здесь художественные сокровища отражают основные этапы развития искусства от позднего средневековья до нашего времени. Среди них работы всех величайших мастеров Западной Европы. Наряду с живописными полотнами в отделе западноевропейского искусства хранятся скульптура, графика и разнообразные памятники прикладного искусства многих стран. Собрание отдела расположено в четырех зданиях музея и занимает более ста залов, при этом бо́льшая часть коллекции экспонируется в нарядно оформленных помещениях второго этажа.

Прославленную картинную галерею музея открывают произведения итальянской школы. Гордость этого собрания составляют работы великих мастеров эпохи Возрождения — Леонардо да Винчи, Рафаэля, Джорджоне, Тициана, Микеланджело.

Из дошедших до наших дней не более десятка живописных произведений Леонардо да Винчи Советский Союз обладает двумя мадоннами, и обе хранятся в Эрмитаже. «Мадонна с цветком», или, как часто ее называют, «Мадонна Бенуа» (по имени последних владельцев),— одна из ранних работ художника, написанная более пятисот лет тому назад (1478 г.). Отказавшись от традиционного облика мадонны, Леонардо изобразил ее совсем юной, с нежной улыбкой любующейся младенцем, который неуверенной ручкой пытается схватить цветок. Радость матери и пробуждение в человеке жажды познания составляет смысл картины. Тема прославления человека еще сильнее звучит в другом эрмитажном шедевре — «Мадонне Литте» (1490 г.). В ней глубина материнской любви поднята на уровень высокого идеала, женский образ сочетает в себе духовную и физическую красоту.

Сюжет мадонны с младенцем получил очень широкое распространение в искусстве Высокого Возрождения, мадонна (от итальянского — «моя госпожа») — дева Мария, мать Иисуса Христа, одно из главных действующих лиц евангельского мифа,— изображалась великими мастерами в глубоко человечном, прекрасном образе женщины-матери.

Среди всемирно известных произведений итальянской коллекции есть еще одна мадонна с младенцем — принадлежащая кисти Рафаэля Санти «Мадонна Конестабиле». Лирический образ матери, задумчиво смотрящей в книгу, к которой тянется ребенок, дополняет поэтичный весенний пейзаж, с цепью заснеженных гор, голубыми далями и зелеными лугами. Картина была создана для герцога Альфано ди Диаманте в Перудже в конце 1502-го — начале 1503 г. В XVIII в. она перешла во владение семьи Конестабиле, у которой была приобретена в 1870 г. Старинная золоченая рама этой картины, предположительно, выполнена по рисункам самого Рафаэля. Вторая эрмитажная картина этого гениального художника носит название «Святое семейство». Дополнением к двум подлинникам являются копии всемирно прославленных фресок уже упоминавшихся Лоджий Рафаэля.

Глава венецианской школы Тициан Вечеллио представлен восемью произведениями, из которых только два относятся к раннему периоду — «Бегство в Египет» (нач. 1500-х гг.) и «Портрет молодой женщины» (ок. 1530-х гг.). Все остальные картины написаны им в период зрелого творчества — с 1550 по 1570 г., и каждая из них является шедевром мирового искусства,— «Даная», «Мадонна с младенцем и Марией Магдалиной», «Кающаяся Мария Магдалина», «Христос Вседержитель», «Несение креста», «Святой Себастьян».

«Даная» написана на сюжет античного мифа, в котором рассказывается, как к заточенной в башню царевне Данае является Зевс в виде золотого дождя. Великий венецианский художник создал в этой картине женский образ, пленяющий совершенством форм и гармонией пропорций. «Кающаяся Мария Магдалина» потрясает силой и глубиной человеческого чувства, прекрасно понятого и переданного Тицианом. Художник воспроизвел не религиозный экстаз раскаявшейся грешницы, а страдания женщины земной и прекрасной, оставшейся наедине со своим горем. Из существующих ныне вариантов Тициана на эту тему в музеях и собраниях Флоренции, Неаполя и Лондона эрмитажная картина, несомненно, лучшая.

Самое позднее полотно — «Святой Себастьян» — писалось в 1570-х гг., когда художнику было уже за девяносто. В нем торжествует трагическая тема, связанная с общим кризисом культуры Возрождения. Тициан использовал христианскую легенду о римском воине Себастьяне, принявшем христианство и подвергнутом за это пытке: в привязанного к дереву Себастьяна легионеры стреляли из лука. Художник изобразил не смиренного христианского мученика, а непокоренного человека, исполненного внутренней силы.

Гордостью Эрмитажа является единственная в Советском Союзе скульптура великого итальянского скульптора, живописца и архитектора Микеланджело Буонарроти, известная под названием «Скорчившийся мальчик» (ок. 1524 г.). Статуя, видимо, предназначалась для украшения капеллы Медичи во Флоренции. Это один из примеров смелой пластической фантазии мастера, сумевшего вместить человеческую фигуру в небольшой мраморный блок кубической формы. Микеланджело изображает юношу, который присел, зажимая раненую ногу. От сильной боли тело его собралось в комок. Во всей фигуре ощущается напряженное страдание. Собранность позы не только подчеркивает физическую силу, но и помогает раскрыть большой внутренний смысл скульптуры — трагедию сильного, обреченного человека.

Коллекция испанской живописи Эрмитажа является одной из лучших в мире, за пределами самой Испании. Главную ее ценность составляют картины крупнейших мастеров XVII столетия, «золотого века» испанской национальной культуры,— Веласкеса, Риберы, Сурбарана, Мурильо. Среди произведений XVI в. обращает на себя внимание картина «Апостолы Петр и Павел», исполненная в 1587—1592 гг. художником Доменико Теотокопули, прозванным за греческое происхождение Эль Греко. Сопоставление в одном произведении Петра и Павла представляло особый интерес для художника. Согласно священному писанию, Павел до принятия христианства яростно преследовал приверженцев этой веры, но, приобщившись к ней, стал фанатичным ее поборником. Напротив, апостол Петр — один из самых близких учеников Христа — не отличался последовательностью и силой духа. Он порой колебался, изменял христианству, но, раскаявшись, снова возвращался к нему.

Эль Греко в своей картине стремился воплотить разные характеры. Фанатически властная фигура Павла проявляется в его жестах, осанке, в выражении темных глаз. Весь облик Петра — поза, лицо, рука, повисшая под тяжестью ключей,— говорит о слабости, беспомощности, покорности.

Произведения Эль Греко, забытые сразу после его смерти, на протяжении трех столетий не привлекали к себе внимания. Интерес к ним возродился только в начале нашего века. Именно тогда, в 1911 г., картина «Апостолы Петр и Павел» была подарена Эрмитажу П. П. Дурново.

Шесть полотен Хосе де Риберы и четыре — Франсиско де Сурбарана представляют реалистическое искусство Испании первой половины XVII в. Работы Риберы «Святой Иероним, внимающий звуку трубы», «Святые Себастьян и Ирина» отличает напряженная эмоциональность образов и насыщенность колорита. Монументальное полотно Сурбарана «Святой Лаврентий» изображает одного из деятелей раннехристианской общины, который отказался выдать римским властям церковное имущество, за что был сожжен на железной решетке. Проникнутое созерцательным настроением, лирическое полотно Сурбарана «Отрочество мадонны» раскрывает еще одну сторону дарования художника, известного главным образом как создателя грандиозных, величественных полотен.

Художник Диего Веласкес родился и вырос в Севилье, одном из самых богатых и оживленных центров Испании того времени. Его ранняя картина «Завтрак» (ок. 1617 г.) написана в этом городе. Герои картины — простые люди, а не персонажи священных писаний. «Портрет Оливареса» — выдающееся произведение испанского собрания — создан уже во время пребывания Веласкеса в Мадриде при дворе короля Филиппа IV, около 1640 г. Живописный гений художника проявился в трактовке незаурядной и противоречивой личности могущественного королевского министра. Рыхлое, одутловатое лицо, колючий взгляд, плотоядная улыбка выявляют черты властной, низменной натуры ненавидимого всей Испанией временщика.

В коллекции испанской живописи находится тринадцать полотен Бартоломе Эстебана Мурильо, младшего современника Веласкеса и Сурбарана. Среди его произведений на религиозные сюжеты особо выделяются «Благословение Иакова Исааком», «Отдых на пути в Египет», «Вознесение». Лучшей жанровой картиной является «Мальчик с собакой» — в ней отчетливо проявились реалистические черты таланта художника.

Завершает экспозицию испанской живописи «Портрет актрисы Антонии Сарате» (ок. 1807 г.) кисти замечательного художника Франсиско Гойи, подаренный музею американским коллекционером Армандом Хаммером в 1972 г.

Искусство немецкого Возрождения представлено четырьмя первоклассными работами Лукаса Кранаха Старшего. Особого внимания заслуживает картина «Венера и Амур» (1509 г.), на которой он первым среди художников Северной Европы изобразил античную богиню любви и красоты обнаженной. В созданном образе художник выразил свое представление о женской красоте. Кранах придает картине аллегорический, морализующий характер и предостерегает зрителя от мирских соблазнов. «Всеми силами гони купидоново сладострастие, иначе и твоей ослепленной душой овладеет Венера» — так объясняют смысл картины латинские стихи, написанные в верхней ее части.

Эрмитаж обладает имеющей мировое значение коллекцией произведений фламандского художника Питера Пауля Рубенса. В отдельном зале хранятся двадцать две картины и девятнадцать эскизов главы фламандской школы. К шедеврам эрмитажного собрания принадлежит «Персей и Андромеда» (1620—1621 гг.). Картина написана на сюжет античной мифологии. Дочь эфиопского царя прекрасная Андромеда должна была стать жертвой морского чудовища, опустошавшего страну. Прикованная к скале, ожидала она своей участи, когда ее увидел пролетавший мимо на крылатом коне Персей. Опустившись на остров, он убил чудовище и освободил принцессу. В награду за свой подвиг Персей получил в жены полюбившую его Андромеду. Центральное место в картине отведено герою, которого крылатая богиня Славы венчает лавровым венком. Ласковым жестом Персей прикасается к руке смущенной принцессы. Ее обнаженное тело пленяет не классической строгостью, а теплотой, полнокровной округлостью форм рыжеволосой фламандки. В картине, пронизанной торжеством светлых сил над темными, все дышит безудержной радостью жизни, свойственной Рубенсу — певцу героического и жизнеутверждающего в природе и людях.

Еще один из шедевров эрмитажной коллекции — «Портрет камеристки инфанты Изабеллы». В нем Рубенс создает обаятельный образ девушки, овеянный поэзией. Ее ясный, спокойный взгляд, слегка тронутые улыбкой губы, выбившаяся из прически прядь волос придают портрету интимный характер. Среди полотен Рубенса видное место занимает первоклассный пейзаж «Возчики камней» — гимн величию и могуществу титанических сил природы.

Превосходное собрание картин ученика и младшего современника Рубенса Антониса Ван Дейка насчитывает 24 работы (преимущественно портреты), охватывающие все периоды его творчества. Особенно широко представлены портреты английской аристократии, созданные в 1632—1641 гг., когда в качестве придворного художника английского короля Карла I Ван Дейк работал в Лондоне. Под его кистью возникли портреты Карла I и королевы Генриетты-Марии, Томаса Уортона и Томаса Чалонера и др. Художнику присуще глубокое проникновение во внутренний мир своих героев.

Эрмитажное собрание голландской живописи насчитывает свыше тысячи картин и занимает одно из первых мест в мире по количеству шедевров и представленных имен, в том числе и самых редких. Голландская школа дала человечеству плеяду выдающихся мастеров во главе с Халсом, Рейсдалом и Рембрандтом, произведения которых вошли в мировую сокровищницу искусства. Голландские картины появились на берегах Невы в 1716 г., задолго до того, как был основан музей. В этом году для Петра I в Голландии было приобретено более ста двадцати картин, а вслед за тем почти такое же количество полотен куплено в Брюсселе и Антверпене. Несколько позже английские купцы прислали царю еще сто девятнадцать произведений. Любимыми сюжетами Петра I были сцены из жизни «голландских мужиков и баб», среди любимых художников — Рембрандт.

Творчество Рембрандта Харменса ван Рейна, ознаменовавшее наивысший расцвет голландского искусства XVII в. и одну из вершин мирового искусства вообще, представлено двадцатью четырьмя картинами в отдельном зале. Здесь находятся портреты, картины на мифологические и библейские сюжеты, дающие возможность проследить все этапы творческого пути великого мастера, начиная от ранних работ до тех, что были созданы в последние годы жизни. Период 1630-х гг., когда молодой Рембрандт становится известным живописцем Амстердама, представлен выдающимися произведениями: «Флора», «Снятие с креста», «Жертвоприношение Авраама», «Притча о работниках на винограднике», рядом портретов. В этих работах звучит главная рембрандтовская тема — мир человеческих чувств; художник стремится проникнуть в самую их суть и открыть то общечеловеческое, что роднит героев древних легенд с его современниками. Портрет жены художника Саскии в образе богини цветов Флоры — один из самых обаятельных женских образов.

Начало нового периода — 1640-х гг. — отмечено трагическим событием в жизни Рембрандта — безвременной смертью горячо любимой жены, оставившей ему годовалого сына. Но семейная трагедия не сломила художника, его искусство становится еще глубже и серьезнее.

Бесценна по психологической настроенности и живописному богатству небольшая картина «Прощание Давида с Ионафаном» — первое полотно Рембрандта, привезенное в Росссию.

Написанная в 1645 г. картина «Святое семейство» изображает семью плотника. На первом плане — детская колыбель и склоняющаяся к ней мадонна — простая голландская женщина, ласково глядящая на ребенка. Все полотно проникнуто покоем и уютом.

Последние два десятилетия жизни Рембрандта представлены такими шедеврами, как «Портрет старика в красном» и «Возвращение блудного сына» — самое проникновенное произведение, которое можно рассматривать как итог всего творчества художника. Именно здесь идея всепрощающей любви находит наивысшее воплощение. Только обладающий большим жизненным опытом человек и великий художник мог создать это гениальное и простое произведение.

В коллекции изобразительного искусства Англии, расцвет которого падает на XVIII в., выделяется единственное в Советском Союзе творение Томаса Гейнсборо — «Портрет дамы в голубом», раньше считавшийся портретом герцогини де Бофор. Фигура молодой женщины в открытом прозрачном платье выделяется на темном фоне. Ее волосы уложены в замысловатую прическу. Свежесть юного лица оттеняют крупные локоны, спускающиеся на покатые плечи. Легким жестом правой руки она придерживает на груди голубой шелковый шарф. Холодные сероватые, голубоватые, серебристые тона, кое-где усиленные яркими мазками, помогают передать изящество и красоту модели. Портрет даже при первом, беглом взгляде привлекает своей поэтичностью и одухотворенностью.

Эрмитажное собрание памятников французского искусства занимает первое место в мире за пределами Франции. Оно охватывает XV — начало XX в. и занимает около 50 залов, где экспонируются живопись, скульптура, мебель, гобелены, серебро, фарфор и другие памятники прикладного искусства.

Отдельный зал отведен полотнам основоположника французского классицизма XVII в. Никола Пуссена. К шедеврам его творчества относится картина «Танкред и Эрминия» (1630-е гг.), написанная на сюжет рыцарской поэмы Торквато Тассо «Освобождение Иерусалима». Предводительница амазонок Эрминия, влюбленная в Танкреда, находит его раненым после поединка с великаном Аргантом. Чтобы спасти жизнь рыцаря, Эрминия не пощадила своих прекрасных волос. Она мечом отсекла их и перевязала раны возлюбленного. В этой картине художник воспевает верность, самоотверженность, героическую любовь.

Один из крупнейших французских художников начала XVIII в. Антуан Ватто писал сценки развлечений на лоне природы и из жизни актеров. Его картина «Савояр с сурком» (1716 г.) является лучшим украшением собрания французской живописи.

В Эрмитаже хранятся великолепные произведения французских скульпторов XVIII в. Этьена Мориса Фальконе, автора знаменитого памятника Петру I, и Жана Антуана Гудона. В скульптурах Фальконе «Амур», «Флора» и «Зима» изящество сочетается с жизненной убедительностью образов. Вершиной творчества Гудона является мраморная статуя великого французского просветителя Вольтера. Философ позировал скульптору незадолго до смерти. С беспощадной правдивостью запечатлел Гудон слабое тело, морщинистую кожу лица и рук, беззубый рот, по-старчески согнутую спину. И в то же время ваятель уловил характер Вольтера, его острый ум и несокрушимый дух, ироническую усмешку и проницательный взгляд.

Раздел французского собрания, посвященный первой половине и середине XIX в., представлен полотнами крупнейших художников, таких, как Давид, Энгр, Делакруа, Курбе,— ярких представителей классицизма, романтизма и реализма.

Вторая половина XIX в. в искусстве Франции ознаменовалась приходом импрессионистов. Это название связано с картиной Клода Моне «Впечатление» (по-французски — «импрессион»). Художники этого направления выступили новаторами в живописи, восстав против правил и рецептов старого искусства. Они считали недостаточным писать на природе этюды, а затем в мастерской создавать по ним картину. Стремясь запечатлеть виденную ими природу более точно и непосредственно, импрессионисты начали писать картину прямо с натуры, или, как тогда стали говорить, на пленэре. Изображение природы приобрело особую свежесть и конкретность. Самый яркий мастер импрессионизма Клод Моне представлен в Эрмитаже восемью работами различных периодов. В картине «Дама в саду» художник выбирает утренний час, когда свет и тени разделены более четко, чем в знойный полдень, а краски сохраняют яркость и чистоту. В ней подлинного солнечного света больше, чем у кого бы то ни было из предшественников и современников. Передача свето-воздушной среды была главной темой Моне. Здесь же представлены превосходные произведения художников круга Моне — Альфреда Сислея и Камиля Писсарро.

Принципы и приемы импрессионизма по-своему воплотили в своем творчестве Огюст Ренуар и Эдгар Дега. Они не захотели стеснять свое искусство рамками пейзажа и сосредоточили внимание на человеке. Работы Дега посвящены в основном сценкам из жизни балетных танцовщиц. За исключением одного маленького пейзажа, все эрмитажные картины Ренуара — это портреты. Однако только изображение актрисы Жанны Самари называется портретом, все другие именуются обобщенно: «Дама в черном», «Девушка с веером», «Ребенок с кнутиком», хотя известны имена портретируемых. Главное в них не психологическая характеристика, а тенденция поэтического обобщения, позволяющая говорить о ренуаровском типе женщины, о ренуаровском типе ребенка.

Неизменно привлекают внимание зрителей работы французского скульптора Огюста Родена. Особую поэтичность приобретают его скульптуры на тему любви, выполненные в мраморе. Благодаря своеобразному приему обработки материала создается как бы воздушная дымка, окутывающая фигуры, что роднит Родена в какой-то мере с импрессионистами. Однако в отличие от созерцательных картин этих художников он всегда наполняет свои произведения глубоким содержанием, старается раскрыть психологию человека.

Прекрасно представлены в эрмитажном собрании полотна постимпрессионистов — Поля Сезанна, Винсента Ван Гога, Поля Гогена и других французских художников. Их позиции отличаются от импрессионистских. Отказавшись от простой фиксации световых явлений, от передачи на холсте точных зрительных ощущений, постипрессионисты стремились к большему синтезу формы и цвета, желая придать изображению обобщенный характер, выразить представление о мире вообще. «Я хотел сделать из импрессионизма что-то такое же крепкое и долговечное, как искусство музеев»,— говорил Сезанн.

Более тридцати полотен одного из крупнейших художников начала XX в. Анри Матисса и такое же количество работ лауреата Международной премии мира и международной Ленинской премии «За укрепление мира между народами» Пабло Пикассо занимают главное место в коллекции французской живописи XX столетия.

Отдел истории русской культуры — самый молодой в Эрмитаже, он был организован в 1941 г. В нем хранится свыше 285 тысяч экспонатов, рассказывающих о развитии русской культуры от VI в. до начала XIX столетия. Культура славян представлена разнообразными археологическими материалами из раскопок поселений и городищ VI—X вв., дающими представление о быте, ремесле и искусстве того времени. Памятники древнерусского прикладного искусства представлены выдающимися ювелирными изделиями золотых и серебряных дел мастеров. Это браслеты и ожерелья, ажурные бусы и серьги, замечательные золотые подвески к головным уборам, так называемые кольты (XII в.), выполненные в технике перегородчатой эмали и украшенные драгоценными камнями, характерные для Руси серебряные позолоченные ковши и братины — сосуды для питья, жалованные русскими царями разным лицам за заслуги, о чем свидетельствуют надписи на них. О развитии печатного дела в России свидетельствует первая русская книга «Апостол», изданная в Москве в 1564 г. Иваном Федоровым и Петром Мстиславцем.

Гордостью музея является замечательное собрание памятников Петровской эпохи, основу которой составляет так называемый «Кабинет Петра Великого», созданный после его смерти в Кунсткамере и переведенный в Эрмитаж в 1848—1849 гг., где, с добавлением новых экспонатов, он получил название «Галереи Петра Великого». Обращает на себя внимание «Восковая персона» — фигура Петра I, сидящего в кресле. Статую в натуральную величину (рост Петра 2 м 4 см) выполнил выдающийся скульптор Бартоломео Карло Растрелли, отец архитектора, по указанию Екатерины I в 1725 г., сразу же после смерти царя. С лица, кистей рук и ступней ног были сняты восковые слепки, тело вырезано из дерева.

К великолепным памятникам русского барокко относится монументальная гробница Александра Невского, причисленного к лику святых. Гробница состоит из шести предметов: саркофага, большой пятиярусной пирамиды, двух малых пирамид с воинскими трофеями и пары подсвечников. На саркофаге помещены чеканные горельефы, изображающие события из жизни Александра Ярославича — победы над шведами и ливонскими рыцарями, освобождение Пскова. Торжественная и величественная гробница воспринимается как памятник русской славы. Она была изготовлена на Монетном дворе в Петропавловской крепости в 1746—1752 гг. по заказу императрицы Елизаветы Петровны из первого серебра, добытого в рудниках Алтая. Отливка производилась талантливыми мастерами — литейщиками и чеканщиками по эскизам, чертежам и моделям известных художников и резчиков. На этот замечательный памятник было израсходовано 1500 килограммов (девяносто пудов) серебра.

Сокровищницей Эрмитажа является уникальная коллекция художественных изделий из камня, по всему музею рассредоточены многочисленные вазы, канделябры, столешницы из уральских и алтайских самоцветов. Выдающимся творением является гигантская Колыванская ваза — самая большая в Эрмитаже, высеченная из монолита серо-зеленой ревневской яшмы на Колыванской гранильной фабрике в 1829—1843 гг. До Урала ее везли на специальной телеге, в которую впрягали по 120—160 лошадей, потом на реке Чусовой погрузили на баржу и по Каме, Волге, Шексне и Мариинской системе через

Ладогу доставили в Петербург. В зале Нового Эрмитажа укрепили фундамент, и семьсот рабочих водрузили на него вазу на «вечное стояние». Высота этой колоссальной яшмовой вазы — 2,5 м, размер ее овальной чаши 5×3,25 м, вес — 19 т. Однако примечательна ваза не только размерами, но и совершенством отделки наиболее твердого из цветных камней. Она по праву считается шедевром русского камнерезного искусства.

В экспозицию отдела истории русской культуры включены также парадные залы Зимнего дворца, имеющие большое историко-художественное значение. Кроме своего богатого убранства, содержащего первоклассные памятники русского искусства, они несут и большое мемориальное значение, являясь свидетелями событий Великой Октябрьской социалистической революции, открывшей новую эру в истории человечества.

Дворец Меншикова
(Экспозиция «Культура России первой трети XVIII века»)

На Университетской набережной Васильевского острова находится первое монументальное каменное здание петровского времени — дворец петербургского генерал-губернатора А. Д. Меншикова. Во внешнем облике дворца и его конструкциях своеобразно сочетаются традиционные русские и западноевропейские приемы и формы зодчества, планировочные и инженерные решения. Столь же интересно декоративное оформление фасадов и роскошных интерьеров. В 1981 г., после завершения ремонтно-реставрационных работ, Эрмитаж развернул в нем экспозицию «Культура России первой трети XVIII века».

Это здание является ценнейшим памятником гражданской архитектуры начала строительства Петербурга — единственный в нашем городе из сохранившихся частных домов того времени. Постройка дворца была начата в 1710 г. по проекту архитектора Д. Фонтана и продолжена «мастером палатного и гипсового дела» Г. Шеделем. Место для строительства было выбрано на Васильевском острове, подаренном Меншикову Петром I еще в 1703 г., при основании города. Здесь почти одновременно с Летним садом царя Меншиков заложил огромный огород и сад, занимающий территорию до берегов Малой Невы. На участке светлейшего князя уже имелись деревянные хоромы, широко известные в истории архитектуры как «Посольский дворец», построенные «с большим поспешанием» и использовавшиеся для посольских приемов, свадеб и пиров, пока не было «каменных палат». Так первое время по-старинному продолжали называть возведенный к осени 1711 г. дворец, первоначально состоявший из основного корпуса на набережной Невы. Перед зданием была устроена пристань, что позволяло малым судам причаливать близ парадного подъезда. На протяжении семнадцати лет дворец продолжали расширять и украшать в несколько этапов. Кроме Шеделя, нанятого специально Меншиковым в Германии, в сооружении и отделке дворца принимали участие знаменитые архитекторы Д. Трезини, Г.-И. Маттарнови и Ж.-Б. Леблон. К 1727 г. дворец был закончен и стал самым большим и великолепным в Петербурге, что отмечали в своих записках все путешественники. Он использовался не только как жилой дом крупнейшего государственного деятеля, первого президента военной коллегии А. Д. Меншикова. В этом дворце часто бывал Петр I, здесь устраивались ассамблеи, обсуждались государственные дела, велись переговоры с иностранными послами. При Екатерине I, когда Меншиков, по образному выражению А. С. Пушкина, стал «полудержавным властелином», из этого дома он управлял страной. Во флигеле на углу теперешней Съездовской линии жил Петр II, которого «светлейший» намеревался женить на своей старшей дочери Марии.

Дворец ближайшего сподвижника Петра I был в первой четверти XVIII в. центром политической, культурной и светской жизни молодой столицы. Отсюда и обусловленность архитектуры, внутренней отделки и убранства здания, имевшего в большой степени административное назначение. Все обязывало в строительстве дворца к использованию самого модного, самого совершенного, самого лучшего. Фасад главного корпуса и боковых крыльев был декорирован поэтажно расположенными пилястрами с резными из камня капителями. Сильно выступающие боковые ризалиты завершались фронтонами сложного рисунка с изображением княжеских корон. Помещения дворца располагались в анфиладном порядке, что придавало парадность, отвечало новым требованиям и назначению дома.

В богатом и оригинальном убранстве интерьеров были использованы голландские плитки, наборное дерево с резными золочеными украшениями, скульптурная лепка, монументально-декоративная живопись, роспись стен под мрамор. Во дворце находилась крупная библиотека, коллекция картин и скульптур. В этом отразились характерные черты Петровской эпохи: тяга к образованию, интерес к изобразительному искусству, естествознанию, технике. Дворец, построенный на европейский манер, должен был стать высшему дворянству образцом для подражания, а иностранцам показать уровень и образ жизни российских вельмож.

Облик дворца изменился в ходе приспособления его для сухопутного шляхетского корпуса, в распоряжение которого здание было передано в 1731 г., вскоре после падения, ссылки в Березов и смерти светлейшего князя. В результате ремонтов и переделок здание постепенно утрачивало свой дворцовый облик и отделку, за исключением нескольких личных покоев Меншикова и его свояченицы Варвары Михайловны в восточной половине дворца, где разместилась дирекция корпуса, а позже музей Первого кадетского корпуса. В 1739 г. высокую крышу с переломом сменила обычная двускатная. Несколько позже Ассамблейный зал, находившийся во втором этаже, был превращен в двусветный церковный. Фасад и большинство помещений также подверглись изменениям. В 1760—1770-е гг. велись большие строительные работы вокруг старого Меншиковского дворца, в результате которых сложился огромный комплекс зданий кадетского корпуса с манежем, домами по бывшей Кадетской линии и на территории бывшего сада. В этом учебном заведении учились полководцы П. А. Румянцев-Задунайский, А. В. Суворов, драматург А. П. Сумароков, первый актер русского профессионального театра Ф. Г. Волков, поэты-декабристы К. Ф. Рылеев и Ф. Н. Глинка. В западном корпусе с 3 по 24 июня 1917 г. проходили заседания I Всероссийского съезда Советов рабочих и солдатских депутатов, на которых выступал В. И. Ленин. В память об этом событии Кадетскую линию переименовали в Съездовскую. 9 июня 1917 г. В. И. Ленин посетил музей Первого кадетского корпуса и ознакомился с Меншиковским дворцом. Этот факт увековечен мемориальной доской, установленной внутри здания.

В послереволюционные годы дворец, взятый под государственную охрану, использовался различными учебными заведениями.

Прежде чем создать музейную экспозицию, здание предстояло реставрировать, по возможности вернуть ему первоначальный облик. Эти работы начались еще в

1956 г. и продолжаются до сих пор. В них участвовали специалисты объединения «Реставратор», Эрмитажа, коллективы Управления капитального ремонта и других строительных организаций города, а также добровольцы Ленинградского городского отделения Всероссийского общества охраны памятников истории и культуры. За ходом работ постоянно наблюдала комиссия научных консультантов во главе с известным архитектором-реставратором, лауреатом Ленинской премии А. А. Кедринским. О том, как этому памятнику на протяжении многих лет возвращался первоначальный вид, рассказывает постоянная выставка, развернутая в музее.

Экспозиция дворца-музея включает саму архитектуру здания, декоративную отделку его интерьеров и их убранство, состоящее из произведений искусства конца XVII — первой трети XVIII в. Это картины, скульптура, гравюры, мебель и другие предметы из фондов Эрмитажа, в том числе принадлежавшие Меншикову.

Главным входом во дворец раньше служили Большие сени, торжественность и выразительность которым придают колонны и богато декорированный сводчатый потолок. Стены расписаны здесь под мрамор, в нишах установлены античные статуи, приобретенные Меншиковым в Европе вслед за Петром I. Центральное место занимает мраморная скульптура бога солнца и покровителя искусств Аполлона римской работы II в. н. э., найденная, по преданию, в Греции. К Большим сеням, служившим парадным вестибюлем, по обе стороны примыкают приемные залы генерал-губернаторского дворца. На восточной стороне находится кордегардия, со сводчатым потолком и двумя столбами-колоннами, напоминающими русскую каменную архитектуру второй половины XVII в. Мраморные полы в черно-белую клетку воссозданы по аналогам того времени. В зале находилась почетная охрана, в нем ожидали приема высокие военные гости и курьеры. Обстановку кордегардии составляют большой дубовый стол русской работы, стулья голландского типа, стол дежурного офицера, образцы русского и трофейного оружия и другие предметы. На стене — большой парадный портрет сподвижника Петра I князя А. И. Репнина, сменившего Меншикова на посту президента военной коллегии.

С западной стороны парадного вестибюля симметрично кордегардии расположены Большие палаты, первоначально служившие для больших приемов, пока не был окончательно достроен дворец. Простота отделки этого зала восполняется богатством его убранства. Три большие шпалеры (тканые шерстяные ковры) итальянской работы XVII в. составляют единый ансамбль, придавая залу торжественность. Его парадное назначение подчеркивают два массивных данцигских ореховых шкафа с резьбой начала XVIII в., пышные тополевые итальянские кресла того же времени, паникадило амстердамской работы, стол, покрытый иранским ковром, в центре которого огромная серебряная чаша-лохань (около 1700 г.).

Из Больших сеней в княжеские покои второго этажа ведет дубовая лестница. Наверху на перилах из кованого железа затейливые вензеля Меншикова и Петра I. Центральная дверь ведет в Ассамблейный, или Большой, зал, боковые — в анфилады мужской и женской половины. В Большом зале проходили знаменитые петровские ассамблеи (резиденции самого царя были скромнее меншиковской). Здесь в праздничные дни ставили столы и торжественно и пышно отмечали в присутствии Петра и его приближенных победы в Северной войне и другие знаменательные даты. Князь жил роскошно, был по-русски хлебосольным, устраивал пиршества и не жалел угощения. Камер-юнкер Берхгольц из свиты герцога голштинского, побывавший в княжеском дворце, писал: «Известно, что нигде в Петербурге так хорошо не обедают, как у князя».

Половина хозяина дома начинается со служебных помещений, так как во дворце он не только жил, но и работал. В первом помещении, в большом сундуке, обитом сплошь кожей и бронзовыми накладками, хранились документы походной канцелярии. Вторую комнату, называвшуюся передней, занимали обер-секретари. Здесь сосредоточивалась деловая жизнь, писались важные государственные бумаги. Обитатели ее были образованнейшие люди своего времени. Меншиков славился особенным умением подбирать себе помощников. Обстановка комнаты отвечает ее назначению. Привлекает внимание великолепный шкаф-бюро, выполненный в Северной Италии из искусно подобранного ореха в традициях эпохи Возрождения, по типу архитектурного сооружения. На откидной доске для письма — медная чернильница с финифтяным орнаментом московской работы конца XVII в., настольные английские часы редкой, восьмигранной формы, документ-распоряжение, подписанный Меншиковым без эпитетов и титулов. В отличие от других он расписывался просто: Александр Меншиков. На стенах висят картины «малых голландцев», укрепленные на муаровых лентах, по моде того времени. По имеющимся на сегодняшний день сведениям, коллекция картин во всех домах светлейшего князя насчитывала более 150 произведений.

Следующие комнаты восточной анфилады имеют редкостную изразцовую отделку. Они были и остаются одной из диковин дворца. Белые голландские плитки с кобальтовой росписью покрывают и стены и потолки четырех интерьеров. 27 810 расписных изразцов украшают сегодня эти помещения. Главный мотив росписей на изразцах, привезенных из Голландии,— пасторальные сценки, пейзажи, бытовые и библейские сюжеты. Такие плитки изготовлялись в Дельфте и пользовались большим успехом во всей Европе. Они привлекли внимание Петра I и Меншикова, посещавших жилища голландцев во время первого заграничного путешествия.

В Петербурге первые изразцовые интерьеры появились в 1710-е гг. в царских дворцах и домах придворной знати, и более всего у Меншикова. По описи 1732 г. таких комнат в его дворце на Васильевском острове было одиннадцать, из них в настоящее время сохранилось лишь четыре. Подобные интерьеры уникальны, поскольку нигде в Европе нет таких ансамблей, где все стены и потолки были бы облицованы художественными изразцами. Даже в Голландии, где они изготовлялись и откуда пошел обычай такой отделки, выполнялись только невысокие изразцовые панели или вставные композиции на стенах.

Прихожая (предспальня) занимает центральное место княжеской половины дворца; она служила Меншикову одновременно приемной, столовой и кабинетом. Здесь начинается знаменитая отделка комнат дельфтской плиткой. Среди обстановки находятся напольные английские часы и овальный стол, относящиеся к числу немногих предметов мебели, дошедших до наших дней из дворца. Часы имеют часовую и минутную стрелки и музыкальный механизм. Они были в то время новинкой и сейчас являются редким предметом дворцового убранства. А стол, верхняя доска которого сделана из цельного куска экзотического дерева с инкрустацией, изображающей «розу ветров» в центре, принадлежал Петру I. На стене рядом со столом портрет хозяина дома со всеми регалиями — один из немногих сохранившихся достоверных портретов Меншикова.

Спальню также украшают дорогие предметы из имущества Меншикова. Привлекает внимание большой дубовый шкаф, опирающийся на мощные фигурные ножки, в отделке которого использован архитектурный мотив. Здесь же выставлена пара карманных часов, принадлежавших Меншикову. Эти часы в числе единичных вещей князя сохранялись в семье и передавались как реликвия из поколения в поколение по мужской линии, поскольку все имущество А. Д. Меншикова после его ареста и ссылки в Сибирь в 1727 г. было конфисковано. В бывшей парадной спальне отражены боевые заслуги «светлейшего». О них напоминают медали, выбитые в честь побед, героем которых он был. Лепной орнамент потолка оформлен чередующимися изображениями знака ордена Андрея Первозванного, которым Меншиков был награжден вместе с Петром I в 1703 г. Это был первый высший русский орден, введенный Петром и имевший девиз «За веру и верность».

Завершает парадную анфиладу покоев хозяина Ореховый кабинет, служивший парадным кабинетом для особо важных гостей. В этом светлом помещении с окнами на Неву, получившем свое название от необычной и редкой по тем временам отделки стен натуральным орехом, Меншиков встречался с близкими ему людьми, часто проводил время за шахматами. Здесь в нарядных креслах сиживал Петр I, играл в шахматы из резной кости. Роспись на потолке Орехового кабинета признана самым ранним образцом отечественной монументальной декоративной живописи. Авторы прославили победы русского оружия, а фигура воина-победителя изображает Петра I.

ГОСУДАРСТВЕННЫЙ РУССКИЙ МУЗЕЙ

Русский музей — подлинная сокровищница отечественной культуры. Здесь находится одно из лучших собраний русских и советских художников, самое крупное в стране собрание скульптуры, хранятся обширные коллекции гравюр, рисунков, предметов декоративно-прикладного и народного искусства, памятников искусства Древней Руси.

Расположен музей в бывшем Михайловском дворце на площади Искусств, которая по праву носит это название. Ансамбль площади вместе с Русским музеем образуют Академический Малый театр оперы и балета, Филармония, Театр музыкальной комедии, Музей этнографии народов СССР, Мемориальный музей художника И. И. Бродского и, конечно, памятник А. С. Пушкину. К тому же сама площадь, вызывающая восхищение своим величием и строгим художественным единством, является прекрасным произведением искусства.

Автором созданного здесь, вблизи Невского проспекта, ансамбля был выдающийся русский архитектор и градостроитель первой половины XIX столетия Карл Иванович Росси. Михайловский дворец, получивший название от имени владельца — младшего брата царя Александра I великого князя Михаила Павловича, зодчий строил около семи лет — с 1819 до 1825 г. Главный корпус дворца и симметрично поставленные по сторонам боковые флигели образуют парадный двор и являются центром всей архитектурной композиции. Монументальная чугунная ограда отделяет двор от площади. Набранная из тяжелых металлических копий с позолоченными наконечниками, она принадлежит к лучшим образцам оград в городе на Неве. Торжественно выглядит центральный вход — ворота с четырехгранными колоннами, увенчанными арматурой.

Необычайно эффектен фасад дворца. Его украшает поднятый над первым этажом восьмиколонный портик с богатым лепным фронтоном (скульптор С. С. Пименов). К главному входу во дворец ведет широкая парадная лестница. Бронзовые львы, установленные по сторонам, как бы охраняют здание.

С большим вкусом отделан и фасад, выходящий в парк, он хорошо гармонирует с окружающей природой.

С внешним обликом дворца перекликалось изящное внутреннее убранство. Замыслы зодчего воплощала большая группа талантливых скульпторов и живописцев, мастеров лепных работ, резчиков, позолотчиков и паркетчиков.

Михайловский дворец — архитектурный шедевр, приводивший в изумление многих знатоков искусства. Видный английский ученый Гренвиль, посетив Петербург в 1826 г., восторженно писал: «Михайловский дворец является триумфом новейшей архитектуры и не только превосходит все, виденное в Тюильри и других королевских дворцах континента, но является положительно единственным в своем роде».

К 1840 г. Росси завершил в основном формирование всего ансамбля Михайловской площади. Все здания были построены с таким же великолепием и вкусом, солидно и строго. Однако поздние переделки изменили их первоначальный вид. Особенно не повезло дому, где ныне расположена гостиница «Европейская». Обильные лепные детали на фасаде сделали его чуждым стилю россиевского ансамбля.

Претерпел изменения и Михайловский дворец в связи с тем, что в 1898 г. в нем был открыт Музей русского искусства. Пострадала первоначальная отделка внутренних помещений дворца. О былом великолепии напоминают ныне лишь Парадная лестница, Белоколонный зал, росписи плафонов в некоторых залах и другие элементы подлинного декора. В 1916 г. архитектором С. И. Овсянниковым по проекту Л. Н. Бенуа был построен корпус, соединенный с дворцом переходом.

Большие работы по восстановлению ансамбля и благоустройству площади Искусств проведены в советское время. По проекту архитектора Н. А. Троцкого фасад здания школы, построенный в 1930-е гг. на месте пустыря, выполнен в стиле Росси. Фасады зданий Филармонии и банка также реставрированы и очищены от позднейших наслоений.

С площади были сняты трамвайные пути. Вокруг сквера она покрылась асфальтом. Оделась в зеленый наряд улица Бродского, с которой открывается вид на площадь и здание Русского музея со стороны Невского проспекта.

Прекрасным гармоничным завершением архитектурного вида площади Искусств стал памятник А. С. Пушкину, установленный в центре сквера. Он был открыт 19 июня 1957 г. по случаю празднования 250-летия Ленинграда. Автору монумента — М. К. Аникушину, удостоенному за памятник звания лауреата Ленинской премии, удалось показать великого русского поэта молодым, земным, человечным, полным трепетного вдохновения, внутренней озаренности. Памятник А. С. Пушкину является неотъемлемой частью ансамбля К. Росси, словно он задуман самим зодчим.

На площади всегда много народа. Одни спешат в театр, в Филармонию, другие просто прогуливаются, отдыхают, любуясь красотами площади. И никогда не кончается поток посетителей в Русский музей.

В музее необычайно богато и разнообразно представлены памятники древнерусской живописи. Иконописный отдел существовал здесь со времени открытия, но особенно интенсивно он стал пополняться в начале XX в. и после революции, когда из закрытых монастырей передавались шедевры старой живописи. Коллекция древнерусского искусства, хранящаяся в Русском музее,— одна из крупнейших в Советском Союзе. Открывают ее памятники XI—XIII вв. Среди них особенно выделяется небольшая икона «Ангел златые власы». Таких редких по красоте произведений до наших дней сохранилось очень мало.

XIV и XV вв.— эпоха яркого расцвета живописи в различных областях Древней Руси — представлены драгоценными иконами. Здесь и оригинальные по манере исполнения работы псковских художников, и изысканные творения ростово-суздальских мастеров, и классические иконы новгородской школы. Давно уже хрестоматийным памятником древнерусского искусства стала икона «Чудо Георгия о змие», написанная в Новгороде. На ней изображен святой Георгий, победивший чудовище — крылатого змея. Это распространенная тема в иконописи — борьба добра со злом, торжество над темными силами. Художнику удалось передать стремительное и легкое движение всадника, красоту и изящество белого коня.

Выдающийся мастер древнерусской живописи Андрей Рублев в 1408 г. написал несколько икон для Успенского собора во Владимире. Две из них, изображающие апостолов Павла и Петра, являются гордостью музея. Широко представлены также работы иконописцев его школы.

Многочисленные иконы, происходящие из Кирилло-Белозерского и Ферапонтова монастырей, представляют художественное наследие мастеров школы прославленного художника Дионисия. Памятники этой эпохи блестяще характеризуют развитие русской живописи в XVI в.

В начале XVIII в. на смену религиозному направлению в изобразительном искусстве Руси приходит реалистическая живопись. Первый русский портретист Иван Никитин правдиво передал образ Петра I. В экспозиции представлен круглый по форме портрет (1720-е гг.) — один из лучших в наследии художника. Он отличается от многих пышных парадных полотен суровой простотой. Никитиным также написаны портреты энергичных, волевых деятелей петровского времени. Среди них особо выделяется «Напольный гетман».

В середине XVIII в. признанным портретистом становится А. П. Антропов. Его работы, находящиеся в музее, отмечены острой наблюдательностью, точной передачей внешних черт и характера портретируемых. К этому периоду относится и творчество крепостного художника И. П. Аргунова, много работавшего в Петербурге. В «Портрете скульптора» он изобразил своего современника, такого же талантливого труженика, как и он сам.

Высшие достижения русской портретной живописи XVIII в. связаны с творчеством Д. Г. Левицкого. Его искусство с исчерпывающей полнотой представлено в собрании музея. Начало широкой известности Левицкого положил портрет первого ректора Академии художеств архитектора А. Ф. Кокоринова. За эту работу художник получил звание академика.

В 70-е гг. по заказу Екатерины II Левицкий исполнил семь замечательных портретов-картин воспитанниц Смольного института. До Великой Октябрьской социалистической революции портреты «смолянок», отличающиеся высоким профессиональным мастерством, украшали Большой Петергофский дворец.

Кроме блестящих парадных портретов Левицкий написал ряд интимных, психологически глубоких — архитектора, художника и поэта Н. А. Львова, писателя, впоследствии статс-секретаря А. В. Храповицкого, художника и реставратора И. И. Гауфа и др.

В живописи второй половины XVIII в. особое место занимают произведения еще двух прославленных художников — Ф. С. Рокотова и В. Л. Боровиковского. Они создали портреты, в которых главное внимание обращено на внутренний мир человека, силу его ума и благородство стремлений. Портретная живопись в их творчестве достигла своего расцвета.

Жанр исторической живописи представлен полотнами Г. И. Угрюмова. Его картины рассказывают о важнейших событиях отечественной истории, вызывают любовь и уважение к героическому прошлому Родины. Картина «Испытание силы Яна Усмаря» создана на сюжет из летописи, повествующий о борьбе Киева с печенегами. На ратном поле в присутствии великого князя Владимира бесстрашный воин, обладающий необыкновенной силой, вырывает кусок кожи у разъяренного быка, доказав этим право на единоборство с печенегом перед решающим сражением. За эту картину в 1797 г. Угрюмов получил звание академика.

В экспозиции представлены работы знаменитого скульптора XVIII столетия Б.-К. Растрелли. В бронзовом бюсте Петра I (1723 г.) он прекрасно передал ум, энергию и властную натуру царя. Здесь же — статуя «Анна Иоанновна с арапчонком» (1741 г.). В торжественно-неподвижной позе застыла императрица в момент церемонии, сурово лицо с грубыми чертами, надменен взгляд, повелителен жест руки со скипетром. Статуя чеканилась три года лучшими мастерами.

Среди работ славной плеяды ваятелей второй половины XVIII — начала XIX в. особое место занимают творения Ф. И. Шубина, М. И. Козловского, И. П. Мартоса и других. Шубин создал обширную портретную галерею, запечатлев в мраморе М. В. Ломоносова, А. А. Безбородко, В. Я. Чичагова, П. А. Румянцева-Задунайского, Екатерину II. Яркое представление о мастерстве Шубина дает бюст Павла I. Художник выявляет сложную, противоречивую натуру царя. Ни дорогая одежда, ни многочисленные ордена не могут скрыть неуравновешенного характера, скрасить болезненные черты лица.

В произведениях Козловского сочетаются драматический пафос и нежная идиллия, героика и лирика. Темы античной мифологии использованы в скульптурных фигурках «Пастушок», «Гименей», «Амур со стрелой». Страстной патетикой выделяется статуя Поликрата. Это древний правитель острова Самос, тиран, которого постигла суровая кара: он был прикован к дереву. Идея воинской славы России выражена Козловским в скульптуре «Геркулес на коне», посвященной переходу А. В. Суворова через Альпы. В аллегорических образах скульптор раскрыл героическую тему. Он же автор группы «Самсон, разрывающий пасть льва», выполненной в 1802 г. для фонтанов Большого каскада Петергофа, и памятника А. В. Суворову, первоначально установленного в глубине Марсова поля, а потом передвинутого к набережной.

В экспозиции представлены надгробия Е. С. Куракиной и Е. И. Гагариной, выполненные И. Мартосом. Являясь последовательным представителем классицизма, Мартос умел сочетать возвышенность образов с искренностью чувства, строгость композиции с мягкой пластичностью скульптурной формы. Среди его произведений монументальной скульптуры выделяется знаменитый памятник Минину и Пожарскому на Красной площади в Москве, созданный в 1818 г.

Свидетельством высокого расцвета русской скульптурной школы в первой половине и середине XIX в. являются работы В. И. Демут-Малиновского, И. П. Витали, Н. С. Пименова и других.

Большое влияние на творчество Демут-Малиновского оказали патриотические идеи, вызванные Отечественной войной 1812 г. Он первым среди ваятелей обратился к образу народного героя. На создание статуи «Русский Сцевола» скульптора воодушевил подлинный эпизод. Русскому крестьянину, попавшему в плен к французам, поставили на руке клеймо. Узнав, что теперь должен сражаться на стороне врагов, он тотчас схватил топор и отсек клейменую руку. Этот подвиг Демут-Малиновский отождествил с древней легендой, по которой римский юноша бесстрашно сжег свою правую руку на глазах неприятеля, заставив своей храбростью отступить врагов от Рима. Юноша получил прозвище Сцевола, то есть Левша.

В. И. Демут-Малиновский — один из создателей декоративных произведений для Казанского собора, Горного института, Адмиралтейства, Михайловского дворца, Главного штаба, Публичной библиотеки, Сената и Синода.

В музее представлены превосходные станковые работы Витали — бюсты А. С. Пушкина и К. П. Брюллова, поэтичная, грациозная статуя «Венера». Скульптор сам выполнил эту статую в мраморе. Она отличается изящными пропорциями, красотой пластического решения. Свыше десяти лет Витали работал над художественным оформлением Исаакиевского собора. Он выполнил скульптурное убранство фронтонов, барельефы огромных дверей и статуи ангелов на крыше по углам.

Лучшим произведением Н. С. Пименова является «Парень, играющий в бабки». Эту статую восторженно воспринял Пушкин. Отметив ее народность, он назвал Пименова собратом по искусству и написал экспромт:

Юноша трижды шагнул, наклонился, рукой о колено
Бодро оперся, другой поднял меткую кость.

Статуя была отлита из чугуна и установлена у Александровского дворца в Царском Селе.

Музей обладает самой большой в стране коллекцией картин мастеров академической школы. Среди них первое место принадлежит огромному полотну «Последний день Помпеи» (456,5×651 см) знаменитого художника Карла Брюллова. Сюжетом для картины послужила гибель античного города Помпеи, засыпанного в 79 г. н. э. пеплом при извержении Везувия. Появление этой картины ускорило всеобщее признание русской живописи. В 1834 г. на выставке в Париже Брюллов за нее получил большую золотую медаль. На «Последний день Помпеи» Пушкин отозвался стихами:

> Везувий зев открыл — дым хлынул клубом —
> > пламя
>
> Широко развилось, как боевое знамя.
> Земля волнуется — с шатнувшихся колонн
> Кумиры падают! Народ, гонимый страхом,
> Толпами, стар и млад, под воспаленным прахом,
> Под каменным дождем бежит из града вон.

Брюллов становится в центре петербургской художественной жизни. Его мастерскую посещает Пушкин. Художник хотел написать портрет поэта, но не успел — Пушкина не стало. В живопись классицизма Брюллов внес дух романтики. Созданные им произведения по сей день волнуют зрителей. Значительная их часть представлена портретами. В них художник достиг особенной глубины и проникновенности образов.

Большое место в экспозиции занимают произведение А. А. Иванова «Явление Христа народу» и этюды к картине. Около двадцати лет посвятил художник работе над этим полотном. Огромная картина находится в Третьяковской галерее, здесь же представлен ее малый вариант, послуживший эскизом для окончательного решения. Сюжет взят из евангельской легенды о том, как на берегу реки Иордан, где народ крестил пророк Иоанн, явился людям Христос. Эту легенду Иванов связал с народными чаяниями о лучшей доле. В картине показан людской порыв к счастью. Работая над полотном, Иванов создал множество этюдов, которые сами по себе вполне законченные произведения.

В музее хранится одна из известных работ прославленного портретиста О. А. Кипренского — портрет лейб-гусарского полковника Евграфа Давыдова, отличившегося во время Отечественной войны 1812 г., в сражении под Лейпцигом. В образе героя подчеркнуты благородство, мужество и готовность на подвиг. В своих многочисленных портретах, проникнутых духом романтизма и поэтичностью, Кипренский запечатлел высокие идеалы лучших людей России начала XIX в.

Около трех тысяч портретов написал крепостной художник В. А. Тропинин. Среди его работ, представленных в экспозиции, внимание привлекает «Гитарист». Эта картина неоднократно повторялась и варьировалась художником. На ней изображен гитарист-виртуоз В. И. Морков.

Новый Эрмитаж.
Портик с атлантами.

7. Л. П. Тихонов

Государственный
Эрмитаж.
Галерея 1812 года.

Леонардо да Винчи.
«Мадонна Литта».

Малахитовый зал.   Золотой олень
(скифское золото
Эрмитажа).

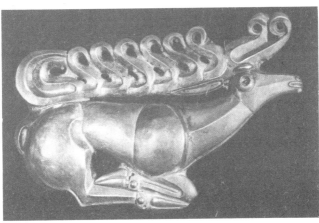

Дворец Меншикова. Дворец Меншикова.
Предспальня.

Исаакиевский собор.

Русский музей
и памятник
А. С. Пушкину
на пл. Искусств.

Русский музей
(быв. Михайловский
дворец).
Белый зал.

Петродворец.
Большой каскад
и дворец.

Дворец «Коттедж».

Тронный зал
Большого дворца
в Петродворце.

Павловск.
Большой дворец.

Кавалерский зал
Павловского дворца.

Пушкин.
Екатерининский
дворец.

Камеронова галерея.

Пушкин. Лицей. Музей-квартира
А. С. Пушкина
на наб. Мойки, 12.

Музей-квартира
Ф. М. Достоевского.
Рабочий стол
в кабинете.

Широко представлено творчество основоположника бытового жанра А. Г. Венецианова. Героями его небольших по размерам полотен были крестьяне, занятые своим повседневным трудом. Картины Венецианова «Гумно», «Спящий пастушок», «Очищение свеклы», «Жнецы» и многие другие раскрывают обаяние сельской природы, радость обыкновенного бытия. Один из современников художника писал, что он «искусство заставил сойти с аристократических высот, сделал его более народным».

Зачинателем критического реализма в русской живописи явился П. А. Федотов. Написанные им в Петербурге произведения составили своеобразную энциклопедию жизни различных слоев России середины XIX в. В картинах «Сватовство майора» и «Вдовушка» художник показывает жизнь в ее острых противоречиях. Творчество Федотова не исчерпывается жанровыми сценами. Известны также его портреты, полные внимания и сочувствия к изображаемым людям.

В творчестве выдающегося мариниста XIX в. И. К. Айвазовского особо выделяется картина «Девятый вал». Основой сюжета знаменитого полотна явилась трагическая легенда, согласно которой девятый вал всегда несет людям смерть. Художник, хорошо зная морскую стихию, используя яркие краски, придает картине оптимистический характер. Среди бушующего моря на обломках мачты погибшего корабля изображена группа уцелевших людей. Один из них подает платком сигнал бедствия. Силе стихии противопоставлено мужество человека, воля к жизни.

Вторая половина XIX в. неразрывно связана с деятельностью «Товарищества передвижных художественных выставок», основанного в 1871 г. Художники этого демократического направления — передвижники — широко и разнообразно представлены в экспозиции, их произведения отличают высокая идейность, психологическая глубина, правдивое отображение жизни. В течение многих лет направлял деятельность знаменитого товарищества талантливый живописец, критик и теоретик И. Н. Крамской. В созданных им портретах скульптора М. М. Антокольского, художников И. И. Шишкина, В. Г. Перова, крестьянина Мины Моисеева и других он с огромной силой выявил интеллектуальный и духовный мир человека.

Произведения, откровенно повествующие о социальной несправедливости, о контрастах богатства и нищеты, о необузданной власти и униженном бесправии, создал В. Г. Перов — большой мастер сюжетных картин. Резким социальным обличением проникнуто полотно «Монастырская трапеза». За столом, переполненным яствами, пируют монахи, не замечающие нищую крестьянку с детьми, тщетно просящую милостыню. Этот контраст подчеркивает лживость церковной морали, проповедующей на словах любовь к ближнему.

Благородством идеалов и чуткостью к волнующим проблемам эпохи пронизано творчество Н. А. Ярошенко, ставшего после смерти Крамского вождем и идеологом передвижников. Интересна серия его картин, посвященная революционно настроенной молодежи. В картине «Старое и молодое» воодушевленному юноше, призывающему к борьбе за лучшее будущее, противопоставлен скептицизм и ирония старика отца. Тема «отцов и детей» отражает демократические взгляды интеллигенции 70-х гг. Выдающийся художественный критик-демократ В. В. Стасов, оказавший большое влияние на передвижников, назвал Ярошенко «портретистом современного молодого поколения, которого натуру, жизнь и характер он глубоко понимает, схватывает и передает».

Пейзажная живопись передвижников представлена картинами пейзажистов И. И. Шишкина, Ф. А. Васильева, А. И. Куинджи и других.

В творчестве И. И. Шишкина проявилось могучее реалистическое дарование, умение донести до зрителя величавую красоту русской природы. Его картины «Лесная глушь», «Корабельная роща», «Мордвиновские дубы» отличаются широтой и вместе с тем конкретностью, оптимистическим восприятием действительности и пристальным изучением натуры. «Царем леса» называли современники популярного живописца.

Всего 23 года прожил талантливый пейзажист Ф. А. Васильев, но его полные поэтического волнения и жизненной правды пейзажи «Вид на Волге. Барки», «Оттепель», «Болото в лесу», «Осень» занимают почетное место в русском искусстве.

Спокойствием и мощью проникнуты образы природы, созданные А. И. Куинджи. Музей обладает самой богатой коллекцией его произведений. Здесь — вместе с этюдами — двести живописных работ этого волшебника и чародея цвета, самые прославленные из них в экспозиции. Особенно популярна его картина «Лунная ночь на Днепре». В 1880 г. она единственная демонстрировалась в зале Общества поощрения художников. Это был первый в России случай подобной экспозиции. Выставочный зал не вмещал всех желающих, люди часами стояли на улице, ожидая очереди. Художник был безраздельно предан искусству. Свое состояние он передал основанному в 1909—1910 гг. Обществу имени А. И. Куинджи для поддержки малоимущих художников.

Особое место в экспозиции отведено полотнам великого живописца И. Е. Репина. Уже в первой своей крупной картине — «Бурлаки на Волге» — он проявил себя как большой художник-реалист, который любит и знает народ, видит тяжелые условия его жизни и таящуюся в нем большую силу. Около четырнадцати лет работал Репин над картиной «Запорожцы пишут письмо турецкому султану». С ядовитой насмешкой отвечают казаки на грозное и надменное письмо Магомета IV с требованием повиноваться ему. Пронзительным смехом охвачена группа, в центре которой атаман Иван Серко. Сильными и свободолюбивыми воспел запорожцев художник.

К выдающимся произведениям реалистического искусства по праву можно отнести огромное полотно (35 кв. м) И. Е. Репина «Торжественное заседание Государственного совета 7 мая 1901 года, в день столетнего юбилея со дня его учреждения». На картине изображено более восьмидесяти сановников Государственного совета, во главе с царем и великими князьями, в зале Мариинского дворца. Грандиозное многофигурное полотно отличается беспощадно острыми характеристиками изображенных.

С любовью и огромным интересом относился И. Е. Репин к передовым представителям отечественной интеллигенции. В экспозиции представлены многочисленные портреты художников, писателей, композиторов, ученых, принадлежащие его кисти.

Произведения В. И. Сурикова знаменуют вершину развития русской исторической живописи. В монументальных полотнах, хранящихся в музее, отражена история жизни народа, его борьбы. Картина «Покорение Сибири Ермаком» отличается силой и яркостью образов. В жестокой схватке встречаются на Иртыше две враждебные силы. В мощном порыве бросились вперед воины Ермака. Паника и растерянность охватили орду татарского хана Кучума. Его поражение неотвратимо. Патриотические идеи легли в основу картины «Переход Суворова через Альпы», написанной художником к столетию со дня свершения героического похода суворовских чудо-богатырей. Это полотно о несокрушимом духе русских солдат. В картине «Степан Разин» Суриков обратился к могучему образу вождя народного движения.

В 1871 г. М. М. Антокольский создал статую «Иван Грозный», поразившую современников глубиной психологического замысла и художественной правдой. Скульптор, серьезно изучив исторический материал, раскрыл противоречивость личности царя — человека решительного и беспощадного и в то же время мучительно страдающего. Царь Иван в монашеском одеянии сидит в кресле, погрузившись в тяжелые думы... Слепок с этой статуи хранится в музее Лондона, где находятся отливки всех выдающихся произведений мировой пластики.

Самый крупный мастер лирического пейзажа конца XIX в. И. И. Левитан выразил в своем вдохновенном творчестве сокровенную красоту русской природы, ее неповторимое поэтическое очарование. «Это лучший русский пейзажист»,— сказал о нем А. П. Чехов. В левитановском наследии выделяется его последняя картина «Озеро» (1900), оставшаяся незаконченной. В ней художник выразил обобщенный образ природы, свои представления о Родине. Прозрачный и свежий осенний день. Спокойно и величественно большое озеро. Вода на его поверхности чуть рябит от легкого прикосновения ветра. На дальнем берегу виднеются серые избы с порыжевшими садами, белые церковки, полоски крестьянских пашен, отдыхающих после жатвы. Над всем этим, отражаясь в воде, плывут по голубому небу облака.

Русское изобразительное искусство конца XIX — начала XX в. отличается сложностью и противоречивостью. В этот период одновременно работали художники самых различных творческих направлений, отличавшиеся активным поиском новых тем, образов и выразительных средств. Музей располагает замечательной коллекцией произведений виднейших мастеров этого времени.

Новатором по духу творчества был В. А. Серов — блестящий колорист и рисовальщик, ученик Репина. Он вошел в историю мирового искусства как несравненный мастер портрета, проявил себя также в пейзажной и исторической живописи. Музей обладает значительным собранием его произведений. Среди них — парный портрет «Дети», на котором изображены сыновья художника Александр и Георгий, портреты Юсуповых, дающие представление о высотах художественного мастерства автора, знаменитый портрет танцовщицы Иды Рубинштейн. Великолепный парадный портрет княгини О. К. Орловой — образец психологической проницательности и глубины мировоззрения художника. В нарочитой позе сидит элегантная светская дама, законодательница мод. Надменно ее лицо, пренебрежителен взгляд... «Портреты Серова,— писал Брюсов,— почти всегда — суд над современниками, тем более страшный, что мастерство художника делает этот суд безапелляционным».

Образы крестьянской России воплотились в картине «Зимой». Нужно было безгранично любить русскую природу, чтобы найти столько поэтической красоты в самом обыденном и простом.

События 9 января 1905 г., глубоко потрясшие художника, запечатлены в острой революционной карикатуре «Солдатýшки, бравы ребятýшки, где же ваша слава?». Этот рисунок был подарен А. М. Горькому. В знак протеста против расстрела демонстрации Серов вышел из Академии художеств.

Через все творчество М. А. Врубеля, прославившего свое имя практически во всех видах и жанрах изобразительного искусства, прошел образ Демона, обуреваемого сомнениями, печального и отверженного. Скульптура «Голова Демона» и картина «Летящий Демон» выставлены в музее. Они олицетворяют метания души побежденного титана. Огромной эмоциональной силой и поэтической фантазией пронизаны произведения Врубеля «Венеция», «Царевна-Лебедь», «Шестикрылый серафим» и другие.

В Русском музее наиболее значительно в нашей стране представлены произведения Н. К. Рериха (около пятисот картин и рисунков) — талантливого художника-интернационалиста, ученого, мыслителя-гуманиста. В своих ранних картинах он создал светлый образ древней славянской Руси. Художник стремился передать поэтическую атмосферу далекого прошлого, выразить красоту мира, достигнуть монументальности и декоративности. Свежестью и радостью чарует его картина «Заморские гости». Весело плывут по синей реке нарядные ладьи, украшенные разноцветными щитами и резными драконами на носу. Впереди них вьются белые чайки. Ветер надувает упругие паруса. С интересом всматриваются гости в незнакомые дали, в славянское поселение на зеленом холме. Сочетанием ярких красок, простой и четкой композицией картина напоминает произведения народного творчества. Свои многочисленные полотна художник создавал на основе глубокого изучения русской истории.

Как замечательный пейзажист и театральный декоратор известен художник К. А. Коровин. В его картинах проявилось своеобразие художественного ви́дения природы, ее безграничного цветового богатства. Пейзажи Коровина отличаются свежестью и непосредственностью ощущения. В них природа предстает в постоянном движении. Его увлечение живописными эффектами обусловлено стремлением выявить в окружающей жизни все самое красивое. Пейзажи и натюрморты принесли художнику славу виртуозного мастера цвета с поэтическим восприятием мира. Портреты же Коровин писал довольно редко и обычно «для себя». Особенно интересным представляется портрет великого русского певца Ф. И. Шаляпина, с которым живописца связывала многолетняя дружба. Портрет написан в 1911 г., когда друзья отдыхали во Франции, в курортном городке Виши. В картине изображение человека, пейзаж и натюрморт составляют единый гармоничный образ. Весело улыбающийся Шаляпин, яркие цветы и зелень за окном создают ощущение радости и приподнятости.

В ярких, праздничных тонах написаны картины Б. М. Кустодиева. Его живопись сродни народной по красочности и восприятию прекрасного в окружающей природе и жизни. «Всем известна его удивительная яркая Россия... звенящая бубенцами и масленой...» — писал Ф. И. Шаляпин. Захватывает своим размахом картина «Масленица». Это настоящий гимн русской зиме, народному гулянью, полному искрящегося веселья. Широта русской натуры, любящей быструю езду на тройках, карусели и балаганы, раскрыта художником на полотне. Среди любимых Кустодиевым тем важное место занимает прославление красоты русской женщины. Полотно «Купчиха» — одно из самых запоминающихся в творческом наследии мастера. Величавая, статная женщина изображена на фоне городского пейзажа. Кустодиев был подлинно национальным художником. Он удостоился высокой чести поместить свой автопортрет в галерее Уффици во Флоренции, где собраны автопортреты величайших художников за несколько столетий.

В начале XX в. главное внимание художественных кругов концентрировалось вокруг набиравшего силу объединения «Мир искусства». Организуемые им выставки стали значительным событием в жизни Петербурга и

Москвы. Их с нетерпением ждали, горячо обсуждали. Мирискусники отстаивали идею «искусства для искусства», занимались изучением искусства прошедших эпох, стояли на позициях просветительства, особенно увлекались XVIII веком. Петр I был их кумиром. В «Мир искусства» входили многие художники, боровшиеся за высокую профессиональную культуру. Ведущее место среди них принадлежит одному из организаторов и теоретиков объединения — А. Н. Бенуа. Он был и живописцем, и тонким иллюстратором, и историком искусства. Художник любил изображать сценки из придворной жизни минувших времен, но особое место в его творчестве занял образ Петербурга. В картине «Парад при Павле I» передана неповторимая красота городского ансамбля, своеобразная прелесть петербургского зимнего дня.

Картина «Петербург начала XVIII века», принадлежащая другому видному представителю группы «Мир искусства» — художнику Е. Е. Лансере, переносит нас в первые годы строительства столицы.

В экспозиции представлены произведения многих мирискусников — К. А. Сомова, Л. С. Бакста, З. Е. Серебряковой, М. В. Добужинского, И. Я. Билибина, А. П. Остроумовой-Лебедевой, В. Э. Борисова-Мусатова и других.

Великая Октябрьская социалистическая революция создала условия для развития нового, советского искусства, опирающегося на традиции реалистического прошлого, близкого и понятного народу.

Коллекция произведений советских мастеров дает возможность проследить все этапы развития искусства с 1917 г. до наших дней, показать особенности творческой манеры виднейших мастеров. Музей обладает самым большим в нашей стране собранием картин художников старшего поколения — А. А. Рылова и К. С. Петрова-Водкина.

Одним из первых включился в борьбу за создание советской реалистической живописи талантливый ученик Куинджи — пейзажист А. А. Рылов. Наряду с проникнутыми оптимизмом пейзажами он создал и ряд тематических картин. Среди них выделяется «В. И. Ленин в Разливе», написанная в 1934 г., к 10-летию со дня смерти вождя. «Мне хотелось дать образ Ленина — гения революции, шествующего навстречу буре, титаническая сила которой потрясла весь мир» — так сформулировал художник свой замысел.

Восторженно откликнулся на революционные события К. С. Петров-Водкин, необычайно своеобразный и сложный мастер. Он писал портреты, пейзажи, натюрморты, вел большую педагогическую работу, участвовал в оформлении революционных празднеств. Среди его картин, созданных в советский период, особо выделяются «Смерть комиссара» (1928) и «1919 год. Тревога» (1934).

Творчество Петрова-Водкина широко известно не только в нашей стране, но и за рубежом. Его картины бывали на выставках во многих странах.

Замечательную серию портретов современников, представителей советской культуры и науки, создал выдающийся русский советский художник М. В. Нестеров. В портрете великого физиолога И. П. Павлова, написанном в 1930 г., ему удалось передать увлеченность, азарт, неугомонный нрав ученого.

Большим мастером во всех видах и жанрах, получивших широкое развитие в советском искусстве, зарекомендовал себя талантливый художник П. П. Кончаловский. В экспозиции — картина «Возвращение с ярмарки» (1926 г.), натюрморт «Стол с фруктами» (1929 г.), портрет Героя Советского Союза летчика А. Б. Юмашева (1941 г.) и другие произведения, отличающиеся жизнерадостностью и цветовым богатством.

Особый интерес вызывают произведения авангардистов В. В. Кандинского, П. Н. Филонова и К. С. Малевича, представляющие собой уникальное и одновременно типичное для искусства эпохи поисков и экспериментов явление.

Значительное место в музее отведено работам советских скульпторов разных поколений — Н. А. Андреева (скульптурные портреты В. И. Ленина), С. Т. Конёнкова (портрет Ф. М. Достоевского), Л. В. Шервуда («Часовой», 1933 г.), М. Г. Манизера («Катерина», 1935 г.), В. И. Мухиной («Рабочий и колхозница», 1936 г.), М. К. Аникушина (модель памятника А. С. Пушкину, 1956 г.) и других.

Героическая борьба советского народа в годы Великой Отечественной войны подняла творческую активность художников. Многие из них были направлены на фронт, выполняли портреты защитников Родины, запечатлевали эпизоды борьбы с фашистскими захватчиками. Среди созданных в годы войны работ особенно выделяются картина А. А. Дейнеки «Оборона Севастополя» (1942 г.) и полотно Кукрыниксов (М. В. Куприянов, П. Н. Крылов, Н. А. Соколов) «Великий Новгород» (1944—1946 гг.). Эти живописные произведения и многие другие напоминают людям, что такое фашизм, призывают языком искусства сражаться за жизнь, за мир на земле.

В экспозиции представлены произведения, позволяющие судить об основных путях развития нашей живописи в послевоенные годы. Любовью к жизни, к природе и людям привлекает работа А. А. Пластова «Полдень» (1961 г.). Воспетые в стихах и песнях конники гражданской войны нашли свое поэтическое воплощение в картине Е. Е. Моисеенко «Красные пришли» (1961 г.). Триптих Г. М. Коржева «Коммунисты» (1960 г.) — драматический рассказ о мужественных людях революции. Эти полотна и лучшие работы советских мастеров заняли почетное место в экспозиции советского искусства, а рядом появляются произведения, демонстрирующие новые достижения современных живописцев, скульпторов и графиков.

ГОСУДАРСТВЕННЫЙ МУЗЕЙ-ПАМЯТНИК «ИСААКИЕВСКИЙ СОБОР»

Исаакиевский собор — один из крупнейших кафедральных соборов Европы, построенных в XIX в.,— уникальный памятник русской архитектуры, искусства и инженерно-строительной техники. Его декоративное убранство сочетает единый художественный комплекс различных видов монументального искусства — скульптуру, живопись, мозаику. Собор разместился на обширной площади. Его золотая шапка видна в разных районах города. В ясный день с его площадки, расположенной у основания барабана купола, открывается широкая панорама Ленинграда.

Исаакиевский собор, построенный в стиле позднего классицизма, является одним из крупнейших в мире купольных зданий. Он возводился в течение сорока лет, с 1818 по 1858 г., по проекту архитектора Огюста Монферрана. Зодчий в 1816 г. приехал из Франции в Россию и прожил здесь 42 года.

История собора восходит еще к 1710 г., когда в честь Петра I возле Адмиралтейства появилась небольшая церковь, названная Исаакиевской, так как день рождения царя (30 мая) совпадал с днем поминовения святого Исаакия Далматского. Эта церковь вскоре обветшала, и в 1717 г. заложили новую, каменную, недалеко от Невы, где позднее установили «Медного всадника».

В 1760-е гг. обе церкви разобрали и начали строить Исаакиевский собор по проекту А. Ринальди на том месте, которое занимает ныне существующее здание. Этот собор, законченный в 1802 г., не по замыслу автора, получился приземистым и некрасивым.

Возник вопрос о постройке нового, более величественного собора, соответствующего парадному облику центральной части Петербурга. Проекты предложили многие выдающиеся архитекторы, но Александр I 20 февраля 1818 г. повелел: «Произвести окончательную перестройку Исаакиевского собора с приличным оному благолепием... по проекту Монферрана».

Начавшиеся строительные работы на месте до конца не разобранного ринальдиевского собора вскоре были приостановлены из-за необходимости доработки проекта. В 1825 г. Огюст Монферран представил новый вариант, в котором были учтены все основные замечания, и строительство возобновилось.

Вначале были установлены колонны портиков высотою в 17 метров, вырубленные из красного гранита, добытого на побережье Финского залива. Затем началась кладка стен. Толщина их достигает 5 метров, они облицованы мрамором. Следующим этапом строительства было сооружение главного купола, покрытого медными, «в огне позолоченными листами». Его металлические конструкции установлены на высоком барабане, окруженном 24 монолитными колоннами.

Основные работы по возведению собора были завершены в 1841 г., через 23 года после начала строительства, но еще 17 лет понадобилось на то, чтобы закончить отделку этого огромного сооружения.

Большая высота (101,5 м), удлиненный главный купол придают зданию строгий и торжественный облик. Внутри может свободно разместиться несколько тысяч человек. Все сооружение весит 300 тыс. тонн. Оно решено как компактный объем, окруженный четырьмя грандиозными многоколонными портиками коринфского ордера.

Трудно переоценить роль, которую Исаакиевский собор играет в облике города. Здание, доминируя в центральной части Ленинграда, придает ему архитектурный акцент и непосредственно участвует в формировании двух смежных площадей — площади Декабристов и Исаакиевской.

Архитектуру собора обогащает декоративная скульптура: статуи ангелов под куполом на балюстраде, ангелы со светильниками на углах кровли, фигуры апостолов и евангелистов над портиками. Важную роль в наружном оформлении играют огромные рельефы на фронтонах. На северном и южном фронтонах помещены композиции, посвященные легендам о Христе,— «Воскресение Христа» и «Поклонение волхвов», на восточном и западном — эпизоды из сказаний об Исаакии Далматском. Идея христианской религии выражена и в надписи под северным фронтоном: «Господи, силою твоею возвеселится царь».

В оформлении собора принимали участие выдающиеся живописцы К. П. Брюллов, Ф. А. Бруни, П. В. Басин, В. К. Шебуев, известные скульпторы И. П. Витали, Н. С. Пименов, П. К. Клодт, многие талантливые мастера-декораторы. Тематика скульптур и живописи интерьеров носит религиозное содержание, а некоторые композиции изображают события из истории Руси. В соборе находится около 300 скульптур и более 150 живописных произведений, свидетельствующих о высоком мастерстве их авторов. Это своеобразный итог достижений русской академической школы в области монументальной живописи.

Для убранства и отделки собора было использовано около 20 видов декоративного камня — порфира, малахита, ляпис-лазурита, многоцветного мрамора и др. Неудивительно поэтому, что Исаакиевский собор часто образно называют музеем цветного камня. Большой интерес в декоративно-художественном убранстве представляет главный иконостас, выполненный из белого мрамора с колоннами из малахита и лазурита.

Широкую известность получили мозаики собора, являющиеся копиями с живописных произведений и представляющие собой крупнейшее собрание русской мозаики прошлого столетия.

Царское самодержавие не пожалело средств на сооружение храма, который должен был стать символом незыблемости царского трона и православной церкви. На его строительство было потрачено более 23 миллионов рублей. Исаакиевский кафедральный собор был центром пропаганды религиозных и монархических идей.

С 1931 г. Исаакиевский собор — музей-памятник. В настоящее время экспозиция музея знакомит с историей строительства собора и его художественным убранством, рассказывает о проводившихся в нем реставрационных работах. Документы, гравюры, чертежи, акварели отражают наиболее значительные эпизоды возведения здания.

Большое место занимают литографии с авторских рисунков Монферрана. Среди них — виды предшествующих церквей и изображение различных периодов строительства.

В возведении собора приняли участие более 400 тыс. человек. Трудились они за нищенское жалованье полный световой день, жили в бараках с нарами в три яруса. Монферран с большой теплотой отзывался о русских рабочих. Он писал: «Русские рабочие честны, мужественны и терпеливы. Одаренные необыкновенным умом... отличаются добротой и простодушием, кои очень располагают к ним. Смелые по природе, они особенно любят опасную работу. Искусные в своем ремесле, они часто оказываются виртуозами...»

В музее стоит бюст Монферрана работы скульптора А. Фолетти, выполненный из различных пород камня, применявшегося для облицовки интерьера. Лицо архитектора, изображенного в последние годы жизни, вытесано из белого каррарского мрамора, мундир — из серого гранита, воротник мундира — из аспидного сланца, плащ — из шокшинского малинового кварцита, ордена и орденская лента — из зеленого, желтого и других оттенков мрамора.

Экспонируется модель лесов для подъема колонн, выполненная в 1826 г. При помощи такого устройства была произведена установка 48 колонн портиков. Подъем монолитов весом в 114 тонн продолжался 45 минут и привлекал всеобщее внимание. С ювелирной точностью исполнена из липового дерева модель Исаакиевского собора бывшим крепостным резчиком М. Т. Салиным. Наряду с чертежами эти модели раскрывают длительный процесс создания архитектурного облика гигантского здания, увековечившего труд нескольких поколений народных умельцев.

ГОСУДАРСТВЕННЫЙ МУЗЕЙ ГОРОДСКОЙ СКУЛЬПТУРЫ

Широко известны памятники монументальной и декоративной скульптуры города на Неве. Они прославлены в стихах и прозе, запечатлены на полотнах художников, воспеты в музыке.

В памятниках Ленинграда увековечены выдающиеся государственные события, героические подвиги нашего народа. Это своеобразная летопись, исполненная в граните, мраморе и бронзе.

Музей городской скульптуры — единственный в стране. В его ведении находятся все ленинградские памятники, мемориальные доски, знаменитые некрополи в Александро-Невской лавре и «Литераторские мостки» на Волковском кладбище.

Музей расположен в уникальном архитектурном ансамбле — Александро-Невской лавре, основанной Петром I в память о прославленном полководце князе Александре Невском.

Экспозиция музея размещается в старинном здании бывшей Благовещенской церкви, построенной в 1717—1725 гг. по проекту архитектора Доменико Трезини. Здесь находятся подлинные авторские модели и проекты памятников Петербурга — Ленинграда, а также художественные надгробия, выполненные виднейшими скульпторами и архитекторами XVIII—XIX вв. Первое место среди них по праву принадлежит прославленному русскому скульптору И. П. Мартосу. В музее хранятся лучшие его работы — шедевры мирового искусства.

Здание бывшей Благовещенской церкви связано с памятью о великом русском полководце — генералиссимусе А. В. Суворове. Здесь покоится его прах. Надгробием служит скромная плита, текст который прост и лаконичен: «Здесь лежит Суворов». Так завещал сам полководец.

В отделе городских памятников экспонируются модели наиболее значительных произведений монументальной скульптуры. Здесь модель знаменитого памятника основателю Петербурга Петру I — «Медного всадника», созданного скульптором Э.-М. Фальконе.

О воинской славе Отечества повествуют многие ленинградские монументы. В модели памятника А. В. Суворову, выполненного скульптором М. И. Козловским и открытого в 1801 г. на Марсовом поле, в аллегорической форме выражена непобедимость русской армии. В музее хранятся также подлинные модели памятников прославленным полководцам 1812 г. — М. И. Кутузову и М. Б. Барклаю-де-Толли, установленных возле Казанского собора на Невском проспекте, модель триумфальной Александровской колонны, исполненная в граните и бронзе, бронзовая модель памятника «Стерегущему», посвященного одному из героических эпизодов русско-японской войны 1904—1905 гг.

Экспозиция советского периода наглядно показывает, как воплощается в жизнь ленинский план монументальной пропаганды, принятый в 1918 г., несмотря на трудные условия, в которых находилось тогда молодое Советское государство. В этом плане ставилась задача выработки «проектов памятников, долженствующих ознаменовать великие дни российской социалистической революции», и увековечения памяти «предшественников социализма, его теоретиков и борцов, а также светочей философской мысли, науки и т. п.». Здесь находятся материалы обширной уникальной коллекции подлинных авторских моделей памятников Ленинграда, созданных за годы Советской власти. Экспозиция периодически пополняется конкурсными проектами и моделями новых монументов, сооруженных в нашем городе.

Особое место в экспозиции занимают памятники В. И. Ленину. В их создании участвовали лучшие скульпторы страны. Блестяще характеризует молодое советское искусство памятник вождю у Финляндского вокзала, созданный в 1926 г. скульптором С. А. Евсеевым совместно с архитекторами В. А. Щуко и В. Г. Гельфрейхом. Здесь можно увидеть также модель памятника Владимиру Ильичу перед зданием Смольного (скульптор В. В. Козлов) и другие. На редких фотографиях изображены первые петроградские памятники революционным и общественно-политическим деятелям: К. Марксу, А. Н. Радищеву, А. И. Герцену и другим.

В музее выставлены также модели памятников 1920—1930 гг.: Г. В. Плеханову — перед зданием Технологического института им. Ленсовета, В. Володарскому — у названного его именем моста на левом берегу Невы, жертвам 9 января 1905 г. на Преображенском кладбище, близ Обухова. Два последних монумента выполнены скульптором М. Г. Манизером.

В предвоенные годы в Ленинграде был сооружен памятник С. М. Кирову. Автор его — скульптор Н. В. Томский — создал образ пламенного борца-большевика, трибуна революции, великого гражданина. Этот памятник, модель которого экспонируется в музее, отражает один из важнейших этапов развития советской монументальной скульптуры, утверждает искусство социалистического реализма.

Значительное место в музейной экспозиции отведено памятникам, установленным в Ленинграде в честь выдающихся деятелей русской науки и культуры — великих революционных демократов Н. Г. Чернышевского, Н. А. Добролюбова, композитора Н. А. Римского-Корсакова, изобретателя радио А. С. Попова и многих других. Особый интерес вызывает модель памятника великому русскому поэту А. С. Пушкину, созданного талантливым ленинградским скульптором М. К. Аникушиным.

Большое значение имеют материалы, отражающие всемирно-историческую победу советского народа над германским фашизмом в Великой Отечественной войне 1941—1945 гг. Главное место в этом разделе занимает авторская модель центральной статуи (скульптор В. В. Исаева) архитектурного ансамбля-памятника на Пискаревском кладбище. Он воздвигнут над братскими могилами ленинградцев, погибших в грозные годы блокады. В символической скульптуре матери-Родины, воздающей славу доблестным сынам и дочерям своим, отдавшим жизнь за свободу и независимость,— великая скорбь и благословение на бессмертие.

Продолжением основной экспозиции служат находящиеся на территории Александро-Невской лавры Некрополь XVIII в., возникший на старейшем петербургском Лазаревском кладбище, и Некрополь мастеров искусств, созданный уже в советское время на Тихвинском кладбище. Это своеобразный пантеон, где находятся могилы многих выдающихся людей России.

В Некрополе XVIII в. похоронены великий русский ученый М. В. Ломоносов, писатель Д. И. Фонвизин, архитекторы И. Е. Старов и А. Н. Воронихин. Сюда перенесены с других кладбищ останки и надгробия скульпторов И. П. Мартоса и Ф. И. Шубина, живописцев В. Л. Боровиковского и С. Ф. Щедрина, архитекторов А. Д. Захарова и К. И. Росси, ученого Л. Эйлера, изобретателя А. К. Нартова и других. Большую ценность представляют художественные надгробия, созданные известными скульпторами: М. И. Козловским, Ф. Г. Гордеевым, И. П. Витали, В. И. Демут-Малиновским и другими мастерами.

Богат художественными произведениями и Некрополь мастеров искусства. Но помимо художественных достоинств он дорог для потомков тем, что здесь покоится прах писателей В. А. Жуковского, И. А. Крылова, Ф. М. Достоевского, композиторов М. И. Глинки, М. П. Мусоргского, П. И. Чайковского, художников А. И. Куинджи, И. Н. Крамского, И. И. Шишкина, артистов В. А. Каратыгина, В. Ф. Комиссаржевской, Н. К. Черкасова и других деятелей русской культуры.

В некрополе «Литераторские мостки» находится памятник семьи Ульяновых. Здесь похоронены члены семьи В. И. Ленина — его мать Мария Александровна Ульянова, сестры Ольга Ильинична и Анна Ильинична, зять — первый народный комиссар путей сообщения Марк Тимофеевич Елизаров. Над могилами семьи Ульяновых воздвигнут памятник с портретной бронзовой статуей Марии Александровны, бронзовыми бюстами Анны Ильиничны и М. Т. Елизарова и стела с рельефным портретом О. И. Ульяновой.

На «Литераторских мостках» погребены А. Н. Радищев, В. Г. Белинский, Н. А. Добролюбов, Д. И. Писарев, М. Е. Салтыков-Щедрин, И. С. Тургенев, И. А. Гончаров, Г. И. Успенский, Д. Н. Мамин-Сибиряк, А. И. Куприн, Н. С. Лесков, А. А. Блок, Н. В. Шелгунов, Г. А. Лопатин, Г. В. Плеханов, В. И. Засулич, С. Я. Надсон, И. И. Панаев, Н. Г. Помяловский, Д. И. Менделеев, И. П. Павлов и многие другие.

При посещении некрополей как бы открываются страницы истории Петербурга со времен Петра I, истории развития градостроительства, архитектуры, культуры, литературы, поэзии, критической и общественно-политической мысли, истории искусства России.

МУЗЕЙ-УСАДЬБА И. Е. РЕПИНА «ПЕНАТЫ»

На Карельском перешейке, в 45 километрах от Ленинграда, расположена знаменитая усадьба Репина «Пенаты», в которой с 1900 по 1930 г. жил и работал великий русский художник. В память о живописце прежний дачный поселок Куоккала назван его именем.

В 1899 г. художник купил здесь небольшой запущенный участок земли с деревянным домом. Маленький одноэтажный домик по рисункам и эскизам Репина постоянно обстраивался со всех сторон пристройками, балконами и верандами, а заросший кустарником и деревьями участок превратился в парк с аллеями, прудами, беседками.

Усадьба стала достопримечательностью этих мест. Любовь Репина к людям, его доброжелательность, гостеприимство, приверженность к литературе и музыке привлекали в «Пенаты» художников, писателей, музыкантов, ученых. Здесь, где жил и творил Репин, бывали лучшие представители русской культуры начала XX в.

В годы Великой Отечественной войны «Пенаты» были превращены врагами в пепелище. От дома остался только фундамент. Парк пришел в запустение. Общими усилиями архитекторов, художников, научных работников удалось восстановить всю территорию усадьбы, дом, внутренний вид комнат такими, какими они были в 1905—1912 гг., то есть в наиболее значительный период жизни Репина в «Пенатах». Все личные вещи художника, его работы, а также большая часть обстановки были вывезены в начале войны в Ленинград и сохранились.

Своеобразная архитектура дома с островерхими стеклянными крышами и резными наличниками окон, убранство комнат, восстановленное с максимальной достоверностью, тенистый парк с прудами, беседками и артезианским колодцем — все это помогает посетителям окунуться в ту атмосферу, которая царила здесь при жизни художника.

В доме много вещей, принадлежавших Илье Ефимовичу. Здесь можно увидеть репинскую накидку и широкополую шляпу, его трости и железную лопату, которой он работал в своем парке. Репин очень любил физический труд. На фотографиях, снятых в «Пенатах», мы видим его за работой: то он копает пруд с рабочими, то подметает опавшие листья на аллее, то убирает снег вместе с Шаляпиным. У окна в прихожей на бамбуковой подставке — медный гонг «Там-Там». Над ним — плакат: «Самопомощь... Снимайте пальто, калоши сами! Открывайте дверь в столовую сами! Бейте весело... в Там-Там!!!»

Самопомощь — это девиз репинского дома. Здесь не было швейцара или горничной, которые обычно встречали гостей в состоятельных домах. Все, не исключая хозяев, работали на равных правах, и прислуживание другим считалось недопустимым.

Кабинет И. Е. Репина — одна из самых светлых комнат дома. На письменном столе портфель, бювар, увеличительное стекло и другие вещи художника, много редких фотографий, страницы рукописи его воспоминаний «Далекое близкое». В этой книге он подробно рассказал о себе и товарищах по искусству. Мемуары написаны сочным и выразительным языком. «Далекое близкое» уже выдержало ряд изданий и имеет у читателей неизменный успех.

Страсть Репина к литературному творчеству отразилась также в обширной переписке с друзьями: письма к художникам, ученым, артистам были его излюбленным жанром. Они исчисляются тысячами, многие из них опубликованы.

О дружеских связях Репина с представителями передовой интеллигенции свидетельствуют и многочисленные книги, полученные им от авторов с дарственными надписями. На книжных полках вдоль стен скульптурные портреты близких Репину людей: Д. И. Менделеева, Л. Н. Толстого, А. Г. Рубинштейна и других.

В кабинете, удобно усевшись за письменным столом, художник любил зимними вечерами работать пером или акварелью.

В гостиной и столовой, где на стенах много картин И. Е. Репина и его учеников, обычно по средам собирались гости. Этот день недели был отдан друзьям. Первую половину приемного дня художник продолжал работать в мастерской, но к трем часам, когда начинали съезжаться гости, Репин, оживленный и тщательно одетый, выходил встречать приезжих. Его в «Пенатах» посещали А. М. Горький, А. И. Куприн, И. П. Павлов, В. М. Бехтерев, Ф. И. Шаляпин, А. К. Глазунов, В. В. Маяковский, С. А. Есенин, Л. Н. Андреев, К. И. Чуковский и многие другие выдающиеся деятели русской культуры.

Звучала музыка, поэты читали свои стихи, велись беседы об искусстве, о новостях общественной жизни. Хозяин дома всегда был в гуще общественных событий, принимал активное участие в работе Товарищества передвижников, объединявшего передовые демократические силы русского искусства. Его главные картины, созданные в годы творческого расцвета, — «Бурлаки на Волге», «Отказ от исповеди», «Не ждали», «Арест пропагандиста», «Иван Грозный и сын его Иван» — будоражили общество, звали к социальным переменам.

Узкая, крутая лестница ведет в мастерскую художника, которая занимает почти весь второй этаж. Бревенчатые стены этого помещения являются хорошим фоном для картин. Мастерская может быть разделена на три части портьерами. В центре мастерской на мольберте последний автопортрет Репина, он писал его, когда ему было 76 лет. На столике в синей вазе — кисти Репина. На низкой табуретке находится знаменитая подвесная палитра. Когда у Репина от чрезмерной работы атрофировались пальцы правой руки, он стал писать левой и, чтобы освободить левую руку, свою специальную палитру подвешивал ремнем у пояса.

В мастерской, по словам Репина, он «проводил лучшие часы своей жизни». В это время художник забывал обо всем, кроме искусства. Страсть к творчеству, к живописи владела им до конца дней. «Утром, едва проснувшись,— вспоминал К. И. Чуковский,— И. Е. Репин бежал в мастерскую и там истязал себя творчеством, ибо тружеником он был беспримерным. И даже немного стыдился той страсти к работе, которая заставляла его от рассвета до сумерек, не бросая кисти, отдавать все силы огромным полотнам, обступившим его в мастерской».

Здесь были написаны картины «Черноморская вольница», «Пушкин на лицейском экзамене», «Какой простор!», «Самосожжение Гоголя», «Поединок», портреты друзей.

Всю жизнь отдал Репин творческому труду. За несколько месяцев до смерти он работал над этюдом «Римский воин», который установлен на мольберте в мастерской. Здесь находятся и другие незаконченные произведения.

Завершается знакомство с музеем просмотром четырехминутного фильма, снятого в «Пенатах» в начале 1920-х гг. На экране — Репин, его живые, с лукавинкой глаза, запоминающаяся улыбка.

Со всех концов Союза и из-за рубежа приезжают люди, чтобы побывать там, где жил, работал и похоронен великий русский художник-реалист, произведения которого являются гордостью русского народа и достоянием всего культурного человечества.

Музей-усадьба И. Е. Репина «Пенаты» является филиалом Научно-исследовательского музея Академии художеств СССР — одного из старейших в стране, основанного одновременно с открытием в Петербурге Академии художеств, в 1757 г.

Размещается музей в старинном здании на Университетской набережной Васильевского острова, построенном во второй половине XVIII в. специально для Академии «трех знатнейших художеств — живописи, скульптуры и архитектуры».

Музей обладает богатейшим собранием учебных и дипломных работ выдающихся русских и советских художников — воспитанников Академии художеств за все время ее существования. Здесь представлены произведения таких известных живописцев, как А. А. Иванов, К. П. Брюллов, И. Н. Крамской, В. И. Суриков, В. А. Серов, прославленных скульпторов — Ф. И. Шубина, И. П. Мартоса, М. Г. Манизера и других.

В музее хранятся гипсовые слепки со знаменитых произведений античной и западноевропейской скульптуры, а также проектные чертежи и модели известных архитектурных памятников нашего города. Среди них — огромные деревянные модели Смольного монастыря, построенного Ф.-Б. Растрелли, Троицкого собора Александро-Невской лавры, спроектированного И. Е. Старовым, здания Академии художеств, сооруженного по проекту архитекторов А. Ф. Кокоринова и Ж.-Б. Валлен-Деламота, Исаакиевского собора, возведенного О. Монферраном. Великолепными образцами архитектурной графики являются чертежи выдающихся мастеров классицизма Д. Кваренги, А. Д. Захарова, А. Н. Воронихина, К. И. Росси.

При музее открыта мемориальная мастерская великого украинского поэта и художника Т. Г. Шевченко.

Музей имеет еще два филиала: музей-квартиру известного советского художника И. И. Бродского на площади Искусств и дачу П. П. Чистякова в Пушкине.

ГОСУДАРСТВЕННЫЕ ИСТОРИКО-АРХИТЕКТУРНЫЕ ДВОРЦОВО-ПАРКОВЫЕ МУЗЕИ-ЗАПОВЕДНИКИ

Высокое художественнное совершенство пригородных дворцово-парковых ансамблей Ленинграда ставит их в ряд выдающихся памятников мирового значения. В их создании принимали участие известные зодчие, живописцы, ваятели, инженеры, садоводы, талантливые умельцы из народа и многие тысячи безымянных строителей из крепостных людей и солдат.

После Великой Октябрьской социалистической революции бывшие царские дворцы и парки были взяты под охрану государства и стали доступны широким массам трудящихся.

В годы Отечественной войны фашисты ограбили, сожгли и разрушили дворцы и павильоны, вырубили в парках сотни тысяч деревьев, взорвали мосты и плотины, уничтожили фонтаны. В 1944 г. съезд архитекторов в Лондоне констатировал: «Человечество всего мира стало беднее от утраты таких памятников, как Павловск и Пушкин».

3 сентября 1944 г. в газете «Правда» было помещено сообщение Чрезвычайной государственной комиссии «О разрушениях памятников искусства и архитектуры в городах Петродворец, Пушкин и Павловск». В передовой статье газеты говорилось: «Мы побеждаем, мы победим

подлого и ненавистного врага. Будут залечены раны, нанесенные фашистскими захватчиками нашей земле. Будут восстановлены наши дворцы, музеи, картинные галереи, фонтаны, парки».

Правительство отпустило огромные средства, чтобы возродить из руин уникальные памятники национальной культуры. Возвращенные к жизни, казалось бы навсегда утраченные жемчужины искусства и архитектуры XVIII—XIX вв. стали своеобразными памятниками созидательному труду советских людей.

В 1986 г. за выдающийся вклад в восстановление дворцово-парковых ансамблей пригородов Ленинграда были удостоены Ленинской премии реставраторы — архитектор А. А. Кедринский, живописец Я. А. Казаков, резчик А. К. Кочуев, скульптор-модельщик Н. И. Оде, позолотчик П. П. Ушаков, а также искусствовед А. М. Кучумов. Столь высокая награда была впервые присуждена за реставрационную деятельность.

До сих пор продолжаются реставрационные работы в дворцово-парковых ансамблях Петродворца, Пушкина, Павловска и Ломоносова, на базе которых постановлением Совета Министров РСФСР в январе 1983 г. были созданы Государственные художественно-архитектурные музеи-заповедники.

ДВОРЦЫ-МУЗЕИ И ПАРКИ г. ПЕТРОДВОРЦА

Петродворец (бывший Петергоф) известен во всем мире как одно из самых высоких достижений национальной культуры, как яркое воплощение творческого гения и труда русских людей. Ансамбль парков, дворцов и фонтанов Петродворца возник в первой четверти XVIII в. на южном берегу Финского залива.

Замысел ансамбля принадлежит Петру I. В «Походном журнале» Петра за 1714 г. было отмечено, что началось строительство летней парадной загородной резиденции в Петергофе. Главными исполнителями воли царя были видные мастера архитектуры: И. Браунштейн, Ж.-Б. Леблон, Н. Микетти, М. Г. Земцов. По их проектам к 1725 г. были построены Большой дворец и Большой каскад, дворцы Монплезир и Марли, павильон Эрмитаж, сооружена фонтанная система, устроены и распланированы Верхний сад и Нижний парк.

Большие работы проводились в Петергофе в 1730—1750 гг., когда в основном был завершен художественный ансамбль Верхнего сада и Нижнего парка, воздвигнут фонтан «Самсон», посвященный исторической победе России в борьбе за выход к Балтийскому морю. Осуществлялась перестройка Большого дворца по проекту выдающегося русского архитектора Ф.-Б. Растрелли. По его проекту расширили центральную часть дворца и соединили ее галереями с двумя боковыми корпусами — Церковным и Гербовым. Внутри дворца великий мастер барокко создал роскошную анфиладу парадных залов и жилых покоев. Все помещения богато были украшены деревянной золоченой резьбой, зеркалами, живописными плафонами и наборными паркетами.

В 1770-х гг. в Петергофе много работал архитектор Ю. М. Фельтен. Он перестроил некоторые залы Большого дворца, что было обусловлено появлением в архитектуре нового стиля — классицизма. Золоченый резной декор, характерный для барокко, уступил место лепке.

В последние годы XVIII и в начале XIX в. проводились работы по реставрации Большого каскада. Старая свинцовая скульптура была заменена бронзовой, отлитой по античным образцам и моделям выдающихся русских скульпторов того времени Ф. И. Шубина, Ф. Ф. Щедрина, И. П. Прокофьева, И. П. Мартоса. Новую статую Самсона создал М. И. Козловский.

Вместе с лучшими ваятелями над обновлением Большого каскада работал великий русский архитектор А. Н. Воронихин, по проекту которого у Большого ковша были сооружены колоннады, ныне носящие его имя.

Начало XIX в. для Петергофа знаменательно появлением пейзажных парков. Среди них особо выделяется парк Александрия, заложенный в 1826 г. под руководством архитектора А. А. Менеласа. Он же строит трехэтажный «Коттедж»— своеобразный памятник архитектуры первой половины XIX в.

В середине XIX в. в строительных работах в Петергофе активно участвовали архитекторы А. И. Штакеншнейдер и Н. Л. Бенуа. Под руководством Штакеншнейдера был создан Колонистский парк с павильонами и достроен третий этаж в восточном флигеле Большого дворца.

В течение двух веков петергофские дворцы и парки являлись собственностью царской семьи, парадной летней резиденцией российских императоров.

После Великой Октябрьской революции дворцы Петергофа были преобразованы в историко-художественные музеи и открыты для всенародного обозрения. 18 мая 1918 г. по Большому Петергофскому дворцу прошла первая экскурсия рабочих в пятьсот человек. Вскоре для свободного осмотра открылись дворцы Марли, Монплезир и Эрмитаж.

Великая Отечественная война стала для петергофских ансамблей тяжелейшим испытанием, трагической страницей. Угроза оккупации заставила в крайне сжатые сроки провести эвакуацию музейных ценностей, укрыть парковую скульптуру. 23 сентября 1941 г. фашистские войска ворвались в Петергоф.

Двадцать восемь месяцев в Петергофе хозяйничали враги. Они превратили его архитектурные памятники в руины. Большой дворец и Большой каскад были взорваны и разрушены. Огромные повреждения получили дворцы Марли, Монплезир, Эрмитаж и фонтаны. Фашисты похитили монументальные статуи Самсона, Волхова, Невы и несколько тысяч музейных предметов.

После освобождения Петергофа в 1944 г. дворцово-парковых ансамблей как памятников искусства не существовало. Перед реставраторами встала небывалая задача — воссоздать их вновь, и прежде всего ансамбль XVIII в. с его каскадами и фонтанами.

Знаменательной датой возрождения Петергофа стало 14 сентября 1947 г., когда взвился водяной столб над статуей Самсона, раздирающего пасть льва, воссозданного советским скульптором В. Л. Симоновым.

Через пять лет над Большим каскадом вместо развалин возник силуэт Большого дворца.

Творческий труд реставраторов дал великолепные результаты — памятники Нижнего парка и Верхнего сада возродились на месте руин. Сейчас в Петродворце действуют три каскада и сто сорок четыре водомета. Полностью завершена реставрация дворцов Монплезир и Марли, павильона Эрмитаж, открыты восстановленные залы Большого дворца.

Большой дворец — один из интереснейших музеев страны. В нем представлены коллекции произведений русской и западноевропейской живописи, скульптуры, мебели, декоративно-прикладного искусства.

Во всем своем великолепии и красочном убранстве предстает перед нами Тронный зал. Классическая по мотивам лепка, изображающая военные трофеи, дубовые венки, лавровые и пальмовые ветви, подчеркивает структурное членение зала, обрамляет зеркала, окна, двери и картины. Тронный зал, самый большой во дворце (его площадь 342 кв. метра) — один из совершенных примеров синтеза архитектуры, скульптуры и живописи.

Особый интерес вызывает кабинет Петра I, сохранившийся от интерьеров дворца начала XVIII в. В нем находятся дубовые резные панно. С первого взгляда на кабинет ощущаешь неповторимый дух эпохи. Четыре окна с дубовыми переплетами и мелкой расстекловкой, обращенных в Верхний сад, наполняют комнату неярким ровным светом. Он мягко играет на дубовой облицовке стен, на беломраморном камине и зеркалах в фигурных рамах. Резное убранство кабинета — шедевр декоративной резьбы XVIII в.— выполнено в стиле барокко по рисункам, моделям и при участии одаренного рисовальщика и декоратора Н. Пино.

Привлекают внимание посетителей интерьеры двух Китайских кабинетов. На фоне шелка, которым затянуты стены, помещены чернолаковые китайские панно, состоящие из десятков миниатюрных изображений людей, зданий, растений, фруктов, животных, птиц. Рельефные орнаменты и динамичные деревянные золоченые скульптуры драконов и птиц украшают двери, рамы зеркал. Красочному убранству стен, мерцающих черным, красным и зеленым лаком, золотом и серебром, соответствует многоцветный декор потолков обоих кабинетов, напоминающий роспись по фарфору. Тонкостью и затейливостью рисунка отличаются наборные паркеты этих кабинетов — лучшие во дворце. Их узоры набраны из амаранта, палисандра, чинары, ореха, эбена, розового дерева и других ценных пород, гармонично подобранных по тону. В обоих кабинетах демонстрируются редкий фарфор, лаки, эмали.

С террасы Большого дворца открывается неповторимая по красоте панорама Большого каскада, канала и моря. Сверкая и переливаясь, десятки струй трепещущей воды придают каскаду яркую праздничность. Архитектурное решение и скульптурная декорация Большого каскада подчинены единому художественному замыслу. Шестьдесят четыре фонтана, двести пятьдесят пять бронзовых скульптур, барельефов, маскаронов и других декоративных деталей позволяют считать Большой каскад одним из самых крупных фонтанных сооружений мира. Центральная скульптурная группа и самый большой фонтан каскада —«Самсон, раздирающий пасть льва» (высота струи 19 метров) — стали памятником военного подвига русского народа, олицетворением его силы и непобедимости.

Морской канал с аллеей из 22 фонтанов делит. Нижний парк на две части — западную и восточную, соединяет Большой дворец и каскад с морем. В восточной части парка расположен каскад «Шахматная гора», а симметрично ему в западной — каскад «Золотая гора».

Марлинская аллея пересекает весь Нижний парк. Начинаясь от дворца Марли на западе, она ведет к парку Александрия, ее протяженность два километра. Аллея украшена фонтанами «Адам» и «Ева», а также мраморными вазами. Система из восьми аллей, расходящихся от этих фонтанов в разные части парка, образует две звезды.

Главным и самым интересным сооружением восточной части парка является любимый дворец Петра I — Монплезир — («Мое удовольствие»), расположенный на высокой искусственно созданной террасе у самого морского берега. Это первая дворцовая постройка на территории Нижнего парка, уникальный памятник русской архитектуры первой четверти XVIII в. Небольшой одноэтажный дворец отличается удивительной легкостью и четкостью пропорций. Высокая ярусная крыша, красные кирпичные стены, большие оконные проемы с мелкой расстекловкой создают своеобразный облик здания. В оформлении интерьеров дворца использованы изящная роспись на потолках, резное дерево, лаковые панно, изысканная лепка, изразцы.

Дворец, разрушенный фашистами, в настоящее время полностью восстановлен. В нем находится большая коллекция живописи голландских, фламандских и итальянских художников XVII — начала XVIII в., ставшая первой картинной галереей России.

Центральную часть дворца занимает Парадный зал — главный интерьер Монплезира. Его стены облицованы дубовыми панелями, потолок оформлен полихромной росписью, пол выстлан в шашечку черными и белыми мраморными плитами.

С востока к Парадному залу примыкают Лаковый кабинет, Кухня и Буфетная. В Кухне выставлена интересная коллекция подлинной утвари начала XVIII в., а в Буфетной — коллекция художественного стекла работы русских мастеров. С запада — Морской кабинет, из окон которого видны просторы Финского залива. Панели кабинета украшены изразцами с изображением 13 парусников, использовавшихся в русском флоте. Следующий зал — Спальня, где выставлены личные вещи Петра I: одежда, походная кружка, умывальный прибор и др. Рядом — Секретарская.

Перед дворцом Монплезир расположен парадный сад с фигурными цветниками и многочисленными фонтанными сооружениями.

Павильон Эрмитаж (хижина пустынника) подобно Монплезиру стоит на самом берегу моря. Он предназначался для уединения. Подчеркивая его изолированность, вокруг здания вырыт ров, облицованный кирпичом, через ров переброшен мостик, который первоначально был подъемным.

Эрмитаж имеет два этажа. Весь второй этаж занимает зал, стены которого от дубовых панелей до карниза сплошь завешены картинами. Более ста двадцати работ голландских, фламандских, итальянских и французских художников XVII—XVIII вв. и полотно «Полтавская баталия» составляют интересную коллекцию живописи.

Почти одновременно с Эрмитажем был построен дворец Марли. Он расположен на берегу прямоугольного пруда и является центром западного района парка. Внешне Марли напоминает образцовые дома знатных людей первых лет строительства Петербурга. Интересно отметить, что «Марли» именовалась резиденция французских королей, разрушенная в конце XVIII в., которую Петр I посетил и где зарисовал отдельные памятники. После его смерти во дворце Марли останавливались «знатные особы». Позже дворец, где находились мебель, посуда и личные вещи Петра, превратился в мемориальный музей.

Большой дворец разделяет и одновременно объединяет Нижний парк и Верхний сад.

Всю центральную часть Верхнего сада занимает широкий партер. Мраморные, бронзовые статуи и фонтаны украшают сад. Наиболее значительный в художественном отношении и самый большой фонтан Верхнего сада — «Нептун». Над сверкающей поверхностью бассейна возвышается фигура грозного бога морей с трезубцем в руке. На морских конях и дельфинах скачут фантастические существа. Выполненные с большим мастерством в бронзе фигуры образуют богатую скульптурную декорацию фонтана, эффектно сочетающуюся с игрой воды.

После ознакомления с Большим дворцом, Верхним садом и Нижним парком можно продолжить осмотр чудесных ансамблей Петродворца, перейдя в пейзажный парк Александрия. Здесь на высоком холме, откуда открывается прекрасный вид на море, расположен дворец «Коттедж», напоминающий английские готические постройки.

Фасад здания, украшенного ажурными стрельчатыми арками, остроконечными фронтонами, и убранство внутренних помещений необычно нарядны.

Все вещи для «Коттеджа» либо создавались специально, либо подбирались в строго определенном стиле. Массивные стулья с вытянутыми спинками, часы в виде готических соборов, ковры, повторяющие лепку потолка, стены, покрытые живописью, письменные приборы, ширмы, светильники — все дополняет друг друга, словно создано одним автором.

Коллекции художественно-исторического музея, разместившегося в «Коттедже», чрезвычайно разнообразны. Стены гостиных, кабинетов, столовой украшены первоклассными полотнами И. Айвазовского, М. Воробьева, О. Кипренского, С. Щедрина, Д. Доу и других известных живописцев. Многое связано здесь с историей русской воинской славы. В вестибюле в стену вмурован трофейный камень, привезенный в 1828 г. из побежденной турецкой крепости Варна.

В каждом музейном зале есть что-то особенно привлекающее внимание. Серебряная люстра в виде корзиночки с розами, коллекция тончайших миниатюр, государственная печать, выполненная из горного хрусталя, статуэтки мейсенского фарфора, большой серебряный Потсдамский кубок.

Посещение столицы фонтанов — Петродворца оставляет неизгладимое впечатление. Сюда ежегодно, особенно в летнее время, направляются миллионы людей — ленинградцы, советские и зарубежные туристы. И в памяти каждого навсегда останется жемчужина искусства, праздник воды и творений рук человеческих.

ДВОРЦЫ-МУЗЕИ И ПАРКИ г. ПУШКИНА

Дворцы и парки города Пушкина, создававшиеся более ста лет, являются прекраснейшими образцами архитектуры и садово-паркового искусства. Их красота отражена в живописи, графике, поэзии. Великий русский поэт А. С. Пушкин, чье имя носит ныне Царское Село, воспевал «прекрасный Царскосельский сад», воздвигнутые в нем памятники, любил этот город как родину своей музы.

Возникновение и развитие Царского Села неразрывно связано со строительством Петербурга и освоением окружающей территории. В 1717—1723 гг. для жены Петра I — Екатерины I на месте небольшой усадьбы, расположенной в 25 километрах от столицы, был выстроен каменный дворец и разбит регулярный сад.

К середине XVIII в. Царское Село сформировалось как парадная царская резиденция. Сложные строительные и отделочные работы, проводившиеся выдающимися архитекторами, скульпторами, художниками, садоводами и тысячами безвестных крепостных и солдат, превратили Царское Село в один из самых грандиозных архитектурно-парковых ансамблей. В 1744—1756 гг. сначала по проектам архитекторов М. Г. Земцова, А. В. Квасова и С. И. Чевакинского, а затем по проектам Ф.-Б. Растрелли перестраивается и расширяется дворец.

Екатерининский дворец — одна из главных достопримечательностей города Пушкина. Выдающийся мастер архитектуры русского барокко Ф.-Б. Растрелли является основным автором архитектурного решения этого здания и пышного скульптурного оформления, а также всей внутренней планировки и декоративной отделки залов. Он объединил отдельные части здания в единое грандиозное целое, надстроил галереи, сохранив основные принципы первоначальной планировки.

Главные фасады Екатерининского дворца, протянувшиеся более чем на 300 метров, отличаются богатой и разнообразной отделкой. Огромное количество колонн, пилястр и скульптурных фигур придает дворцу необычайно нарядный и торжественный вид.

Внутри дворца все парадные залы расположены один за другим по одной оси и создают «золотую анфиладу». Залы, отделанные в стиле барокко, украшены сложными орнаментальными композициями, исполненными в резьбе по дереву со сплошной позолотой.

Такие произведения Растрелли, как Большой зал, Янтарная комната, Картинный зал и некоторые другие, получили мировую известность.

В результате временной фашистской оккупации города Пушкина из 55 залов дворца-музея, сохранявших до 1941 г. первоначальное художественное убранство, к 1944 г. осталось только 16, в которых уцелели лишь некоторые фрагменты отделки. Все остальное погибло в огне пожара или было разграблено и вывезено. Фашисты разрушили павильоны, мосты, плотины, вырубили и уничтожили множество вековых деревьев.

Огромный труд вложили ленинградцы в возрождение дворцов и парков. На их реставрацию затрачены миллионы рублей.

В результате проведенных реставрационных работ здание Екатерининского дворца и парк восстановлены и вновь открыты для посетителей.

Дворец-музей включает в себя отреставрированные интерьеры Растрелли, Камерона, Стасова и выставку материалов по истории памятника.

Парадная лестница, находящаяся в самом центре дворца, ведет на второй этаж, к парадным залам. Ее стены и потолок украшены белым лепным орнаментом и скульптурными фигурами. В убранство этого интерьера, занимающего всю высоту и ширину здания, вносят праздничную красочность декоративные блюда и вазы китайского и японского фарфора XVIII в., а также малиновые драпировки окон. Потолок украшают картины итальянских художников на мифологические темы.

Рядом с парадной лестницей расположена Кавалерская столовая — один из парадных залов, созданных Растрелли. Стены зала украшены пилястрами и затейливым золоченым декором, характерным для стиля барокко. Пышные скульптурные наддверники и орнаментальные узоры причудливых раковин, охотничьих атрибутов и цветочных гирлянд, отражающихся в зеркалах, придают помещению праздничный и нарядный вид.

Мебельное убранство составляют золоченые кресла, сделанные по чертежам Растрелли, и фигурный стол, сервированный «Охотничьим» сервизом, который был изготовлен на Императорском фарфоровом заводе в 1760-е годы. Обстановка воспроизводит вид Кавалерской столовой во время дворцовых праздников, проходивших в Большом зале, куда ведут из Кавалерской высокие арочные двери.

В годы Великой Отечественной войны Большому залу был нанесен тяжелый урон. Этот зал, справедливо считавшийся жемчужиной Екатерининского дворца, восстанавливался из руин.

Большой зал поражает своими размерами, он кажется безграничным. Иллюзорное увеличение пространства и так грандиозного зала — площадью 815 квадратных метров — достигнуто за счет широкого использования зеркал и живописи. Окна расположены в два яруса с двух сторон зала. В стенках между окнами на всю высоту зала зеркала, в них отражаются зеркала на противоположной стене.

Главное украшение Большого зала — великолепная деревянная золоченая резьба. Она сплошь покрывает все простенки и, изгибаясь в причудливых завитках, то превращается в сочные объемные фигуры, то переходит в почти плоский орнамент. Выполняли резные украшения талантливые русские умельцы. Среди них особо выделялся потомственный мастер Петр Валюхин, создавший сто сорок восемь скульптур — подлинных произведений искусства. В его руках безликие липовые заготовки совершенно преображались, оживали, превращаясь в игривых амуров, в изящные, грациозные женские фигурки.

Огромную творческую фантазию проявили мастера-резчики, создавая обрамления окон и дверей, зеркальные рамы и многочисленные скульптуры. Ни один из них не копировал точно образец. Каждый по-своему чувствовал материал, форму, объем.

В комнатах, обращенных окнами к парку, расположены выставочные помещения. Созданные в них экспозиции знакомят с основными этапами строительства Екатерининского дворца и с методами его восстановления.

Старинная деревянная модель Царскосельского дворца, созданная в 1744 г. архитектором Квасовым,— один из ценнейших экспонатов музея. Модель дает представление о не сохранившемся архитектурном сооружении талантливого русского зодчего и напоминает о том, как в старину велась подготовка к постройке больших дворцовых зданий.

Картины, написанные во второй половине XVIII в., воспроизводят наружный вид дворца, созданного архитектором Растрелли, и прилегающие к нему регулярные парки.

Экспозиция рассказывает о том, как изменилась судьба Екатерининского дворца после Великой Октябрьской революции, когда бывший парадный царский дворец был превращен в музей. Она показывает также, как варварски уничтожали гитлеровцы культурные ценности.

В нескольких выставочных залах представлены материалы, рассказывающие о реставрации фасадов и основных видов художественной отделки интерьеров Екатерининского дворца — резьбы, лепки, позолоты, расписных изразцов, декоративной живописи, обивочных тканей, наборных паркетов.

Талантливые советские реставраторы завершили работы в Большом зале и воссоздают залы парадной анфилады Растрелли. Здесь была до войны и широко известная Янтарная комната — единственный в мире образец применения янтаря для декоративной отделки стен. Живописные полотна и документальные фотографии воспроизводят общий вид этого уникального интерьера.

Янтарные панно, украшавшие комнату, были подарены Петру I королем Пруссии Фридрихом-Вильгельмом I. Пластинки янтаря, различные по размерам, форме, цвету, прозрачности, составляли золотистую мозаику. Комната словно светилась каким-то внутренним светом. На оборотной стороне янтарных пластинок вырисовывались целые гравированные композиции — пейзажи, цветы, жанровые сценки, орнаменты.

На фоне мозаичных панно рельефно выделялись выполненные из янтаря других оттенков резные медальоны, гирлянды и розетки. Сочетание гладкого полированного янтаря с объемным резным было очень эффектно. Несколько позднее в убранстве Янтарной комнаты появились четыре великолепные картины, выполненные из полудрагоценных камней в технике флорентийской мозаики с живописных оригиналов итальянского художника XVII в. Дж. Дзокки.

Около двухсот лет Янтарная комната — сокровище Екатерининского дворца — сохранялась почти без изменений. Фашисты похитили янтарные панно. Их до сих пор не удалось обнаружить. В настоящее время творческий коллектив реставраторов ведет уникальные работы по возрождению утраченного шедевра.

На выставке представлены подлинные произведения искусства из коллекций Янтарной комнаты, которые удалось сохранить. Среди них — янтарные шахматы, ларцы, шкатулки, медальоны, солонки, табакерки, декоративные украшения. Они восхищают тончайшей работой мастеров, с большим искусством передавших художественные достоинства янтаря, его неповторимую прелесть.

Из восстановленных парадных залов дворца особо выделяется Картинный. Его стены украшает богатая коллекция живописи — сто тридцать художественных произведений, размещенных вплотную друг к другу. Картины разнообразны по манере исполнения, жанру, колориту, размерам. Они принадлежат кисти живописцев итальянской, французской, фламандской, голландской, немецкой и австрийской школ XVII — начала XVIII в. Основная часть коллекции приобретена в 1745 г. в Праге специально для царскосельского дворца. Это было тогда самое большое в России собрание картин западноевропейских мастеров.

В годы Великой Отечественной войны Картинный зал сгорел, но картины были своевременно сняты со стен и почти все эвакуированы.

Многие годы велась сложнейшая работа по восстановлению деревянной позолоченной резьбы. Заново набирался паркет, писался плафон «Олимп». Реставрировались сохраненные картины.

Вдохновенный труд реставраторов — мастеров высокой квалификации увенчался блестящим успехом — Картинный зал был открыт, и его вновь с огромным интересом и вниманием осматривают экскурсанты.

С парадными интерьерами, созданными архитектором Ч. Камероном в классическом стиле, посетитель знакомится в северной части дворца. Среди них наибольший интерес представляют Зеленая столовая и Голубая гостиная.

Зеленая столовая отделана по мотивам античного искусства. Ее стены покрыты лепными рельефами, исполненными известным русским скульптором И. П. Мартосом.

Голубая гостиная по богатству и разнообразию декора, примененного Камероном, самая нарядная комната апартаментов.

Заканчивается осмотр художественных интерьеров Екатерининского дворца в Предцерковном зале, созданном талантливым представителем позднего классицизма архитектором В. П. Стасовым в 1843 г.

Экскурсию по Екатерининскому парку лучше всего начать от центрального подъезда дворца. Отсюда прямая аллея ведет к павильону «Эрмитаж» — выдающемуся памятнику русской садово-парковой архитектуры середины XVIII в.

Этот нарядный двухэтажный павильон с купольным завершением, множеством колонн и лепных украшений создан Ф.-Б. Растрелли одновременно с дворцом.

Эрмитажная аллея проходит через регулярную часть парка, украшенную мраморной скульптурой мастеров венецианской школы. Статуи и бюсты в аллегорической форме прославляют воинскую доблесть, силу и могущество России.

Недалеко от дворца с левой стороны аллеи архитектором И. В. Нееловым сооружено два павильона — Верхняя и Нижняя ванны. Они построены в строгом классическом стиле.

Пройдя от Эрмитажа к павильону «Грот», расположенному на берегу Большого пруда, можно полюбоваться еще несколькими декоративными сооружениями и прекрасными пейзажами.

Грот с лазоревыми стенами и белыми колоннами хорошо вписывается в пейзаж. Он предназначался для отдыха после катания на пруду. Тема убранства павильона — прославление водной стихии.

На другом берегу Большого пруда расположено Адмиралтейство (1773—1777 гг.) — три здания из красного кирпича со стрельчатыми окнами и башенками в духе готических построек. Автор этого комплекса В. И. Неелов совместно с садоводами И. Бушем и Т. Ильиным руководил разбивкой пейзажной части парка, композиционным центром которого стал пруд с живописными берегами.

На мысе, впадающем в Большой пруд, стоит небольшой изящный павильон с двумя куполами и башенкой в виде минарета — Турецкая баня. Автор ее, архитектор И.-А. Монигетти, придал сооружению вид турецкой мечети.

Над гладью Большого пруда величественно возвышается мраморная Чесменская колонна. Необычная постановка памятника в центре озера, ростры на колонне, фигура бронзового орла, ломающего когтями полумесяц, символизируют победу русского флота над турецким в 1770 г. в Чесменской бухте.

От павильона «Грот» перейдем к комплексу, пристроенному к юго-западной части дворца Ч. Камероном. В него входит Камеронова галерея, павильон Холодные бани с Агатовыми комнатами, Висячий сад и пандус. Нижний тяжелый рустованный ярус этих построек представляет собой своего рода постамент для необычного по тонкости и изяществу второго яруса. Сочетание белой колоннады и цоколя из пудожского камня создает удивительный эффект монументальности и в то же время необыкновенной легкости.

Галерея и другие сооружения (1780—1795 гг.) составляют единый архитектурный ансамбль русской классической архитектуры, мастерски включенной в уже сложившийся ранее комплекс дворца и парка.

Для отделки стен Агатовых комнат Ч. Камерон применил полудрагоценные камни Урала и Алтая. Главное место занимает уразовская яшма, напоминающая по своей расцветке сырое мясо и носящая название «мясного агата». Блестящая каменная поверхность стен в течение дня неоднократно меняет свою тональность, загораясь багрянцем под лучами утреннего солнца и становясь лиловато-коричневой в сумерки.

В Агатовых комнатах собраны изделия из цветного камня, обработанного замечательными русскими камнерезами. На Камероновой галерее открыты выставки «Костюм и предметы быта в России конца XVIII — начала XX века», «Русский и западноевропейский фарфор XVIII — начала XX века из коллекции Екатерининского дворца», а также сезонная выставка «Парадный экипаж».

Спустившись по пандусу в парк, можно пройти к одной из интересных его достопримечательностей — фонтану «Девушка с кувшином». Ему Пушкин посвятил чарующие поэтические строки:

Урну с водой уронив, об утес ее дева разбила.
Дева печально сидит, праздный держа черепок.
Чудо! не сякнет вода, изливаясь из урны разбитой;
Дева, над вечной струей, вечно печальна сидит.

В оформлении фонтана использован сюжет басни французского баснописца XVII в. Ж. Лафонтена.

К северо-западу от Екатерининского парка во второй половине XVIII в. был создан новый сад, впоследствии получивший название Александровского.

Среди лучших его сооружений — знаменитый Александровский дворец — вдохновенное творение архитектора Д. Кваренги. Старейшая часть парка расположена против главных ворот Екатерининского дворца. Парадная аллея, обсаженная четырьмя рядами лип, является центральной линией регулярного сада. Она пересекается крестообразно с широкой зеленой просекой и образует четыре квадратных участка, окаймленных крестовым каналом. Два квадрата сохранили первоначальную планировку — куртина «Грибок» и находящаяся наискось от нее насыпная горка «Парнас». Через Крестовый канал и небольшие пруды перекинуты красивые мосты, созданные по проектам видных архитекторов. За каналом продолжается пейзажная часть парка.

Город с его огромными (600 га) парками и памятниками зодчества широко известен не только в нашей стране, но и за рубежом. Дворцы и сады Пушкина ежегодно посещают миллионы людей.

ОРДЕНА «ЗНАК ПОЧЕТА» ПАВЛОВСКИЙ ДВОРЕЦ-МУЗЕЙ И ПАРК

Недалеко от Ленинграда расположен замечательный дворцово-парковый ансамбль Павловска — уникальный памятник мирового искусства конца XVIII — начала XIX в.

Пятьдесят лет (1777—1827 гг.) строили и совершенствовали дворец и парк известнейшие архитекторы, художники, скульпторы и тысячи безвестных русских умельцев. В создании его участвовали лучшие художественные силы России и Западной Европы. По проектам архитекторов Ч. Камерона, В. Бренны, Д. Кваренги, А. Воронихина, Тома де Томона, К. Росси были построены дворец и парковые павильоны, отделаны интерьеры, изготовлена мебель. Выдающиеся русские ваятели Ф. Гордеев, И. Прокофьев, И. Мартос, М. Козловский, В. Демут-Малиновский создали скульптурное убранство дворца и парка, декоративные росписи в залах выполняли художники А. Мартынов, Д. Скотти и П. Гонзаго. Залы дворца украшены также большим количеством подлинных античных статуй и бюстов и картинами крупнейших художников XVII—XVIII вв.

Талантливые мастера, используя богатые традиции русского зодчества, создали дворец и парк, поражающие необыкновенной слитностью частей и целого, совершенством пропорций, органическим сочетанием архитектуры, живописи и скульптуры.

В последующие годы ансамбль не претерпел каких-либо существенных изменений и сохранил до наших дней единство художественного стиля и авторский замысел зодчих.

«Наилучшим памятником совершенно целостного вкуса... является Павловск. Изысканный выбор художественных произведений дворца, составляющих его обстановку, в связи с замечательной отделкой его залов, делает из Павловска памятник, равный которому мало можно найти в Европе»,— писал о выдающемся значении Павловска в истории русской культуры первый нарком просвещения А. В. Луначарский.

В 1777 г. на землях, подаренных Екатериной II своему сыну, будущему императору Павлу I, началось строительство загородной усадьбы в 27 километрах от Петербурга, на берегу Славянки. Эта дата зафиксирована на обелиске, установленном в память основания Павловска.

Вначале было построено два небольших деревянных дома, названных на немецкий лад: «Паульлюст» и «Мариенталь». Но скоро скромные размеры дачи перестали удовлетворять владельцев.

Сооружение нового дворца и разбивку парка на месте диких лесных зарослей поручили архитектору Ч. Камерону. Построенный по его проекту дворец (1782—1786 гг.) состоял из центрального корпуса, двух флигелей и двух галерей.

Центральный корпус дворца имеет три этажа и увенчан куполом, окруженным шестьюдесятью четырьмя колоннами. К центральному корпусу симметрично с двух сторон примыкают изогнутые галереи, соединяющие его с боковыми флигелями. Такая композиция, типичная для раннего классицизма, образует парадный двор, напоминающий своей формой незамкнутый эллипс.

Следующий этап строительства дворца начался в 1790-е гг., когда после вступления на престол Павла I дворец стал официальной императорской резиденцией. К работам по расширению дворца и парка привлекается архитектор В. Бренна, который придал им парадность и торжественность.

После пожара в 1803 г. восстановительными работами руководил выдающийся русский архитектор А. Н. Воронихин. На завершающем этапе строительства и в декоративном оформлении дворца ярко проявился талант зодчего К. И. Росси.

История Павловского дворца как императорской резиденции заканчивается со смертью Павла I, убитого 12 марта 1801 г. в Петербурге в только что построенном для него Михайловском замке. В последующие годы владельцами Павловска были члены царской семьи.

Великая Октябрьская революция знаменовала начало нового этапа в истории ансамбля Павловского дворца и парка. Он был превращен в государственный музей, его двери распахнулись перед трудящимися.

Тяжелым испытанием для Павловска стала Великая Отечественная война: его заняли фашисты. Сожженный дворец, взорванные мосты и разрушенные павильоны,

70 тысяч вырубленных в парке деревьев — вот результат вражеской оккупации.

Сразу же после освобождения Павловска Советское правительство отпустило огромные средства на восстановительные работы. Началась консервация остатков декоративной отделки разрушенного дворца. В последующие годы развернулись реставрационные работы. На свои исторические места вернулись возвращенные из эвакуации подлинные предметы первоначального убранства залов, утраченные были заменены похожими по стилю и характеру аналогиями, некоторые изготовлены заново по образцам и фотографиям. К 1970 г. были восстановлены и открыты 45 дворцовых залов музея. Они выглядят теперь во всем своем великолепии. Мы восхищаемся чуткой душой и золотыми руками советских мастеров, вернувших нам то, что, казалось, было потеряно навсегда.

Осмотр дворца-музея начинается с Египетского вестибюля. Его украшают статуи ложноегипетского стиля, олицетворяющие двенадцать месяцев года. У их ног размещены символизирующие эти месяцы атрибуты. Над скульптурами — барельефы со знаками зодиака — условным обозначением небесных созвездий для каждого месяца.

Из Египетского вестибюля на второй этаж ведет лестница с коваными решетками. Она широкой аркой соединяется с парадным вестибюлем. Стены лестницы и вестибюля богато декорированы лепкой с изображением древнеримского оружия, рыцарских доспехов вперемежку с русскими и трофейными турецкими знаменами и бунчуками. Они отражают блестящие победы России. При Павле I вестибюль служил местом развода дворцового караула.

За вестибюлем расположен центральный зал дворца — Итальянский, торжественный, высокий, сверкающий искусственным мрамором и позолотой. В полукруглых нишах установлены первоклассные образцы древнеримской скульптуры I—III вв. — копии с греческих оригиналов IV—III вв. до н. э. школы Праксителя и Лисиппа.

Собрание античной скульптуры Павловского дворца занимает в нашей стране одно из первых мест после Эрмитажа. Некоторые статуи были приобретены Екатериной II из знаменитого собрания антиков английского коллекционера Лайд-Брауна.

Следующий за Итальянским Греческий зал имеет красивую колоннаду из зеленого искусственного мрамора, он украшен ценнейшей мебелью. Это одно из самых торжественных дворцовых помещений. На больших мраморных каминах и столах-консолях установлены великолепные канделябры, вазы, часы — шедевры французских бронзовщиков, среди которых особенно славилось искусство П. Томира. По сторонам от Греческого зала расположены залы Войны и Мира, богато украшенные лепкой и позолотой. В сочетании с белым мрамором стен такое оформление делает их особенно нарядными.

Северная анфилада залов центрального корпуса — приемные залы Павла, а южная — залы «женской половины».

В северной анфиладе особый интерес представляют Библиотека Павла I, украшенная тонкими ковриками с изображениями сюжетов басен Лафонтена, и Ковровый кабинет с редким французским гобеленом и брюссельскими шпалерами XVIII в. на сюжеты из романа Сервантеса «Дон Кихот». Центральное место в Библиотеке Павла и Ковровом кабинете занимают монументальные письменные столы работы русских мебельщиков. В них красное дерево сочетается со слоновой костью, тонкой чеканной бронзой, камнями. В едином ансамбле изготовлены и настольные украшения: модель античного храма, письменный прибор с канделябром из слоновой кости и янтаря.

В южной анфиладе следует отметить богато украшенный Будуар с мраморными пилястрами, на которых скопированы рисунки Лоджий Рафаэля, и Парадную спальню, стены ее обтянуты расписным шелком. Резная золоченая мебель выполнена французским королевским мебельщиком Жакобом. Здесь же находится уникальный туалетный прибор из 64 предметов, изготовленный на фарфоровом заводе в Севре и подаренный королевой Марией-Антуанеттой жене Павла I Марии Федоровне. Через Фрейлинскую можно попасть в Картинную галерею, а затем в Тронный и Кавалерский залы.

В Картинной галерее находится около 80 полотен известных французских, итальянских и фламандских художников XVII—XVIII вв. Среди них выделяются полотна величайшего фламандского художника Питера Пауля Рубенса, Ж.-Б. Грёза, Г. Робера и другие.

Тронный зал поражает своим простором, его площадь — 400 квадратных метров. Огромный плафон придает залу большую высоту, торжественность. Эскизы плафона, разработанные Пьетро Гонзаго, остались неосуществленными. Только через 150 лет при восстановлении зала бригадой советских реставраторов под руководством художника А. В. Трескина был воплощен замысел великого декоратора.

Кавалерский зал предназначался для парадных приемов мальтийских кавалеров, часто приезжавших в Россию. Павел принял чин гроссмейстера Мальтийского ордена, желая сплотить в его рядах дворянство России и стран Европы для борьбы с французской революцией. Отделка зала является прекрасным фоном для ритмично расставленной на постаментах цветного мрамора подлинной античной скульптуры — бесценной коллекции антиков.

Второй этаж завершается Кавалергардской комнатой, в которой представлены документы и фотоматериалы, посвященные труду талантливейших советских реставраторов, возродивших Павловск.

Для продолжения осмотра дворцовых помещений первого этажа необходимо вернуться по залам до Фрейлинской и по лестнице спуститься вниз. По этой же лестнице можно подняться на третий этаж, где расположена экспозиция «Русский жилой интерьер».

В первом этаже центрального корпуса размещены приемные комнаты жилой половины — Танцевальный зал, Старая гостиная, Бильярдная, Большая столовая. Здесь же расположены Угловая гостиная и ряд так называемых «кабинетов».

Анфилада личных комнат, размещенная в первом этаже южного полуциркуля, включает в себя еще более изысканные по архитектурной отделке залы. Среди них особенно примечательны кабинеты Пилястровый и «Фонарик». В Пилястровом кабинете происходили обычно литературные чтения, на которых присутствовали знаменитые поэты и писатели. Кабинет «Фонарик» служил библиотекой. На его стенах размещены живописные полотна известных итальянских и французских художников XVII — XVIII вв. и крупнейшего испанского живописца X. Риберы.

Знакомство с парком лучше всего начать с Собственного садика. Он неразрывно связан с дворцовыми помещениями, балконами, террасами и лестницами. Центральная аллея, украшенная мраморными вазами, подводит к Павильону трех граций, напоминающему античный храм. В нем сверкают белизной фигуры трех граций, искусно высеченные из одного куска мрамора скульптором П. Трискорни. Силуэт красивых женских фигур, поддерживающих вазу, тонко вписался в общую композицию. Этот павильон стал своеобразным символом Павловска.

Напротив дворца, на другом берегу Славянки, расположена колоннада Аполлона. Сложенная из природного камня, пудожского известняка, строгая и торжественная, она доносит до нас дух архитектуры античного мира.

На низком берегу, почти у самой воды, расположен Храм дружбы. Это круглое в плане здание, окруженное непрерывным рядом колонн, надолго приковывает к себе внимание. Благодаря богатой игре светотени на поверхности колонн храм кажется излучающим мягкий, переливающийся свет во всякое время суток при любой погоде.

Для продолжения осмотра придворцовой части парка следует вернуться на Тройную аллею, служившую ранее главным въездом в усадьбу.

Здесь, на аллее, проходили парадные церемонии придворных выездов, встреч и приемов знатных гостей, посещавших Павловск.

С южной стороны Тройной липовой аллеи расположен Вольерный участок, в центре которого построен один из красивейших павильонов в классическом стиле — Вольер (птичник).

Слева от дворца, ближе к реке Славянке, расположены Большие круги. На каменных круглых со ступеньками террасах установлены мраморные статуи Мира и Правосудия, привезенные в Россию из Италии еще по заказу Петра I. Вокруг террас разбиты цветники.

Тройная липовая аллея приводит к району, получившему название Парадное поле: в конце XVIII в. это место служило плацем для военных парадов.

Широкая дорога, окаймленная белыми камнями, ведет к двум наиболее часто посещаемым районам парка — Старой и Новой Сильвии («сильва» — лес). За Старой Сильвией сохранилось еще и второе название — Двенадцать дорожек.

Район Старой Сильвии украшают бронзовые статуи. В центре площадки — Аполлон Бельведерский. Вокруг него — девять муз, а также статуи Меркурия, Венеры, Флоры. Каждая из них начинает одну из двенадцати дорожек.

Красота и разнообразие пейзажей огромного Павловского парка (600 га) никого не оставляет равнодушным. В любое время года, в любой день недели едут в Павловск ленинградцы и многочисленные гости нашего города. Едут группами, семьями, в одиночку. Каждый, кто побывал здесь хотя бы раз, испытывает потребность вернуться — еще раз полюбоваться великолепным убранством дворца, послушать концерт в Греческом зале, посмотреть новую выставку, побродить по аллеям парка, прелесть которых непередаваема.

ДВОРЦЫ-МУЗЕИ И ПАРКИ
г. ЛОМОНОСОВА

В 44 километрах от Ленинграда, на высокой гряде, спускающейся террасами к берегу Финского залива, раскинулись дворцы и парки города Ломоносова, в прошлом Ораниенбаума. Среди ленинградских пригородов Ломоносов занимает особое место. В годы Великой Отечественной войны город не был оккупирован. Защитники легендарного Ораниенбаумского плацдарма выдержали длительную осаду, отсюда начались боевые операции по разгрому фашистских войск под Ленинградом.

От артиллерийских обстрелов и бомбардировок дворцы и парки значительно пострадали, но они оказались единственными в пригородах Ленинграда не разграбленными фашистами.

После окончания войны были проведены реставрационно-восстановительные работы и открыты музеи: Китайский дворец, дворец Петра III и павильон Катальной горки.

Начало застройки Ораниенбаума относится к тому времени, когда Петр I, вернув захваченные Швецией территории, раздал их своим приближенным. Земли, расположенные на берегу Финского залива, напротив Кронштадта, получил А. Д. Меншиков. Здесь создается его загородная усадьба, названная Ораниенбаум — «Померанцевое дерево».

Ансамбль Большого дворца в основном был построен в 1710—1725 гг. по проекту архитекторов М. Фонтана и Г. Шеделя. Он расположен на высоком берегу и обращен своим главным фасадом к заливу. От него, пересекая искусственно созданные террасы, в парк спускается парадная каменная лестница.

В Нижнем парке располагались прямые аллеи, партерные цветники, фонтаны. На аллеях и газонах стояли скульптуры. Это был один из первых регулярных парков в России.

Для Большого дворца — одного из лучших памятников русской архитектуры первой четверти XVIII в.— характерна широта художественного замысла и большой творческий размах. Дворец является одним из уникальных сооружений Петровской эпохи, сохранившихся до наших дней. Двухэтажный корпус с высокой крышей — композиционный центр ансамбля. Он соединен плавными дугами одноэтажных флигелей с высокими восьмигранными павильонами. Пилястры, колонны, фигурные наличники придают дворцу величественный и парадный вид.

Вскоре после смерти Петра I Меншиков оказался в изгнании, и Ораниенбаум отошел в казну. В 1743 г. императрица Елизавета Петровна подарила его своему племяннику Петру Федоровичу (впоследствии Петру III). Вновь закипела жизнь в Ораниенбауме, ставшем летней резиденцией великого князя Петра Федоровича и его жены Екатерины Алексеевны (будущей Екатерины II). В этот второй период, который заканчивается 1762 годом, завершается создание Большого дворца и приводится в порядок Нижний парк, сооружается крепость Петерштадт. К крепости, построенной в виде двенадцатиконечной звезды, вели три подъездных моста. Окружена была крепость земляным валом, который имел брустверы. Снаружи они были обведены рвами, наполненными водой. Внутри крепости находились небольшие арсеналы и гауптвахта, дома для офицеров и казармы для солдат. На строительстве этого своеобразного военного городка трудилось много рабочих и мастеровых. Руководили всеми работами архитекторский ученик Савелий Соколов и инженер-поручик Роман Качалов.

Одновременно с возведением крепости шло строительство дворца Петра III. К этому же времени относится и создание парка. Его первоначальная разбивка, как и строительство дворца Петра III, производилась по проекту Антонио Ринальди. .

В небольшом двухэтажном здании дворца Петра III сочетается монументальность и строгость крепостного сооружения с легкостью и изяществом парадной постройки. Балкон украшен узорчатыми решетками, высокая крыша обрамлена балюстрадой. В нижнем этаже были служебные помещения. Парадные комнаты второго этажа — Передняя, Буфетная, Большой зал, Кабинет, Опочивальня и Будуар — богато оформлены резьбой по дереву, лаковыми росписями, картинами, шелком. Здесь сохранилась великолепная лепка потолков и падуг.

Большой зал дворца, который играл роль и парадной приемной, и столовой, украшен картинами западноевропейских мастеров XVII — XVIII вв. Но самыми замечательными в отделке Большого зала и двух соседних с ним комнат — Кабинета и Спальни являются лаковые росписи, исполненные в китайском вкусе. Декоративные композиции, изображающие человеческие фигуры и бытовые сцены, архитектуру и природу, размещены на панелях, дверях и откосах дверных проемов. Эти свободно трактованные фантазии, выполненные «лакирных дел мастером» Федором Власовым, представляют большую художественную ценность.

Лаковая живопись дворца композиционно связана с резьбой по дереву. В ее рисунках умело сочетаются мотивы рокайля с растительными мотивами. Выполняли резьбу четыре резчика: Дмитрий Михайлов, Павел Дурногласов, Дмитрий Иванов и Степан Фирсов. Очевидно, эти же мастера сделали отделку стены в Буфетной. На ней расположены посеребренные деревянные резные кронштейны. Боковые части стены обрамлены резьбой, напоминающей стволы пальм. В декоративную композицию включена коллекция фарфора XVIII в.

Строительство нового архитектурно-паркового ансамбля Верхнего парка с Китайским дворцом и Катальной горкой началось для летней резиденции Екатерины II во второй половине XVIII в.

Китайский дворец (1762—1768 гг.), построенный по проекту А. Ринальди, получил свое название в связи с тем, что несколько комнат в нем отделаны в характере китайского искусства. Его архитектурное решение связано с парком. В ансамбль включены партерные садики, разбитые с двух сторон здания. Планировка дворца отличается симметрией и равновесием. Семь помещений, расположенных по главной оси «восток — запад», составляют анфиладу парадных зал, перпендикулярно которой в двух выступах южного фасада находятся две малые анфилады — бывшие личные комнаты Екатерины II и ее сына Павла.

Семнадцать комнат Китайского дворца богато украшены лепкой и живописью. Для их отделки применялись резьба по дереву, мозаика, позолота, искусственный мрамор, стеклярус. Ринальди широко использовал лепку, которая с большим искусством была выполнена русскими и итальянскими мастерами. Замечательные паркеты дворца общей площадью 722 квадратных метра собраны из многих отечественных и «заморских» древесных пород. Для каждой комнаты в соответствии с ее отделкой набирался свой оригинальный рисунок паркета.

Красочное убранство дополняют плафоны и картины, приобретенные у крупных мастеров-художников Венецианской академии художеств. Своеобразной картинной галереей можно назвать Портретную, стены которой отделаны 22 женскими портретами П. Ротари. В Зале муз и других интерьерах Китайского дворца представлена декоративная живопись итальянского мастера С. Торелли.

Уникальное значение имеет декоративная отделка в Стеклярусном кабинете, стены которого украшены панно, вышитыми стеклярусом и синелью (ворсистым шелком). Двенадцать панно работы французской мастерской де Шена, отделены друг от друга резными рамами в виде стволов пальм, выполненными русскими резчиками и позолотчиками.

Центр архитектурно-планировочной композиции дворца — Большой зал украшают два медальона в смальтовых рамах, с мраморными барельефами, изображающими Петра I и Елизавету Петровну (работы М.-А. Колло).

Во дворце хранится редчайшая коллекция прикладного искусства. XVIII в.— фарфор русских и мейсенских мастеров, лаки и эмали Востока украшают интерьеры.

Резная золоченая мебель — консоли с зеркалами, табуреты и банкетки — выполнена русскими резчиками и позолотчиками по рисункам Ринальди. Мебель наборной работы (маркетри) — бюро, комоды, столики — привезена из Франции, Германии, Англии. Произведения русского, западноевропейского и восточного искусства блестяще сочетаются в убранстве Китайского дворца.

Одновременно с его строительством началось сооружение ансамбля Катальной горки, который состоял из павильона, горки и колоннады.

От павильона к югу опускались деревянные горы, состоявшие из одного ровного и трех волнистых скатов. Скаты были обрамлены колоннадами. С гор съезжали на колясках, имевших по двенадцать металлических колесиков, которые катились по вырезанным колеям. Общая протяженность сооружения была более 530 метров. В середине XIX в. пришедшие в ветхость скаты и колоннады были разобраны. В настоящее время можно видеть только павильон.

Здание павильона кажется легким, почти воздушным. Это впечатление усиливается нежно-голубым цветом фасадов, что в то же время придает ему особенно нарядный облик. Помещения павильона наполнены светом, с его галереи и террасы открывается чудесный вид на парк и залив.

Круглый зал, Фарфоровый и Белый кабинеты представляют собой высокий образец оригинального соединения искусств. В Круглом зале стены и свод украшены росписью, лепкой и позолотой. Орнаментальные панно расположены в простенках между дверями и окнами. Их шесть. В композицию панно, состоящую из мягко изогнутых растительных побегов, гирлянд, цветов и венков, также включены лук и стрела, охотничьи рога, колчан, лира с трубой и т. д. Рисунок дверных полотнищ составлен из цветов и растительных побегов. На куполе изображены бегущие олени. Росписи в Круглом зале сделаны Бароцци, а живописные вставки над дверями — десюдепорты «Нептун», «Амфитрита» и «Нимфа на дельфине» исполнены Торелли. Эти композиции овальной формы окружены золоченой лепкой в виде венка. Совершенно уникален пол искусственного мрамора, подобранный с изяществом и перекликающийся с отделкой стен и купола. Это единственные сохранившиеся в нашей стране полы в подобной технике.

Фарфоровый кабинет расположен в восточном выступе павильона Катальной горки. На его стенах — отличные по тонкости исполнения панно с лепными консолями. Некоторые из них поддерживаются фигурами обезьян. На консолях установлены фарфоровые группы Мейсенского завода, прославляющие русскую императрицу как «владычицу над морями и победительницу при Чесме».

Почти одновременно с ансамблем Катальной горки на месте заболоченного леса был разбит Верхний парк — прекрасный образец паркового искусства. Для его облика характерно сочетание двух различных принципов паркостроения — регулярного и пейзажного. Здесь много разнообразия, умело, с большим знанием дела подобранных древесных пород. Планировка парка у Китайского дворца типична для регулярных парков.

В западной, пейзажной, части парка, вдоль причудливо извивающихся дорожек, напоминающих лесные тропы, находятся живописные открытые лужайки, группы деревьев, кустарник.

Замечательный дворцово-парковый ансамбль Ломоносова, являющийся всенародным достоянием, ежегодно привлекает к себе десятки тысяч экскурсантов и туристов, приезжающих сюда. Они знакомятся с творениями русских умельцев, создавших эти прекрасные здания и парки, воздают должное советским людям, отстоявшим все это от врага и сохранившим для потомков.

ЛИТЕРАТУРНЫЕ МУЗЕИ

ВСЕСОЮЗНЫЙ ОРДЕНА ТРУДОВОГО КРАСНОГО ЗНАМЕНИ МУЗЕЙ А. С. ПУШКИНА

Далеко за пределами нашей страны известно имя величайшего русского поэта А. С. Пушкина (1799—1837). Как национальную святыню бережно сохраняет советский народ все, что связано с его жизнью и творчеством. Гениальная поэзия Пушкина бесконечно близка народу. Она пробуждает в людях чувство возвышенного и прекрасного. Пушкин — великая гордость и слава наша.

Всесоюзный музей А. С. Пушкина является крупнейшим в стране комплексом мемориально-монографических музеев. Он состоит из Основной литературной экспозиции и мемориальных музеев: «Лицей» и «Дача А. С. Пушкина» в г. Пушкине, Музея-квартиры на наб. Мойки, 12, в Ленинграде. Фонды музея хранят около 200 тысяч экспонатов. Самые значительные находятся в экспозиции.

Музей, посвященный жизни и творчеству поэта, создан на основе выставки, организованной в Москве, в залах Исторического музея, к столетию со дня смерти А. С. Пушкина. В 1949 году музей открылся в здании Александровского дворца в г. Пушкине, потом был переведен в Зимний дворец. Более двадцати лет экспозиция находилась в бывшем Церковном флигеле Екатерининского дворца. Неповторимая ценность музея в том, что он построен почти целиком на прижизненных материалах А. С. Пушкина. Здесь представлены портреты поэта, его предков, родных, близких, друзей, виды мест, где он жил, бывал и странствовал[1].

В атмосферу жизни русского общества первой половины XIX в., в мир поэта и его гениального творчества вводят нас многие экспонаты. Пушкин дарил свои автографы и разные предметы дорогим ему людям. И они бережно сохранили эти драгоценные реликвии после трагической гибели поэта. Теперь они составляют основу музея. Многочисленные книги, которыми зачитывался поэт, занимают особое место в экспозиции. Здесь же и первые издания его сочинений.

Мебель и убранство первой трети XIX в., вместе с фрагментами интерьеров, служат естественным фоном, на котором главные экспонаты воспринимаются еще ярче и эмоциональнее. А копии пушкинских рукописей сделаны так искусно, что их можно принять за подлинные.

Здесь же находится великолепный мраморный бюст А. С. Пушкина работы И. П. Витали, по поводу которого историк М. П. Погодин в 1837 г. писал: «Какой бюст у нас вылеплен! Как живой». Глядя на этот портрет Пушкина, невольно вспоминаешь строки из стихотворения «Памятник»:

> Нет, весь я не умру — душа в заветной лире
> Мой прах переживет и тленья убежит...

Первый раздел экспозиции посвящен детским и юношеским годам Пушкина, его первым поэтическим опытам. Перед нами строки из газеты «Московские ведомости» от 26 мая 1799 г.: «В доме господина Ивана Васильевича Скворцова, у жильца его майора Сергея Львовича Пушкина родился сын Александр...» Здесь же выполненные в конце XVIII в. акварелью и тушью рисунки — герб и родословное древо Пушкиных.

Детские годы поэта прошли в Москве. Уже в восьмилетнем возрасте проявилась его страсть к поэзии, к книгам.

Многие экспонаты рассказывают о лицейском творчестве Пушкина. В восьмой главе «Евгения Онегина» поэт вспоминал:

---

[1] В настоящее время решается вопрос о постоянном помещении для экспозиции музея.

Моя студенческая келья
Вдруг озарилась: муза в ней
Открыла пир младых затей,
Воспела детские веселья,
И славу нашей старины,
И сердца трепетные сны.

В этих строках звучат основные мотивы лицейской лирики Пушкина.

Материалы последующих залов повествуют о Петербурге 1817—1820 гг., где Пушкин жил после окончания Лицея, о его связи с будущими декабристами, о южной ссылке поэта. В витрине находится решение Коллегии иностранных дел от 4 мая 1820 г. (копия) о выдаче Пушкину на проезд 1000 рублей ассигнациями и его «подорожная». В экспозиции представлены автографы и тексты, рассказывающие о работе Пушкина на юге, в Кишиневе и Одессе, над поэмами «Бахчисарайский фонтан», «Братья разбойники», «Гавриилиада», «Цыганы», «Песнь о вещем Олеге», романом в стихах «Евгений Онегин», начатом 9 мая 1823 г.

Значительное место в музее отведено творчеству Пушкина с 1824 по 1830 г. В этот период, находясь в ссылке в селе Михайловском, в Москве и Петербурге, поэт создает трагедию «Борис Годунов», многие шедевры лирики, главы исторического романа «Арап Петра Великого», поэму «Полтава», центральные главы романа «Евгений Онегин». Привлекает внимание фрагмент интерьера кабинета Пушкина в Михайловском. В центре камин, рядом ломберный стол красного дерева, покрытый сукном, небольшой книжный шкаф, подставка для книг... Здесь есть вещи самого поэта, а также принадлежавшие его друзьям и знакомым.

Особую ценность представляет кресло конца XVIII в., сохранившееся из обстановки дома в Михайловском. Кресло, сделанное из простого крашеного дерева, с мягким сиденьем позднее принадлежало сыну поэта, Григорию Александровичу, затем было передано в Пушкинский Дом. И еще одна пушкинская вещь — подставка для книг в виде пюпитра, поддерживающего книгу на уровне глаз. Книгами заполнен шкаф, они лежат на столе и на камине. Здесь же мы видим автографы и рисунки Пушкина: главы «Евгения Онегина», черновой автограф сказки «Жених», записи «Сказки о царе Салтане» и «Песни о сыне Стеньки Разина», «Граф Нулин»— страницы беловой рукописи — и многое другое.

Экспозиция музея, посвященная жизни и творчеству Пушкина в 1830-е г., рассказывает о знаменитой Болдинской осени, когда были созданы «Повести Белкина», «Маленькие трагедии» и другие произведения. Впервые приехав в родовое имение Болдино в сентябре 1830 г., Пушкин бывал здесь неоднократно и, как в Михайловском, находил необходимые для творчества тишину и уединение. Привлекает внимание изящный письменный стол с пятью выдвижными ящиками из болдинского кабинета поэта. Эта реликвия, переданная в 1914 г. Пушкинскому Дому Академии наук, изображена Пушкиным на странице, содержащей перечень произведений, написанных в Болдине. Ниже рисунка кабинета со столом — набросок портрета П. В. Нащокина, друга Пушкина, у которого он часто бывал и останавливался, приезжая в Москву.

Особый интерес вызывает любопытный «Домик Нащокина»— модель в разрезе жилых помещений, в которых воспроизведено в уменьшенной копии все внутреннее убранство дома Нащокина. Можно видеть полностью обставленные пять комнат: переднюю, столовую, буфетную, гостиную, кабинет. Вещи выполнены лучшими русскими и иностранными мастерами. Рояль (высотой 18 см) на семь с половиной октав был заказан Вирту, на нем жена Нащокина «играла» вязальными спицами. Мебель делал известный петербургский мастер Гамбс. Обеденный сервиз изготовлен на фарфоровом заводе А. Попова. На предметах серебряного сервиза: самоваре (высотою 7 см) сахарнице, чайнике и др.— имеются клейма московских мастеров. Напольные часы, выполненные в Англии, можно заводить, они и сейчас хорошо ходят. Материалы, из которых изготовлялись предметы, соответствовали подлинным — красное и ореховое дерево, бронза, фарфор, серебро.

«Домик» является уникальным произведением прикладного искусства, он с документальной точностью воспроизводит быт дворянского дома пушкинского времени. Но нам «Домик» особенно дорог еще и тем, что Пушкин был свидетелем его создания, видел эти вещи. «Дом его (помнишь?) отделывается,—писал Пушкин жене 8 декабря 1831 г.,— что за подсвечники, что за сервиз! Он заказал фортепьяно, на котором играть можно будет пауку...» В письме от 4 мая 1836 г. Пушкин сообщал ей же: «Домик Нащокина доведен до совершенства — недостает только живых человечков».

На «Домик» Нащокин истратил более 40 тысяч рублей. За такую сумму можно было купить настоящий жилой дом. Но он не жалел денег, желая оставить для потомков точную обстановку квартиры, овеянной присутствием самого Пушкина. «Домик», который создавался при жизни поэта, Нащокин завещал его жене, Наталии Николаевне, однако, разорившись, был вынужден заложить его и выкупить уже не сумел. Это уникальное произведение долгие годы переходило от одного владельца к другому, постепенно утрачивая детали обстановки, только после революции «Домик» попал в Государственный исторический музей, откуда впоследствии был передан Всесоюзному музею А. С. Пушкина.

В творчестве Пушкина 30-х гг. широко отражена жизнь Петербурга в разные периоды существования города, с характерными для столицы социальными противоречиями. В поэме «Медный всадник» создана величественная панорама Петербурга. Но в ней возникает не только «город пышный», но и «город бедный», населенный «маленькими людьми». Почти одновременно с «Медным всадником» Пушкин написал другое «петербургское» произведение —«Пиковую даму». В ней он нарисовал великосветский Петербург, который несколько ранее уже изобразил в «Евгении Онегине». Прекрасными иллюстрациями к этим и другим произведениям служат размещенные в экспозиции картины, акварели, гравюры с видами Петербурга, выполненные известными художниками.

Экспозиция рассказывает о последних годах жизни и творчества Пушкина, когда он создавал произведения огромного социального и философского смысла, преследуемый царизмом, великосветским обществом, подвергающийся гонениям со стороны цензуры и реакционных журналистов.

Творчество Александра Сергеевича Пушкина показано в музее во всей его многозначности и дает возможность видеть, какую оно сыграло роль для мировой культуры, положив начало новой русской литературы, современного русского литературного языка.

Мемориальный музей «Лицей»

С волнением подходят люди к высокому четырехэтажному зданию Лицея. На его фасаде мраморная доска с надписью: «Здесь воспитывался Александр Сергеевич

Пушкин, 1811—1817 гг.». Она установлена в ознаменование столетней годовщины со дня рождения поэта.

Ныне Лицей стал мемориальным музеем — филиалом Всесоюзного музея А. С. Пушкина.

Здание, в котором размещался Лицей, построено по проекту архитектора И. В. Неелова в 1789—1791 гг. как дворцовый флигель. Для того чтобы разместить в нем вновь открываемое учебное заведение, его внутри перестроили.

19 октября 1811 г. был торжественно отмечен день открытия Лицея. Среди 30 подростков, принятых на первый курс, находился двенадцатилетний Пушкин. Шесть лет провел он здесь, не покидая Лицей даже во время каникул.

Пройдут годы, и Пушкин в стихотворении «Была пора: наш праздник молодой...» скажет об этом торжественном и памятном дне:

> Вы помните: когда возник Лицей,
> Как царь для нас открыл чертог царицын,
> И мы пришли. И встретил нас Куницын
> Приветствием меж царственных гостей.

В Лицее, в Царском Селе, проходили юные годы поэта, рождались его первые творческие замыслы. Здесь впервые явилась к нему его вдохновенная муза, родились «души прекрасные порывы». В Лицее проявилось яркое дарование Пушкина, и прославленный поэт России Державин увидел в нем преемника своей лиры.

Время, свободное от учебных занятий, Пушкин проводил в царскосельских парках. Прекрасные их пейзажи, величественные архитектурные сооружения, памятники военной славы и мраморные статуи — все здесь вдохновляло юного поэта, воспитывало художественный вкус, волновало своей неповторимой красотой.

Пушкин всегда считал Царское Село колыбелью своей поэзии. В романе «Евгений Онегин» он вспоминал неповторимость царскосельской весны:

> В те дни в таинственных долинах,
> Весной, при кликах лебединых,
> Близ вод, сиявших в тишине,
> Являться муза стала мне.

Образы «садов Лицея» глубоко пронизывают всю лицейскую лирику Пушкина. В стихотворении «Воспоминания в Царском Селе» (1814 г.) поэт воспевал «аллеи древних лип», которые «открылись пред очами», и «холм и луг», и место, где «с тополем сплелась младая ива и отразилася в кристалле зыбких вод», и «водопады», стекающие «с холмов кремнистых» «бисерной рекой».

Светлыми и счастливыми для А. С. Пушкина были лицейские годы. За это время он создал более 120 стихотворений, многие из которых уже тогда были опубликованы и приобрели широкую известность.

В мае 1817 г. для Пушкина и его товарищей начались последние экзамены. 9 июня состоялся выпускной акт, на котором хор лицеистов исполнил прощальную песнь. Тяжело было расставаться с верными, испытанными друзьями, особенно с И. И. Пущиным, А. А. Дельвигом, В. К. Кюхельбекером.

19 октября — «Лицея день заветный» — стало священным для всех его воспитанников: где бы они ни были, стремились собраться вместе, чтобы отметить день основания Лицея.

Через всю жизнь пронес великий поэт лицейские воспоминания, отразившиеся во многих его стихотворениях. В стихотворении «19 октября» (1825 г.) Пушкин писал:

> Друзья мои, прекрасен наш союз!
> Он, как душа, неразделим и вечен —
> Неколебим, свободен и беспечен,
> Срастался он под сенью дружных муз.
> Куда бы нас ни бросила судьбина
> И счастие куда б ни повело,
> Все те же мы: нам целый мир чужбина;
> Отечество нам Царское Село.

Традиция отмечать лицейские годовщины, вдохновителем и певцом которых был Пушкин, продолжилась в наши дни.

В 1843 г. Лицей перевели в Петербург, а здание его было перепланировано и в течение долгих лет использовалось как жилое помещение.

После Великой Октябрьской социалистической революции литературная общественность неоднократно ставила вопрос об открытии в Царскосельском Лицее мемориального музея.

Великая Отечественная война на время отодвинула эти планы. Здание Лицея пострадало от фашистских оккупантов. Почти тридцать лет понадобилось, чтобы вернуть Лицею прежний вид.

В 1949 г., в дни празднования 150-летия со дня рождения А. С. Пушкина, после первоочередных реставрационных работ состоялось торжественное открытие музея в Лицее. В последующие годы, на основе длительных архивных изысканий, продолжалось восстановление интерьеров с максимальным приближением к первоначальному облику.

В 1974 г. завершились работы по реконструкции всего здания Лицея и воссозданию интерьеров третьего и четвертого этажей. Были восстановлены лестницы, актовый зал, библиотека, классы, спальный коридор, парадное крыльцо, разобранное еще в середине XIX в. Это крыльцо хорошо видно на рисунке А. С. Пушкина, изобразившего Лицей на рукописи, и соответствует описанию в лицейских архивах.

В 175-ю годовщину со дня рождения поэта Лицей вновь распахнул свои двери. Теперь посетители поднимаются в мемориальный музей по старинной каменной лестнице, по которой ходили Пушкин и другие лицеисты.

На первом этаже здания, где при Пушкине находились хозяйственные комнаты и квартиры наставников, ныне расположены служебные помещения.

Во втором этаже, где были столовая с буфетной, больница с аптекой, малый конференц-зал и канцелярия, в настоящее время размещаются фонды музея.

Жизнь Пушкина и его товарищей в основном проходила на третьем и четвертом этажах. Помещения, расположенные здесь, воссоздают обстановку, в которой жил и учился поэт.

Поднявшись на третий этаж, посетители попадают в самый большой зал Лицея. Стены его расписаны, своды опираются на массивные колонны, между которыми стоит большой стол, накрытый красным сукном с золотой бахромой. На нем лежит лицейская грамота.

И. И. Пущин называл в своих воспоминаниях этот зал «рекреационным», в архивных документах он именуется еще и «гимнастическим», так как служил для отдыха, игр, фехтования и танцев. Это было единственное парадное помещение, где проходили все знаменательные события лицейской жизни.

Большой зал соединяется арочным проемом с газетной комнатой. Здесь воспитанники читали русские и иностранные газеты и журналы. Особенно многолюдно бывало в газетной во время Отечественной войны

1812 г., вызвавшей патриотический подъем среди лицеистов.

Рядом с газетной в помещении над аркой, соединяющей Лицей с Екатерининским дворцом, находится лицейская библиотека.

За проходными комнатами, соединенными с Большим залом, расположены помещения классов. Из них физический — самый просторный и светлый. Его потолок имеет роспись в виде знаков зодиака. Здесь стоят классные столы на пять мест каждый, доска и кафедра преподавателя.

На четвертом этаже находятся комнаты лицеистов, отделенные одна от другой тонкими перегородками. Их убранство воссоздано на основании архивных документов. Обстановка спален отвечает воспоминаниям И. И. Пущина, писавшего, что в каждой комнате стояли «железная кровать, комод, конторка, зеркало, стул, стол для умывания, вместе и ночной. На конторке чернильница и подсвечник со щипцами». Комнату под номером 14 занимал Александр Пушкин. Она сейчас такая же, как и в его бытность.

Сегодня Лицей — место паломничества тех, кто любит поэта и чтит его память.

Музей «Дача А. С. Пушкина»

Лето 1831 г. Пушкин провел в Царском Селе, столь близком и дорогом ему по лицейским воспоминаниям. Он поселился с молодой женой Наталией Николаевной в доме Китаевой — вдовы придворного камердинера. Этот дом находится на улице, называемой теперь Пушкинской (прежнее название — Колпинская). Поэт прожил здесь около полугода.

В 1958 г. домик Китаевой стал мемориальным музеем — филиалом Всесоюзного музея А. С. Пушкина.

Небольшой одноэтажный деревянный дом с мезонином, колоннадой и балкончиком в основном сохранил внешний облик от пушкинского времени, но тогда веранда и балкон мезонина не были застекленными. Дом состоял из двух половин, каждая из которых имела отдельный вход со двора. В нем было 11 комнат: 8 снимал Пушкин, в трех остальных жила хозяйка дома.

При А. С. Пушкине в первом этаже располагались буфетная, столовая, гостиная — большая комната овальной формы, будуар Наталии Николаевны, спальня, две комнаты для гостей.

Вокруг стояли небольшие деревянные дома, окруженные садами, где, по словам Пушкина, «липы престарелы с черемухой цветут».

В сочетании с нарядными дворцами и административными зданиями эти домики создавали своеобразный и неповторимый облик Царского Села того времени.

Жизнь в Царском Селе нравилась поэту. По утрам, после чая, он уходил работать в своей кабинет, который находился наверху, в мезонине. Одна из современниц Пушкина вспоминала, что кабинет поэта выглядел очень просто. Перед диваном стоял большой круглый стол, на столе — бумага, тетради, простая чернильница и перья. В кабинете был еще маленький столик, на котором стояли графин с водой, лед и банка с любимым вареньем из крыжовника. На полу и на полках лежали книги. В ясные дни кабинет был залит солнцем. Пока Пушкин работал, Наталия Николаевна обычно сидела с книгой или вышивала внизу. Во второй половине дня их можно было видеть на прогулке в аллеях царскосельских парков, чаще всего в Екатерининском.

Время, проведенное в Царском Селе, «в кругу милых воспоминаний» о лицейской молодости, в тишине и уединении, было счастливейшим в жизни только что женившегося поэта. Пушкины жили «весело и тихо». Их часто навещали друзья — В. А. Жуковский и Н. В. Гоголь.

В то лето Пушкин много и плодотворно работал. Здесь были написаны «Письмо Онегина к Татьяне», патриотические стихи: «Перед гробницею святой», «Клеветникам России», «Бородинская годовщина». Здесь Пушкин готовил к изданию «Повести Белкина», работал над «Сказкой о царе Салтане».

Тихой жизни, «словно в глуши деревенской», скоро пришел конец. В Петербурге вспыхнула эпидемия холеры, и в Царское Село переселился царский двор. Теперь на прогулках в парках Пушкины постоянно встречались с императорской четой.

Здесь, в Царском Селе, начали складываться те отношения Пушкина с императором Николаем I и двором, которые впоследствии привели его к гибели.

Музей-квартира А. С. Пушкина

Музей на набережной реки Мойки, 12,— один из самых популярных музеев в нашей стране. В комнатах бывшей квартиры Пушкина оживают многие страницы жизни поэта. Здесь он прожил последние четыре месяца своей жизни, здесь он скончался.

В этот дом Александр Сергеевич Пушкин переехал осенью 1836 г. и поселился с семьей в квартире из одиннадцати комнат, занимающих нижний этаж. Планировка квартиры была обычной для дворянских домов, построенных в XVIII в. Комнаты располагались одна за другой — анфиладой, все проходные, смежные. В письме к отцу Пушкин писал: «Вот мой адрес: на Мойке близ Конюшенного мосту в доме княжны Волконской». К тому времени, когда Пушкин снял здесь квартиру, дом уже неоднократно перестраивался. Переделки продолжались и потом, вплоть до 1910 г., когда появилась лестница, отделившая часть квартиры.

В 1925 г. в доме на Мойке открылся музей только в семи комнатах. Тогда были проведены реставрационные работы на основании плана квартиры, нарисованного В. А. Жуковским сразу после смерти поэта, а также и других документов. Обстановка каждой комнаты была условно приближена к традиционному интерьеру 1830-х гг. петербургского дома среднего достатка. Каждая комната имела свое назначение, свой стиль, свое убранство.

К 150-летию со дня гибели А. С. Пушкина, в 1987 г., после четырехлетнего ремонта квартира поэта, возрожденная трудом ученых-пушкинистов, архитекторов, реставраторов, музейных работников, строителей, получила свой первоначальный облик. В ней объединилось все привычное, хорошо знакомое и то подлинное, что явилось результатом сделанных при реставрации находок и открытий. Возвращена «гончаровская половина» (комнаты сестер Наталии Николаевны), стали больше каждая на одно окно детская и столовая, воссозданы печи, парадная лестница, паркетные полы, лепные карнизы, окраска стен, шторы, занавеси, ламбрекены.

Теперь в музее осматриваются девять комнат: буфетная, столовая, гостиная, спальня, комнаты Александры и Екатерины Гончаровых, детская, кабинет поэта и передняя. Привлекают внимание портреты Пушкина, в том числе последний прижизненный, портрет жены поэта, выполненный А. П. Брюлловым, и портреты его друзей. Как особые реликвии в музее хранятся жилет, в котором А. С. Пушкин стрелялся на дуэли, медальон с прядью его волос, посмертная маска.

Особое место в музее занимает пушкинский кабинет. Он восстановлен в том виде, какой имел при жизни поэта. В нем сосредоточены сохранившиеся мемориальные вещи, принадлежавшие поэту,— письменный стол и кресло, бронзовая чернильница с фигуркой арапчонка, подаренная Пушкину, трость с вделанной в набалдашник пуговицей с камзола Петра I, деревянный ларец, обшитый железом.

Об обстановке кабинета довольно подробно рассказывает молодой поэт Облачкин, побывавший у Пушкина за три недели до его смерти. В кабинете «посреди стоял... стол простого дерева, оставлявший с двух концов место для прохода, заваленный бумагами, письменными принадлежностями и книгами... Вся стена была уставлена полками с книгами... Кабинет был просторный, светлый, чистый, но в нем ничего не было затейливого, замысловатого, роскошного, во всем безыскусственная простота».

В книжном собрании Пушкина имеется литература по различным отраслям знаний, что свидетельствует об удивительной широте интересов владельца. Современники утверждали, что Пушкин был человеком многосторонних интересов и огромной начитанности.

В библиотеке Пушкина, насчитывающей около четырех с половиной тысяч книг, была классика мировой литературы, книги по географии, истории, астрономии, экономике, шахматам, справочники и словари. Особенно много исторических воспоминаний, которые поэт очень ценил.

Книги изданы на четырнадцати языках, европейских и восточных, поэт знал более десяти иностранных языков. В совершенстве зная французский, владея итальянским, испанским, латынью, английским и немецким, Пушкин переводил на русский язык оды Анакреона и Горация, стихотворения французского поэта Андре Шенье, драмы Шекспира.

В этом кабинете Пушкин много и напряженно работал: редактировал журнал «Современник», закончил повесть «Капитанская дочка», работал над «Историей Петра I», занимавшей тридцать одну тетрадь,— итог многолетнего труда в архивах, изучения документов, мемуаров людей Петровской эпохи.

В то время Пушкину особенно трудно жилось в Петербурге. Гонения со стороны цензуры и реакционных журналистов все более усиливались, обострялись его отношения с императором Николаем I и великосветским обществом. Против Пушкина была направлена самая отвратительная клевета, затронувшая честь поэта и его жены. Все это привело в конце концов к роковому поединку.

Смертельно раненного Пушкина привезли в его квартиру и положили на диван, стоявший в кабинете, среди книжных полок. Здесь 29 января 1837 г., в 2 часа 45 минут дня, Пушкин скончался.

Сегодня посетители музея словно заново переживают события последних дней Пушкина, трагедию 1837 г., оборвавшую жизнь величайшего поэта России.

Музей-квартира Н. А. Некрасова

Одним из самых старых зданий на шумном Литейном проспекте является дом 36, построенный в XVIII в. в два этажа и лишь впоследствии надстроенный еще этажом. Фасад дома украшают четыре мемориальные доски, посвященные Н. А. Некрасову, Н. А. Добролюбову, хирургу Н. И. Пирогову и оперному певцу Н. Н. Фигнеру.

В этом доме находится музей-квартира поэта-демократа Николая Алексеевича Некрасова, жившего здесь два последних десятилетия своей жизни, с 1857 по 1877 год.

Квартира Некрасова была центром передовой русской демократической литературы. В ней размещалась редакция лучших журналов того времени: сначала «Современника», а после его закрытия — «Отечественных записок».

Вместе с Некрасовым здесь часто работали его друзья, великие революционные демократы: Н. Г. Чернышевский, Н. А. Добролюбов, М. Е. Салтыков-Щедрин. Сюда постоянно приходили писатели Л. Н. Толстой и И. С. Тургенев, И. А. Гончаров и Ф. М. Достоевский, художники И. Н. Крамской и Н. Н. Ге, артисты П. М. Садовский и В. В. Самойлов и многие другие замечательные люди.

В квартирах рядом жили соредакторы и друзья И. И. Панаев (1857—1862 гг.) и Н. А. Добролюбов (1858—1859 гг.). Квартиру через площадку лестницы занимал владелец дома, издатель «Отечественных записок» А. А. Краевский (1858—1889 гг.).

Ныне все комнаты второго этажа заняты музеем Н. А. Некрасова. В мемориально-бытовом плане по старым чертежам и воспоминаниям современников восстановлены комнаты квартиры поэта. На бывшей «панаевской половине» размещена литературно-бытовая экспозиция, посвященная темам: «Деятельность редакций „Современника“ и „Отечественных записок“», «Женщины-писательницы — сотрудники журналов Н. А. Некрасова». В бывших комнатах квартиры А. А. Краевского — отдел экспозиции «Некрасов и современность».

Первая комната квартиры Некрасова, в которую посетитель музея попадает через прихожую,— приемная редакции. В просторное помещение в приемный день — понедельник — приходили сотрудники журнала и молодые начинающие писатели. Они приносили сюда свои рукописи, ждали встречи с Некрасовым, советовались с ним, говорили о прочитанном. Собирались обычно к часу дня, расходились в четвертом часу, «снабженные кто книгами, кто деньгами, кто наставлениями либо — и внушениями»,— вспоминал один из сотрудников.

Посреди комнаты стоит накрытый зеленым сукном большой стол, за которым можно было удобно и спокойно работать. На стенах портреты Байрона, Вальтера Скотта, Беранже, принадлежавшие Некрасову, гравюры и литографии с видами Петербурга, воспроизводящие места, знакомые поэту с юности, когда он 16-летним юношей впервые приехал в этот город. В одном книжном шкафу — первые номера «Современника», когда его идейным вождем был В. Г. Белинский, и первые работы молодого Некрасова — поэта, драматурга, прозаика и издателя; в другом — номера «Современника» 1850-х гг. со статьями Н. Г. Чернышевского и Н. А. Добролюбова по крестьянскому вопросу, первые произведения Л. Н. Толстого, М. Е. Салтыкова-Щедрина, И. С. Тургенева, И. А. Гончарова, А. Н. Островского и др., а также прославивший Некрасова сборник —«Стихотворения» 1856 г.

Работал обычно Некрасов в соседней комнате — редакторском кабинете. В нем сосредоточены личные вещи поэта. Вот тот самый стол, за которым дни и ночи просиживал он за работой. На столе разложены принадлежавшие ему чернильница и ручка, деревянный нож для разрезания бумаг, пресс, рукописи поэмы «Кому на Руси жить хорошо», «На Волге», «Рыцарь на час», «Медвежья охота», стихотворения «Крестьянские дети» и др. Здесь же рядом с бюстами любимых писателей — А. С. Пушкина и Н. В. Гоголя — посмертная маска В. Г. Белинского. На камине часы, фигурки лошадок, у камина — кресло, сидя в котором поэт читал по вечерам, и курительный столик. Чучела птиц, медведя, медвежья шкура на полу, охотничьи ружья, карманные часы, свистки-манки в шкафу напоминают о страсти Некрасова к охоте. Освещает кабинет люстра из трех ламп, принадлежавшая поэту.

Еще одна драгоценная реликвия находится в кабинете — подлинная конторка Н. Г. Чернышевского. Стоя за конторкой, он писал свои статьи, от которых, как сказал В. И. Ленин, «веет духом классовой борьбы». Большая дружба связывала Некрасова и Чернышевского. Они любили работать вместе, склонившись над срочной журнальной работой, правя рукописи и корректуры, обсуждая материал, предназначенный для журнала, до глубокой ночи засиживались в редакционном кабинете.

Рядом с кабинетом расположена самая большая комната в квартире — зала. В ней большой круглый стол, рояль, диваны, книжный шкаф, на камине бронзовая фигурка кабана, а на рояле — ноты и стихи Некрасова, посвященные А. Я. Панаевой, и ее акварельный портрет, выполненный художником К. Горбуновым в 1841 г. Писательница А. Я. Панаева — гражданская жена и друг поэта, его соавтор в работе над романами «Три страны света» и «Мертвое озеро».

В этой комнате в день выхода каждого номера журнала Некрасов устраивал традиционный «литературный» обед для ведущих сотрудников журнала.

Из окон зала хорошо виден дом напротив, в котором находился Департамент уделов, ведавший государственными землями, крестьянскими податями и повинностями. Отсюда Некрасов увидел взволновавшую его сцену, которую описал в стихотворении «Размышления у парадного подъезда».

Единственной личной комнатой Некрасова была спальня. Здесь, будучи тяжелобольным, он работал над книгой «Последние песни».

У постели умирающего поэта И. Н. Крамской писал его портрет и картину «Некрасов в период „Последних песен"». Оригинал этой картины находится в Третьяковской галерее, а в музее представлена ее копия.

За Николаем Алексеевичем самоотверженно ухаживали сестра и большой друг Анна Алексеевна Буткевич и жена Зинаида Николаевна Некрасова, портреты которых можно увидеть в простенках у окон.

В спальне бережно хранятся подлинные вещи Некрасова — гарнитур мягкой мебели, столик-этажерка, зеркало, бюст В. Г. Белинского работы Н. Н. Ге. Над диваном висят портреты Добролюбова и Мицкевича.

Здесь 27 декабря 1877 г. в восемь часов пятьдесят минут вечера Николай Алексеевич скончался.

Ознакомившись с музеем, посетители уносят в своих сердцах светлый облик великого поэта-гражданина и его неумирающий завет: «Важно только одно — любить свой народ, Родину, служить им сердцем и душой».

ЛИТЕРАТУРНО-МЕМОРИАЛЬНЫЙ МУЗЕЙ Ф. М. ДОСТОЕВСКОГО

Великий русский писатель Федор Михайлович Достоевский (1821—1881 гг.) принадлежит к числу классиков мировой литературы.

Жизненному пути и творчеству Ф. М. Достоевского посвящен литературно-мемориальный музей, расположенный в доме на углу Кузнечного переулка и улицы, носящей его имя.

В начале февраля 1846 г. в меблированных комнатах небольшого дома, стоящего на этом месте, поселился 24-летний писатель и прожил несколько месяцев. Через 32 года — в 1878 г. Ф. М. Достоевский вновь поселился в этом же доме и жил в нем последние годы своей жизни.

«Мы уже с неделю как приехали из Старой Руссы, квартиру наняли: на углу Ямской и Кузнечного переулка (близ Владимирской церкви), дом № 2 и 5-й, квартира № 10»,— сообщал Федор Михайлович брату Николаю в октябре 1878 г. Квартира состояла из шести комнат, кладовой для книг, передней и кухни и находилась на втором этаже.

Сейчас эта квартира является мемориальной частью музея Ф. М. Достоевского, открытого к 150-летию со дня рождения писателя. Из ее окон и сегодня открывается тот же вид, что и много лет назад. На дверях — медная дощечка с гравировкой: «Ф. М. Достоевский». В прихожей возле зеркала — его шляпа. В гостиной сохраняется уголок возле овального стола, где входившие заставали Федора Михайловича, погруженного в раздумья, рассеянно набивавшего гильзы. На столе — принадлежавшая ему картонная коробочка из-под табака фирмы «Лаферм». На оборотной стороне коробочки рукой его дочери Любы написано: «28-го января 1881 года. Сегодня умер папа».

Главная ценность мемориальной квартиры — кабинет писателя. Здесь создавались главы романа «Братья Карамазовы», писались страницы «Дневника писателя» за январь 1881 г.

У стены напротив окон стоит простой диван, у другой, почти в углу,— книжный шкаф, посредине, примыкая к стене, расположен большой письменный стол с чернильным прибором и двумя бронзовыми подсвечниками, с бумагами и книгами. Среди них — роман любимого поэта А. С. Пушкина «Евгений Онегин», раскрытый на восьмой главе. Здесь же личные вещи Ф. М. Достоевского: кошелек, коробочка из-под лекарства, ручка с пером фирмы Рудольфи. Любовь Федоровна, дочь писателя, вспоминает: «На его письменном столе также царил величайший порядок. Газеты, коробки с папиросами, письма, которые он получал, книги, взятые для справок,— все должно было лежать на своем месте».

Над столом в деревянной резной раме фотография Достоевского и портреты его детей — Любы и Феди. На этажерке, заполненной книгами, фото жены писателя Анны Григорьевны.

26 января 1881 г. Федор Михайлович тяжело заболел, у него открылось горловое кровотечение. Оно повторилось и на следующий день. 28 января Достоевский скончался. Настольные часы в кабинете остановлены в момент смерти — 8 часов 38 минут вечера.

Проститься с писателем пришло множество людей. До могилы на Тихвинском кладбище Александро-Невской лавры гроб несли на руках.

После смерти Ф. М. Достоевского Анна Григорьевна до глубокой старости неутомимо трудилась, чтобы сохранить его наследие. Ею написаны «Дневник» и «Воспоминания» о жизни и деятельности писателя в 60—80-х годах, составлен капитальный труд «Библиографический указатель сочинений и произведений искусства, относящихся к жизни и деятельности Ф. М. Достоевского».

Мемориальность комнаты Анны Григорьевны подчеркивают вещи, переданные потомками Ф. М. Достоевского: секретер, зеркало, игольница на маленьком столике, подлинная чернильница в виде коробочки мака, фотографии Достоевского, стенограмма пятой главы романа «Братья Карамазовы». А. Г. Достоевская была одной из первых женщин-стенографисток в России. Она помогала мужу в работе, заботилась о его здоровье и материальном благополучии семьи.

Литературная экспозиция музея в документах, гравюрах, акварелях, книгах, панно повествует о благородном пути великого писателя — от юношеских мечтаний через невзгоды и радости творчества, через 10 лет каторги и солдатчины к литературной славе, к созданию романов-трагедий «Преступление и наказание», «Идиот», «Братья Карамазовы». В этих произведениях Достоевский выступил как глубокий, правдивый критик русской общественной жизни своего времени.

Жизнь и деятельность Ф. М. Достоевского неразрывно связана с Петербургом. Двадцать девять лет он прожил в различных домах города, ставших памятными местами одного из самых «петербургских» писателей прошлого столетия. «Петербург Достоевского» — город трущоб и бедноты, чиновников, разночинцев, обездоленных и погибших людей — занимает большое место в его бессмертных произведениях.

Творческая лаборатория романиста, его поиски важных и глубоких решений величайших философских и художественных проблем, общественная и литературная борьба вокруг его произведений — все эти темы освещаются в литературной экспозиции музея.

О судьбе творческого наследия гениального писателя, великого гуманиста, всегда стремившегося честно служить пером художника благу своего народа, о его влиянии на мировую культуру рассказывают музейные материалы. Среди экспонатов можно увидеть образ классика мировой литературы в работах скульпторов, художников, живописцев и графиков, его творчество в иллюстрациях художников XX в., книги, театральные афиши.

ТЕАТРОВЕДЧЕСКИЕ МУЗЕИ

ЛЕНИНГРАДСКИЙ ГОСУДАРСТВЕННЫЙ МУЗЕЙ ТЕАТРАЛЬНОГО И МУЗЫКАЛЬНОГО ИСКУССТВА

Театральный музей создан по распоряжению народного комиссара просвещения А. В. Луначарского в 1918 г. Тогда ему было передано нынешнее помещение на пл. Островского, в фонды музея вошла значительная часть материалов, экспонировавшихся на Первой русской театральной выставке, устроенной Литературнохудожественным обществом в 1908 г. в помещении Панаевского театра. В основу экспозиции легли предметы театральной старины, собранные видными петербургскими актерами и театральными деятелями: И. Ф. Горбуновым, М. Г. Савиной, А. Е. Молчановым, В. В. Протопоповым и другими.

Сегодня музей располагает ценнейшими реликвиями русской театральной культуры. В нем хранятся около 400 000 экспонатов по истории русского и советского театра. Среди них — плакаты, эскизы и бутафория, театральный портрет, афиши, программы, макеты, фрагменты занавесей и декораций, мебель и чертежи театральных зданий.

Все самое интересное из этого многообразия выставлено в экспозиции, занимающей парадные залы бывшей квартиры директора Императорских театров.

Документы и литографии, подлинные вещи и реконструкции создают атмосферу старого театра XVIII в. с его пышными живописными декорациями, строгой иерархией жанров и артистических амплуа. Значительное место занимают скульптурные, живописные и графические портреты прославленных актеров: Ф. Г. Волкова, И. А. Дмитревского, М. С. Щепкина, И. И. Сосницкого, В. А. Каратыгина, А. Е. Мартынова, П. С. Мочалова, Садовских, Самойловых и многих других.

Привлекают внимание реликвии, принадлежавшие выдающимся актрисам. Вот — сценический костюм М. Н. Ермоловой для роли Марии Стюарт и серебряный венок, подаренный ей студентами Московского университета. Рядом — костюм М. Г. Савиной для роли Натальи Петровны в спектакле «Месяц в деревне», ее знак заслуженной артистки Императорских театров, гримы, браслет — подарок И. С. Тургенева. На стенде — афиша последних гастролей В. Ф. Комиссаржевской, траурные ленты, ее зеркало и театральный реквизит.

В музее широко отражены рожденные революцией массовые зрелища и спектакли, творческие достижения советского театрального искусства. Экспонируются уникальные издания первых советских пьес, плакаты 20-х годов, макеты, эскизы костюмов и декораций, предметы, связанные с именами выдающихся деятелей советского театра — В. Э. Мейерхольда, Н. П. Акимова, Н. К. Черкасова, Н. К. Симонова и других.

Экспозиция музея дает возможность познакомиться с основными этапами развития русского и советского театра, насчитывающего более двух веков своей славной истории, с творчеством крупнейших режиссеров, актеров и театральных художников.

В лекционном зале можно послушать звукозаписи сцен из спектаклей. Здесь оживает звуковой образ давней постановки, звучат голоса мастеров русской и советской сцены.

По вечерам, когда пустеют экспозиционные залы, любители искусства драмы и оперы приходят в музей на лекции-концерты. Серия тематических вечеров вводит слушателей в мир театра, его прошлого и настоящего.

Музей имеет филиалы — мемориальный музей-квартиру Н. А. Римского-Корсакова и мемориальный музей Ф. И. Шаляпина.

Музей-квартира Н. А. Римского-Корсакова

Мемориальный музей-квартира великого русского композитора Николая Андреевича Римского-Корсакова (1834—1908 гг.) — единственный композиторский музей в Ленинграде. Он расположен в квартире, где семья Римских-Корсаковых поселилась в конце сентября 1893 г. Здесь прошли последние 15 лет жизни композитора. За это время им было написано 11 опер и другие музыкальные произведения.

В музее бережно сохраняются обстановка квартиры, предметы и личные вещи композитора.

Мемориальный комплекс состоит из четырех комнат — передней, гостиной, столовой, кабинета.

В тишине этого кабинета за письменным столом Николай Андреевич создавал свои произведения. Он обладал идеальным внутренним слухом и мог записывать музыкальные фразы на листке нотной бумаги, не пользуясь музыкальным инструментом. Здесь же композитор писал автобиографическую повесть «Летопись моей музыкальной жизни», которая дает яркую картину музыкальной жизни России на протяжении 30 лет. Здесь на диване Римский-Корсаков часто беседовал со своими учениками и другом — композитором А. К. Глазуновым.

Второй письменный стол, находящийся в кабинете, принадлежал жене композитора — Надежде Николаевне Римской-Корсаковой. Она, будучи профессиональной пианисткой, правила корректуры, делала фортепьянные переложения его симфонических и оперных произведений.

Самая большая комната квартиры — гостиная. В ней устраивались музыкальные вечера, на которых звучали в авторском исполнении новые произведения известных композиторов и самого хозяина дома, пели замечательные мастера русской оперной сцены. Непременными участниками вечеров были музыкальный критик В. В. Стасов и художник М. А. Врубель.

Как и прежде, в гостиной стоит беккеровский рояль, принадлежавший композитору. Под аккомпанемент этого рояля пел Ф. И. Шаляпин.

На стене гостиной — портреты друзей Римского-Корсакова. Над камином — барельеф основоположника русской музыки М. И. Глинки. С большим интересом смотрятся выставленные в гостиной подарки композитору от почитателей его таланта. Среди них муаровые ленты и лавровый венок, часы-колодец, чернильница-колокол и другие предметы.

Столовая носит более интимный характер. За большим обеденным столом собиралась вся семья Римских-Корсаковых, друзья и ученики композитора.

Стены столовой украшают старинные картины работы неизвестных голландских художников. На овальных портретах в золоченых рамках изображены предки Римских-Корсаковых. Над большим диваном — портреты отца и матери композитора Андрея Петровича и Софьи Васильевны.

Мемориальную часть музея дополняют экспозиции, рассказывающие об основных этапах творческой и общественной деятельности Н. А. Римского-Корсакова, о его операх «Псковитянка», «Майская ночь», «Снегурочка», «Садко», «Моцарт и Сальери», «Царская невеста», «Сказка о царе Салтане», «Золотой петушок» и других музыкальных произведениях. Всего им было написано 15 опер, 2 симфонии, ряд оркестровых пьес, 79 романсов, не считая концертных хоров и камерных инструментальных сочинений.

Значительный интерес представляет раздел об отношении композитора к первой русской революции, в годы которой он, по собственному выражению, стал «ярко-красным».

В 1905 г. Н. А. Римский-Корсаков активно поддерживал революционные выступления студентов Петербургской консерватории, за что и был уволен, несмотря на то что проработал в ней около 40 лет. Однако под давлением русской и мировой музыкальной общественности он был возвращен в консерваторию.

Экспонаты музея отражают педагогическую деятельность Римского-Корсакова, воспитавшего более 200 учеников, многие из которых стали известными композиторами.

Умер Н. А. Римский-Корсаков 21 июня 1908 г. и похоронен в Некрополе Александро-Невской лавры. На его могиле установлен памятник в древнерусском стиле по проекту художника Н. К. Рериха.

В музыкальном зале находятся фотографии первых исполнителей опер Римского-Корсакова, эскизы декораций, костюмы к оперным партиям. Здесь собираются любители симфонической и вокальной музыки, чтобы послушать произведения, познакомиться с новыми постановками опер великого русского композитора.

Мемориальный музей Ф. И. Шаляпина

Мемориальный музей великого русского певца Ф. И. Шаляпина находится на улице Графтио, 2б, в его квартире на втором этаже.

В этом доме на бывшей Пермской улице Шаляпин поселился в 1914 г., уже будучи знаменитым актером. Здесь в трехэтажном особняке он жил до 1922 г. (здание впоследствии надстроено двумя этажами). После отъезда Шаляпина за границу хозяином квартиры стал его друг артист Мариинского театра И. Г. Дворищин. Он много лет бережно хранил архив певца, письма, его личные вещи. Они и легли в основу обстановки воссозданных в 1975 г. мемориальных комнат: гостиной-кабинета, малой гостиной и столовой.

Гостиная служила певцу рабочим кабинетом. Здесь за роялем он проводил многие часы, репетируя перед концертом или спектаклем. Привлекает внимание шаляпинский письменный стол. На нем — альбом с его карандашными рисунками, фарфоровая чернильница и ручка с английским пером, нож для разрезания бумаги, чековая книжка одного из парижских банков, фотографии жены и детей, скульптурные портреты В. В. Стасова и Л. Н. Толстого. На стене укреплен серебряный венок на муаровой ленте, преподнесенный Шаляпину за исполнение роли Мельника в опере «Русалка» на сцене Мариинского театра. На ломберном столике стоит шкатулка, подаренная ему М. Г. Савиной 28 октября 1903 г., в день возобновления оперы «Псковитянка».

Украшением гостиной служит замечательный портрет Ф. И. Шаляпина, написанный художником Б. М. Кустодиевым. Певец изображен в шубе нараспашку, стоящим на снежном холме на фоне ярмарочной площади провинциального города, празднующего масленицу. Из всех своих многочисленных портретов Шаляпин любил именно этот за его театральную нарядность и русский дух. Портрет много путешествовал с ним, а после его кончины долгие годы оставался за границей. В 1968 г. дочери артиста, проживающие за рубежом, подарили портрет Театральному музею. Так он вновь оказался на своем прежнем месте.

В малой гостиной особый интерес вызывают письма Шаляпина дочерям Марфе и Марине, кустодиевский портрет жены певца — Марии Валентиновны, подлинный гарнитур мягкой мебели, бронзовый бюст А. С. Пушкина на камине.

Воссоздана также столовая в том виде, какой она имела при Шаляпине. В центре под массивным абажуром стоит раздвижной обеденный стол, за который могли сесть до 40 человек. Хозяин любил приглашать гостей на «веселые посиделки». За этим столом собирались многие выдающиеся писатели, композиторы, художники, ученые, театральные деятели и актеры. Почти все вещи, находящиеся здесь, подлинные. Это — буфет, сундук, шахматный столик, самовары, посуда, хрустальные вазы и другое.

Большую ценность представляет коллекция оружия, подаренная Шаляпину частым гостем этой квартиры М. Горьким. В ней встречаются экземпляры, относящиеся к XVII в. Певец на сцене никогда не пользовался бутафорским оружием, он брал на спектакли предметы вооружения из своего собрания. Здесь же еще один подарок Горького — резное кресло восточной работы. Одна стена столовой целиком занята картинами известного художника К. А. Коровина, с которым Шаляпин дружил долгие годы.

В бывшей детской половине квартиры развернута экспозиция, посвященная жизни и творчеству Ф. И. Шаляпина. Среди представленных здесь реликвий особо выделяются шаляпинские костюмы Мефистофеля и Бориса Годунова, выполненные по рисункам художника Головина.

В концертном зале можно прослушать фрагменты из опер и другие музыкальные произведения в исполнении корифея русского оперного искусства Ф. И. Шаляпина.

I. ИСТОРИЧЕСКИЕ

ИСТОРИКО-РЕВОЛЮЦИОННЫЕ

Ленинградский филиал Центрального музея
В. И. Ленина: ул. Халтурина, 5/1. Выходной день
в музее и его филиалах — среда.

Филиалы музея:

Квартира-музей В. И. Ленина: пер. Ильича,
7/4; ул. Ленина, 52; 10-я Советская, 17; Сердоболь-
ская ул., 1/106; наб. реки Карповки, 32/1;
Херсонская ул., 5/7.

Мемориальный музей В. И. Ленина в Смольном:
пл. Пролетарской Диктатуры, здание Смольного.

Музей «Сарай»: станция Разлив (с Финляндского вокзала).

Музей «Шалаш»: станция Тарховка (с Финляндского вокзала).

Государственный музей Великой Октябрьской
социалистической революции (филиал Центрального музея революции СССР): ул. Куйбышева, 4.
Выходной день в музее и его филиалах — четверг.

Филиалы музея:

Мемориальный дом-музей Выборгской стороны
«Заседание ЦК РСДРП(б) 16/29 октября 1917 года»: Болотная ул., 13/17.

Мемориальный кабинет-музей Ф. Э. Дзержинского: ул. Дзержинского, 2.

Музей С. М. Кирова: Кировский пр., 26/28.
Выходной день — среда.

ОБЩЕИСТОРИЧЕСКИЕ

Государственный музей истории Ленинграда: пл. Революции, Петропавловская крепость. Выходной день — среда.

Филиалы музея:

Экспозиция «Ленинград за годы Советской власти»: наб. Красного Флота, 44.

Смольный собор: пл. Растрелли, 3,

Монумент героическим защитникам Ленинграда: пл. Победы.

Музей-квартира А. А. Блока: ул. Декабристов, 57.

Музей «Гангутский мемориал»: ул. Пестеля, 2.

В. И. Ленин и газета «Правда»: наб. р. Мойки, 32.

Музей истории религии и атеизма: Казанская пл., 2. Выходной день — среда.

Летний сад и летний дворец-музей Петра I: наб. Кутузова. Выходной день — вторник.

Музей «Домик Петра I»: Петровская наб., 6. Выходной день — вторник.

ВОЕННО-ИСТОРИЧЕСКИЕ

Центральный военно-морской ордена Красной Звезды музей: Пушкинская пл., 4. Выходной день — вторник.

Филиалы музея:

Музей на Краснознаменном ордена Октябрьской Революции крейсере «Аврора»: Петроградская наб. Выходной день — пятница.

Музей «Чесменская победа»: ул. Гастелло, 12. Выходные дни — понедельник и вторник.

Музей «Кронштадтская крепость»: г. Кронштадт, Якорная пл., 2. Выходные дни — понедельник и вторник.

Военно-исторический музей артиллерии, инженерных войск и войск связи: парк Ленина, 7. Выходные дни — понедельник и вторник.

Государственный военно-исторический музей А. В. Суворова: ул. Салтыкова-Щедрина, 43. Выходной день — среда.

Военно-медицинский музей: Лазаретный пер., 2. Выходной день — пятница.

ЭТНОГРАФИЧЕСКИЕ

Государственный музей этнографии народов СССР: Инженерная ул., 4/1. Выходной день — понедельник.

Музей антропологии и этнографии им. Петра Великого Академии наук СССР: В. О., Университетская наб., 3. Выходные дни — пятница и суббота.

II. ИСКУССТВОВЕДЧЕСКИЕ

МУЗЕИ ИЗОБРАЗИТЕЛЬНОГО ИСКУССТВА

Государственный ордена Ленина Эрмитаж: Дворцовая наб., 36. Выходной день — понедельник.

Филиал:

Экспозиция «Культура России первой трети XVIII века» в бывшем дворце Меншикова: Университетская наб., 15.

Государственный Русский музей: Инженерная ул., 4. Выходной день — вторник.

Научно-исследовательский музей ордена Ленина Академии художеств СССР: Университетская наб., 17. Выходные дни — понедельник и вторник.

Филиалы музея:

Музей-квартира И. И. Бродского: пл. Искусств, 3. Выходные дни — понедельник и вторник.

Музей-усадьба И. Е. Репина «Пенаты»: пос. Репино, Приморское шоссе, 411. Выходной день — вторник.

Государственный музей-памятник «Исаакиевский собор»: Исаакиевская пл., 7. Выходной день — среда.

Музей городской скульптуры: пл. Александра Невского, 1. Выходной день — четверг.

Филиал:

Некрополь «Литераторские мостки»: Расстанная ул., 30.

Нарвские ворота: пл. Стачек.

ТЕАТРОВЕДЧЕСКИЕ

Ленинградский государственный музей театрального и музыкального искусства: пл. Островского, 6. Выходной день — вторник.

Филиалы музея:

Мемориальный музей Ф. И. Шаляпина: ул. Графтио, 2б. Выходные дни — понедельник и вторник.

Мемориальный музей-квартира Н. А. Римского-Корсакова: Загородный пр., 28. Выходные дни — понедельник и вторник.

Постоянная выставка музыкальных инструментов: Исаакиевская пл., 5. Музей открыт по вторникам, пятницам и воскресеньям.

III. ГОСУДАРСТВЕННЫЕ ИСТОРИКО-АРХИТЕКТУРНЫЕ ДВОРЦОВО-ПАРКОВЫЕ МУЗЕИ-ЗАПОВЕДНИКИ

Государственный художественно-архитектурный дворцово-парковый музей-заповедник в г. Петродворце: г. Петродворец, ул. Коминтерна, 2. Выходные дни: Большой дворец — понедельник; Монплезир и Эрмитаж — среда; «Коттедж» — пятница.

Государственный художественно-архитектурный дворцово-парковый музей-заповедник в г. Пушкине: г. Пушкин, Комсомольская, 7. Выходной день — вторник.

Ордена «Знак Почета» Государственный художественно-архитектурный дворцово-парковый музей-заповедник в г. Павловске: г. Павловск, ул. Революции, 20. Выходной день — пятница.

Государственный художественно-архитектурный дворцово-парковый музей-заповедник в г. Ломоносове: г. Ломоносов, Верхний парк, 3. Музей открыт для посетителей со второй половины мая по 1 октября; выходные дни: Дворец-музей Петра — понедельник; Китайский дворец-музей и Катальная горка — вторник.

IV. ЛИТЕРАТУРНЫЕ

Литературный музей Института русской литературы (Пушкинский Дом Академии наук СССР): В. О., наб. Макарова, 4. Выходные дни — понедельник и вторник.

Всесоюзный музей А. С. Пушкина. Выходной день в музее и филиалах — вторник.

Ф и л и а л ы м у з е я:

Мемориальный музей «Лицей»: г. Пушкин, Комсомольская ул., 2.

Музей «Дача А. С. Пушкина»: г. Пушкин, Пушкинская ул., 2.

Музей-квартира А. С. Пушкина: наб. реки Мойки, 12.

Музей-квартира Н. А. Некрасова: Литейный пр., 36.

Литературно-мемориальный музей Ф. М. Достоевского: Кузнечный пер., 5/2. Выходной день — понедельник.

V. ЕСТЕСТВЕННЫЕ И ТЕХНИЧЕСКИЕ

Ботанический музей Академии наук СССР: ул. Профессора Попова, 2. Музей работает в среду, субботу и воскресенье.

Зоологический музей Академии наук СССР: Университетская наб., 1. Выходной день — вторник.

Центральный геологоразведочный музей им. академика Ф. Н. Чернышева: В. О., Средний пр., 74. Выходные дни — суббота и воскресенье.

Центральный музей почвоведения им. В. В. Докучаева: В. О., Биржевой проезд, 6. Выходные дни — суббота и воскресенье.

Центральный музей связи им. А. С. Попова: пер. Подбельского, 4. Выходной день — понедельник.

Музей Арктики и Антарктики: ул. Марата, 24. Выходные дни — понедельник и вторник.

Горный музей: В. О., 21-я линия, 2. Посещение музея проводится экскурсионными группами по предварительным заявкам.

Музей железнодорожного транспорта: Садовая ул., 50. Выходные дни пятница и суббота.

Музей М. В. Ломоносова: Университетская наб., 3. Выходные дни — пятница и суббота.

Музей-архив Д. И. Менделеева: В. О., Менделеевская линия, 2. Выходные дни — суббота и воскресенье.

Музей-квартира И. П. Павлова: В. О., 7-я линия, 2. Выходные дни — суббота и воскресенье.

Музей (лаборатория) академика И. П. Павлова: ул. Академика Павлова, 12. Выходные дни — суббота и воскресенье.

Музей А. С. Попова: ул. Профессора Попова, 5. Музей открыт в понедельник, среду и пятницу.

Музей-квартира А. С. Попова: ул. Профессора Попова, 5. Музей открыт во вторник, четверг и субботу.

Музей здравоохранения: ул. Ракова, 25/1. Выходной день — вторник.

СОДЕРЖАНИЕ

Лев Павлович
ТИХОНОВ

МУЗЕИ
ЛЕНИНГРАДА

Заведующая редакцией А. М. Березина
Художник Д. А. Бюргановский
Художественный редактор А. К. Тимоновский
Фотографы: В. П. Мельников, А. Р. Далкин, В. М. Соболев
Технический редактор Г. В. Пронова
Корректор Т. П. Гуренкова
Фото на обложке А. В. Гукина

ИБ № 4859
Сдано в набор 09.09.88. Подписано к печати 19.04.89. М-18152. Формат 84×108/32. Бумага газетная. Гарн. литерат. Печать офсетн. Усл. печ. л. 12,60+вкл. 1,68. Усл. кр.-отт. 16,38. Уч.-изд. л. 13,34+вкл. 1,53=14,87. Тираж 200 000 экз. Заказ № 673. Цена 10 к.

Лениздат, 191023, Ленинград, Фонтанка, 59. Типография им. Володарского Лениздата, 191023, Ленинград, Фонтанка, 57.

Тихонов Л. П.

Т46   Музеи Ленинграда.— Л.: Лениздат, 1989.— 237 с. ил.— («Библиотека молодого рабочего»).

ISBN 5-289-00343-6

Книга очерков рассказывает о двадцати четырех наиболее известных музеях Ленинграда, об истории их создания, о главном содержании их экспозиций, о шедеврах русской и мировой культуры и о самых примечательных экспонатах, связанных с жизнью и деятельностью В. И. Ленина, с революционными, боевыми и трудовыми традициями нашего города.

Книга призвана способствовать пробуждению интереса молодого рабочего к истории Отечества, к искусству, культуре и науке, помогать в деле патриотического и эстетического воспитания молодежи.

Т $\frac{1805080000-155}{М171(03)-89}$ 98—89

92лб

В III КВАРТАЛЕ 1989 г.
В РЕДАКЦИИ КРАЕВЕДЕНИЯ ЛЕНИЗДАТА
ВЫЙДУТ В СВЕТ СЛЕДУЮЩИЕ КНИГИ:

«С ЛЕНИНГРАДОМ СТОЛЬКО В ЖИЗНИ СВЯЗАНО...»
Советские писатели в Петербурге — Петрограде — Ленинграде.

Гордин А. М.
ПУШКИН В МИХАЙЛОВСКОМ

Коротцев О. Н.
ЗВЕЗДЫ ПУЛКОВА

Полевая М. И.
РИМСКИЙ-КОРСАКОВ В ПЕТЕРБУРГЕ

Приобрести эти книги можно в опорном магазине Лениздата «Прометей» (Ленинград, Народная ул., 16).